이태진 교수의
한국 근현대사 특강

이태진 교수의 한국 근현대사 특강

초판 1쇄 발행 2025. 10. 20.

지은이   이태진
펴낸이   김경희
펴낸곳   (주)지식산업사
　　　　　본사 • 10881, 경기도 파주시 광인사길 53
　　　　　전화 (031)955-4226~7 팩스 (031)955-4228
　　　　　서울사무소 • 03044, 서울특별시 종로구 자하문로6길 18-7
　　　　　전화 (02)734-1978 팩스 (02)720-7900
　　　　　한글문패 지식산업사
　　　　　영문문패 www.jisik.co.kr
　　　　　전자우편 jsp@jisik.co.kr
　　　　　등록번호 1-363
　　　　　등록날짜 1969. 5. 8.

이 책에 대한 문의는 지식산업사로 연락 바랍니다.

이태진 교수의
한국 근현대사 특강

이태진 지음

지식산업사

'130년 국민국가 역사'를 제창하며

저자는 이번 《근현대사 특강》에서 1895년 2월 26일(양력) 군주 고종이 반포한 〈교육조칙教育詔勅〉의 중요성을 많이 강조했다. 덕德·체體·지智 3양三養의 실용 교육을 시행하여, "나라의 분개를 싸워 씻을" "나라의 모욕을 막을" "나라의 정치제도를 닦아나갈" 신민臣民 곧 국민을 창출하겠다는 국왕의 선언이다. 지·덕·체 3양 교육은 지금도 교육 현장에서 자주 듣는 말이다. 지금으로부터 130년 전 이 땅에 이것이 처음 제창되어 새로운 역사가 시작되었다면 크게 주목할 일이 아닐수 없다. 이 조칙은 《고종실록》과 《관보》에 국한문 혼용체로 엄연히 실려 있다. 그런데도 고종, 고종시대에 대한 부정적인 인식 때문인지 지금껏 저자를 비롯해 한두 연구자만이 이를 주목하는데 그쳤다.

　나는 군주 고종이 1894년 후반기 동학농민군들이 벌인 처절한 항일 투쟁에 대한 무한한 신뢰 속에 서민 대중이야말로 '보국안민'

의 주체 곧 국민이 될 자격이 있다는 판단으로 이 조칙을 내린 것으로 해석했다. 바로 앞서 모든 공문서를 한문이 아니라 '국한문 혼용체'로 한다고 선언한 것도 국민으로서 서민 대중을 위한 새로운 문자 세계 창출이었다. 1896년 4월 7일 창간된《독립신문》도 서재필 개인이 간행한 것이 아니라 새로운 국민창출이란 정부방침 즉 서민 대중이 국민으로서 갖추어야 할 새로운 지식 배양을 위한 매채로 복수의 정부 관계자가 군주의 방침에 따라 이루어진 사실도 새롭게 밝혔다. 서재필은 그 가운데 한 사람이었다. 군주 고종은 국민 창출에 필요한 이런 기본 조건을 갖추면서 1897년 10월 11일 국호를 대한제국으로 고치고 황제의 자리에 올랐다. 그 출범과 동시에 토지(농경지) 측량과 토지 소유권 증서발급 사업을 일으켜 농민의 경제기반 안정과 국가 세수稅收를 근대적인 구조로 바꾸는 사업을 벌인 것도 국민 창출의 경제적 기반 확보로 해석하였다. '광무양전光武量田' 사업에 대한 한걸음 더 나간 해석이다.

근대국가로서 대한제국이 출범하는 과정에서 일본제국의 크고 작은 방해는 끊이지 않았다. 그 속에서도 서민대중은 동학(천도교)와 기독교의 교육사업을 통해 끊임없이 국민의식을 키워갔다. 1907년 통감부가 대한제국 재정의 기반 탈취를 위해 1,300만 원을 빚지우자, 서민대중은 국채보상운동을 벌이면서 나라가 부당하게 진 빚을 갚는 것은 '국민의 의무'라고 외쳤다. 나라 빚 갚기 운동을 앞세운 국민 탄생의 역사는 세계사적으로 예를 찾기 어렵다. 1895년 2월 〈교육조칙〉 반포 당시 17세 였던 안중근은 국채보상운동 때 진남포 총책이었다. 1909년 10월 26일 안중근은 대한의군大韓義軍 지휘관으로 침략의 우두머리 이토 히로부미를 하얼빈 철도 정거장 플랫폼에서 처단하고 옥중 투쟁 때 자신의 의지와 뜻을 유묵 遺墨에 하나씩 담았다. 어느 유묵에나 하나같이 "대한국인大韓國人 안중근"이라고 썼다. 대한제국 국민임을 자부하는 그 마음, 그는 가장 모범적인 대한제국의 '국민'이었다.

거듭 말하거니와 〈교육조칙〉는 1894년 후반기 5만명의 희생자를 낸 동학농민군의 처절한 항일 투쟁에 대한 군주의 무한한 감사와 신뢰 속에 나온 국정 대개혁의 방침이었다. 덕·체·지 3양 교육론은 본래 영국의 존 로크(1632~1704)가 젠트리 자녀 교육을 위해 고안한 것이었다. 미국의 교육가 캘빈 헐버트(1827~1917)는 이를 기독교 신앙에서 만민의 교육강령으로 재해석했다. 그는 하나님이 모든 인간에게 부여한 덕·체·지의 세가지 자질을 온전하게 개발해 주는 것이 교육의 사명이라고 풀었다. 신분의 고하를 가리지 않는 만민평등의 신 교육사상이었다. 조선의 군주 고종은 이 교육사상을 캘빈의 아들인 육영공원의 호머 헐버트를 통해 전해듣고 체·덕·지의 순서를 덕·체·지로 바꾸어 반포하였다. 기독교 평등사상을 담은 〈교육조칙〉이 반포되자 누구보다도 기독교인들이 쌍수로 환영하였다.

동학 제3대 교주 손병희는 1901년 일본으로 건너가 동학을 근대적인 종교로 거듭나게 하는 방안을 연구하였다. 1894년 후반 제 2차 봉기 때까지 동학은 전통적인 농경 생활속에 키워진 두레 공동체의 협동정신 위에 서 있었다. 근대 종교로서는 갖추어야 할 것이 많았다. 게다가 일본 정부는 김홍집 제2차 친일 내각을 앞세워 농민 사회의 결속력을 해체하기 위해 도존위都尊位·존위尊位로 불리는 면·동의 지도자를 없애고 도집강都執綱·집강執綱과 같은 면·동의 행정 담당자만 남기고 이를 다시 면장·이장으로 호칭하여 군수郡守의 행정령에 직속하는 체제로 만들었다. 지방 사회의 자치력 다시 말하면 전날의 동학농민군이 발휘한 자율적 조직력을 없애려는 조치였다.

1895년 후반기 김홍집 2차 내각은 국왕의 러시아 공사관 '이주'로 무너졌다. 일본 측의 그 간의 지방제도 개편 시도도 '공문空文'이 되고 말았다. 그러나 1904년 러일전쟁 뒤 고문顧問 제도 및 통감 정치를 통해 재시도 되는 속에 전통적 기반은 타격을 입지 않을 수 없었다.(조선총독부 편, 조사자료 제38집 其5 생활상태 조사 《조선의 취락》 전편, 523~526면, 1933) 동학이 서민 대중의 종교로서 조건을 갖추려면 마을 공동체 기반에 언제까지 의존할 수 없는 것도 사실이었다. 3대 교주 손병희가 풀어야 할 과제였다.

손병희는 5년 간의 일본 체류 끝에 1905년 동학을 천도교로 재탄생시키는 방략을 얻고 이듬해 귀국하였다. 귀국 결정 직전 서울 종로구 경운동(현 수운회관 위치)에 교당으로 중앙총부를 최신식 건물로 짓는다는 광고를 신문에 크게 실었다. 귀국 후 기독교처럼 천도교 신도의 기본 수칙 다섯을 다음과 같이 발표하였다. 모든 신도는 주문呪文 외우기, 청수淸水 올리기, 매주 일요일 집회 참석하기, 끼니때마다 식량의 10분의 1을 절약하는 성미誠米로 교당에 내기, 기도하기 등을 신앙생활의 수칙으로 지켜 달라고 했다.

천도교는 전국적으로 교세를 넓히는 속에 '성미'는 천도교의 재정 기반을 크게 확충하는 효과를 가져왔다. 1910년대 조선총독부 통치 아래 천도교는 재정이 가장 충실한 단체가 되었다. 교단은 넉넉한 재정으로 무엇보다 교육사업을 직접 벌이거나 지원하였다.

1905년 러일전생 중에 황실이 세운 보성전문학교가 통감부 시기에 재정난에 빠졌을 때 천도교가 나서서 인수하여 운영하였다. 천도교는 기독교에 못지않게 국내 교육사업에 크고 작은 규모로 관여하여 마치 1895년의 〈교육 조칙〉의 방침을 대행하는 모양새였다.

1919년 1월 21일 태황제 고종이 갑자기 붕서繃逝하였다. 시신 상태로는 독살이 분명하여 총독부가 황제를 독살했다는 소문이 파다했다. 천도교와 기독교가 분연히 나섰다. 3월 3일 태황제의 국장일 이틀 전 예행연습 때 독립 만세운동을 벌이기로 하였다. 천도교계 인사 15명, 기독교계 16인, 불교계 3인이 민족대표 33인으로 〈선언서〉에 서명하였다. 천도교 15명 가운데 9명은 1894년 후반기 항일 무력 투쟁때 각지 농민군을 지휘하던 접주接主였다. 일본군의 왕궁(경복궁) 침범에 항의하여 무기를 들고 싸운 근왕勤王정신이 25년의 세월이 흐른 뒤에도 변함이 없었다. 그들은 황제 독살에 대한 거국적 시위운동에 앞장섰다.

1904년 2월 러일전생이 일어났을 때 손병희는 이를 동학 교단 혁신의 한 기회로 감고자 '진보회'를 결성하여 '흑의 단발' 운동을 벌였다. 상투 자르고 흑색 간편복 입기 운동을 벌였다. 천도교로 개명하기 한 해 전이었다. 이 조직의 강령 1항은 "황실을 존중하고 독립의 기초를 공고히 할 것"이라고 하였다. 동학농민군의 근왕 의식은 여기서 처음으로 명문화하였지만 15년 뒤 1919년 황제의 비극적인 죽음 소식을 듣고 누구보다 먼저 독립만세운동 기획에 나서는 의리를 발휘했다.

1919년 3월 1일 덕수궁 대한문 앞 광장과 탑골공원 두 곳에서 일어난 독립만세 운동은 수개월 동안 전국으로 퍼지고 그 힘으로 4월 11일 상해에서 대한민국 임시정부가 수립되었다. 9월 11일에 반포된 〈대한민국 임시헌법〉은 제3조에 "대한민국의 강토는 구 대한제국의 판도로 정함"이라고 하고 제7조는 "대한민국은 구 황실을 우대함"이라고 명시 하였다. 1895년에 탄생한 '국민'은 1919년 3월 1일 대한제국의 황제를 떠나보내는 그때까지 근왕 의식으로 군주를 지키고 있었다. 영·정조 시대 탕평정치 아래서 함양된 '소민보호' 정치이념(이 책 제2부 근대의 여명 참조)이 서구의 만민평등 교육사상을 만나 이루어진 새로운 역사의 창달, 계급투쟁 사관으로는 풀수 없는 역사다.

유럽 근대의 국민국가들은 절대다수가 왕조에서 근대 국민국가로 발전하였다. 그래서 국가 상징인 깃발도 황기皇旗와 관민기官民旗 두 가지를 가진 예가 많다. 영국과 프랑스가 대표적인 예다. 조선·대한제국도 어기御旗와 국기(태극기) 두 가지를 갖추었다.(이 책 제3부 10 참조) 1919년 4월 11일 대한제국을 승계하는 '민국'으로서 대한민국이 출범함으로써 근왕의식은 이제 국민의식의 요건에서 벗어났다. 대한민국의 국민은 이후 더 강고한 나라 주인의식으로 국권 회복을 위해 더 치열한 투쟁을 벌였다.

우리 근현대 국민국가의 역사는 1919년 3·1 독립만세운동을 기점으로 근왕의식의 유무로 나뉜다. 이는 곧 근대와 현대의 분기점으로 파악할 수도 있다. 1895년 2월 〈교육 조칙〉 반포 이후 1919년 3·1 독립 만세운동까지 햇수로 24년의 근대를 거쳐 현재 106년의 현대사가 이어지고 있는 것이란 파악이다. 근대 24년의 햇수는

'근대의 여명'을 포함하면 고종시대 전반기로 거슬러 더 늘어날 수 있다. 존속 기간의 장단은 다른 문제로 돌리고, 동학(천도교)과 기독교가 서민 대중의 근대 종교로서 국민국가 창출의 중심에 있었다는 입론을 확실하게 제시해 우리 근·현대사 인식에 새로운 전기를 기대해 본다.

이렇게 새로운 체계를 세우다 보니 앞으로 더 연구해 내놓아야 할 부면들이 여럿 떠오른다. 특히 서민대중의 전통적인 공동체적 생활 기반이 일제 강점기 무단無斷 통치 속에 어느 정도로 침식되고 변질되었는지, 또 이에 저항하면서 근대적 저항이 어떤 형상을 보였는지에 대한 구체적인 고찰의 필요성을 느낀다. 이에 관한 연구를 기대하면서 이 흐름을 대변하는 특별한 문장 하나를 제시해 나의 입론을 담보하고자 한다.

1908년 1~2월 통감 이토 히로부미는 한국 의병의 저항 기세를 꺾기 위해 순종 황제를 앞세워 남북 두 방향의 순행巡幸, 곧 남순南巡, 서순西巡을 기획하여 한국 정부와 통감부 공동 행사로 실행하였다. 이 특별한 행사에 한국인들은 황제가 도착한 철도 정거장마다 수만, 십만이 나와 황제를 맞았다. 이토 히로부미는 거대한 인파를 보고 자신의 '보호국 정책'으로는 한국민을 다스릴 수 없다는 것을 뒤늦게 깨달았다. 그리하여 그는 통감 자리에서 물러날 것을 결심하고 일본으로 돌아갔다. 처음부터 '한국 병합'을 주장해 온 군부에 한국 통치권을 넘기기 위한 귀국이었다.

그가 한국을 떠난 1개월 뒤인 3월 15일에 태황제(고종)는 〈서북 간도 및 부근 인민에게 전하는 칙유勅諭〉를 내렸다. 이 칙유도 국한문 혼용으로 썼었다. 해외 항일 독립운동 기지로 새롭게 떠오르고 있는 서북 간도 및 부근 일대의 인민을 상징적으로 택해 내린 간곡한 부탁이었다. (인용자가 현대문으로 옮김)

(전략) 슬프다! 짐이 얼굴이 두껍고 겸연쩍다. 짐은 제왕이 아니던가. 짐이 제위 45년에 참으로 하늘의 뜻을 받들지 못하고 신민臣民에게 은혜를 다 베풀지 못하여 스스로 패배를 재촉하였다. (그래도) 이미 망했다고 말하지 말자. 여러분 만성萬姓이 있느니라. 옛글에 '민民은 나라의 근본'이라 하였으니 이 나라는 나 한 사람의 대한大韓이 아니라 실로 여러분 만성의 대한이라, 독립이라야 나라이며 자유라야 민이며 나라는 곧 민이 쌓인 것積民으로 민은 선량한 무리이다.

오호라! 여러분은 지금 하나가 되어 그 심력心力을 우리 대한 광복에 써서 자손만세에 영원히 의뢰케 하라. 여러분 몸을 튼튼히 하고, 여러분 피를 뜨겁게 하고, 여러분 배움을 닦아 그 그릇에 채우라. 때를 기다려 움직이고 함부로 덤비지 말며, 게을리 늘어지지 말며, 너무 나서지도 뒤지지도 말고 그 기회를 적중시키되 반드시 도전하면서 인내하다가 마지막에 큰 공로를 이루라.

오호라! 어찌 내가 여러분을 일깨운다고 말을 할 수 있겠는가. 짐은 참으로 부덕하다.

개국 517년 3월 16일 태황제

(※칙유 가운데 *爾을 원래의 뜻대로 '너희'로 옮기지 않고 이에 해당하는 현대어 '여러분'으로 고쳤다.)

태황제 고종은 1909년 3월 16일 이렇게 대한제국의 주권을 국민에게 넘기고 있었다. 그 국민이 10년 뒤 고종의 죽음을 맞아 세계를 놀라게 한 평화 시위(3·1운동)를 벌이고 태황제의 뜻을 받아들여 대한민국을 세웠다.

2025년 7월 17일
이태진

감사의 말씀

2023년 4월 11일 중앙일보사 예영준 기자께서 나의 한국역사연구원을 찾아 주셨다. 새로《중앙선데이》편집국장을 맡으면서 역사 관련 연재물 기획에 관한 의견을 묻고자 찾아 왔다고 했다.

예 국장은 내가 1991년 9월 서울대학교 교수로서 프랑스 정부를 상대로 외규장각 의궤도서 반환을 추진할 때 인터뷰 취재한 적이 있다고 내 기억을 되살려 주었다. 나는 예 국장의 연재 제안을 기꺼이 수락했다. 최근 한국 근대사 연구에 열중하면서 현대사의 맥락을 새롭게 짚는 작업을 하다가 일반 독자들에게 알리고 싶은 얘기가 많았다. 그러던 가운데 받은 제안이라서 반갑고 소중했다. 즉석에서 '근현대사 특강' 이란 연재 제목에 합의 하였다.

'이태진 교수의 근현대사 특강'은 2023년 6월 7일 자의 "세계 경제 10위, 산업화 민주화 하루 아침에 이뤄지지 않았다"로 시작해 2024년 9월 21일 "식민지 근대화론 대한제국 자력 근대화 성과 부정"으로 끝냈다. 15개월 동안 총 26회 연재가 이루어졌다. 내 글이 일반 독자들에게 어느 정도 환영받았는지는 구체적으로 알 수 없으나 신문사가 1년여 연재를 계속한 것으로 보아 독자들의 관심은 보통 정도는 되었던 것 아닌가 싶다. 몇 분은 토요일 아침 글이 나가자 새벽같이 나에게 문자로 소감을 보내주었다. 지식산업사 김경희 사장이 그 중 한 분이다. 김 사장은 서울대학교 문리과대학 사학과의 동문 선배이시다. 역사란 학문은 발을 들여놓으면 빠져나오기 어렵게 되는 중독성이 있는 것 같다. 연구자가 되려면 수많은 사료를 다루어야 하는 조건인데도 연구자가 끊이지 않는다.

사학과 출신인 김경희 사장이 빠진 중독 증세는 연구 쪽은 아니다. 그는 1971년 지식산업사 경영을 시작한 이래 주로 역사 관련 서적을 출판해 왔다. 출판사 일조각의 한만년 사장께서 생전에 '일업일생一業一生'이란 말로써 출판계에 바친 한 평생을 표현했지만, 김 사장은 거기에 더해 역사책만 주로 출판하는 특이 중독 증세까지 겸한 '일업일생'을 살고 있다. 국내 유일이 아닌가 싶다. 역사 전공 교수로 평생을 보내고 있는 필자로서는 늘 감사하는 마음이다. 내 책 가운데 지식산업사에서 낸 것만도 열 손가락으로 꼽힌다. 새벽같이 독후감을 보내준 김경희 선배의 독려는 연재에 큰 힘이 되었다. 그래서 나는 연재가 끝난 뒤 글을 모아 단행본으로 출판하는 것을 지식산업사 측에 제일 먼저 제안했다.

나의 '근현대사 특강'은 근대의 여명에서부터 순차적으로 써나갈 계획이었다. 그러나 근현대사는 현 시국의 시사時事를 외면하기 어렵다. 시사와 관련하여 잡아야 할 주제가 생기다 보니 시기순으로 글을 써나가기는 어려웠다. 책으로 묶으면서 시사성을 띤 글을 도입부와 종결부로 모았다. 각 3편의 글이 이쪽으로 배치되었다. 나머지는 최대로 시기 별로 배열했다. 그리고 사정이 있어 신문에 바로 싣지 못했던 4편도 제자리를 찾아 넣었다. 4편의 글이 추가되어 총 30편이 이 책에 모아졌다. 이렇게 모으는 과정에 가필, 수정도 많았다. 독자 여러분의 양해를 구해마지 않는다.

이 책이 세상에 나오기까지 위 두 분 외에도 여러분의 도움을 받았다. 《중앙선데이》 문소영 기자는 신문사 쪽에서 내 원고를 제일 먼저 받아 1차 점검하는 역할을 해 주었다. 조판을 끝낸 뒤 모양새가 갖춰진 교정판을 나에게 보내주는 역할도 문 기자의 몫이었다. 이 자리를 빌어 감사를 표한다.

신문사에 원고로 보내기 전 최종 검독檢讀을 해준 동학이자 평생의 반려인 이현혜 교수에게도 고맙다는 말을 전한다. 책을 내기로 하면서 신문에 실린 글을 한글 파일로 옮기고 첫 원고와 대조하는 정리 작업은 서울대학교 대학원 박사과정의 배재호 씨가 맡아 주었다. 출판사 측에서는 김경희 사장 지휘로 권민서 씨가 수고해 주었다. 아담한 모양새에 보기에도 마음이 끌리는 책을 만들어준 데 대해 두 분에게 거듭 감사를 표해 마지 않는다. 이런 정성으로 꾸며진 책이므로 독자 여러분에게도 사랑받는 책이 되리라고 믿어 의심치 않는다.

2025년 9월 19일
적고신신당積古新新堂에서
이태진

감고사感告辭

저자는 2007년 2월 정년 퇴임하면서 '한국 역사연구원'를 세웠다. 연구 생활을 계속하기 위해 책을 쌓아 두고 작업할 공간이 필요해서였다. 이 연구원을 운영하는데 두 분의 특별한 도움이 있었던 것을 이 자리에서 밝혀 감사의 뜻을 표한다.

2007년부터 2015년까지 8년간 나라컨트롤의 문성주 회장, 2016년부터 최근 8년간 한국콜마 윤동한 회장의 석오문화재단으로부터 지원받았다. 저자가 서울대 인문대 학장 재직 때 개설한 CEO 인문학 과정(AFP: ad fontes Program)을 통해 맺은 인연이다. 공교롭게 이 책에 실린 글들의 원고를 쓰던 중에 석오문화재단과의 부설 기관 관계가 종료하게 되어 그 사연들을 여기에 적어 석별의 정을 표시하기로 하였다. 두 분의 도움은 정년 퇴임 후의 저자의 학문 행로에 큰 도움과 격려가 되었기에 묵언默言으로 끝낼 수 없다.

문성주 회장은 연구원 공간 주선과 동시에 '경영인 역사 포럼' 운영을 제안하여 2007년 11월 8일 '포럼' 첫 모임을 시작하였다. 1회 2강좌 격주로 운영한 포럼은 2015년까지 무려 149회 강좌를 여는 '업적'을 쌓았다. 석오문화재단과는 2021년 8월 재단의 15층 신축 건물이 낙성되어 14층에 "석오문화재단 부설 한국 역사연구원" 간판이 걸리는 축복을 입었다.

두 분으로부터 받은 이 잊을 수 없는 물심양면의 지원을 밝히는 이 감고사가 감사를 표하는 작은 예禮가 되기를 바라마지 않는다.

2025년 9월 19일
한국역사연구원 원장 이태진

차례

제1부

근대
왜곡의 뿌리

주변국 선점의 침략주의 국시를
메이지 정부에 제공한
요시다 쇼인

01

조선총독부,
《고종실록》《순종실록》 편찬에
1만여 종 자력 근대화 관련
'공문서' 자료 외면했다

고종시대사는 서로 다른 견해가 난무하여 혼란스럽다. 필자처럼 긍정적으로 보려는 연구자가 있는가 하면, 실패의 역사로 보는 견해와 해석도 많다. 필자는 국왕의 위상이 바닥으로 실추한 상황을 그대로 두는 것은 곧 머리 없는 역사로서 바른 역사상歷史像이 될 수 없다는 견지에서 고종과 그 정부의 치적을 새롭게 주목하는 것일 뿐인데 국왕 중심 역사관이란 소리를 듣는다. 한국 근대사, 과연 이대로 좋은가? 학문으로서의 요건은 제대로 갖추어져 있는지부터 점검해 볼 필요가 있다.

근대 학문으로서 한국사는 '근대'와 함께하지 못했다. 1895년부터 정부가 신식 역사 교과서를 발행하기 시작했으나 근대적인 역사 연구 인력을 키우는 교육기관을 발족시키기도 전에 국권을 빼앗기고 말았다. 국권 상실 뒤에는 뜻있는 지식인들이 대부분 해외로 나가 독립운동에 나서게 됨으로써 온전하게 역사 연구가 이루어질 수 없었다. 이런 상황에서도 해외에서 박은식의 《한국통사韓國痛史》(1915)가 나온 것은 기적 같은 일이었다. 이 책이 나오자 조선총독부는 당황하여 조선 민족의 주체적 역사 인식을 초장에 제압하고자 '반도사 편찬위원회'를 발족시켰다. 1919년 3·1독립만세운동의 힘으로 상해 임시정부가 수립되면서, 박은식을 중심으로 역사편찬

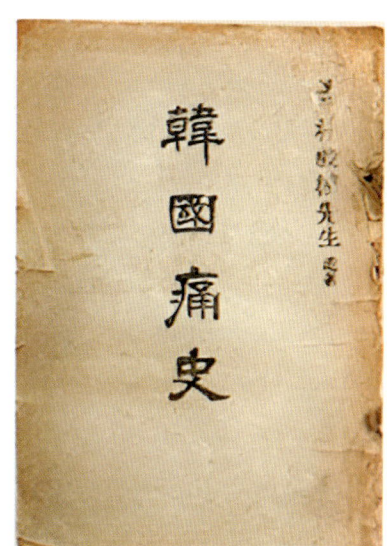

박은식의 《한국통사》. '통사'는 아픈 역사란 뜻이다.　　박은식의 《한국독립운동지혈사》

위원회가 조직되어 《독립운동지혈사》가 나왔다. 나라를 빼앗긴 상황에서 민족사에 대한 이만한 성과가 잇달아 나온 것은 자부심을 느끼게 하는 일이다. 그러나 이는 어디까지나 그 자체가 '역사적 산물'로서 근대 역사학의 체계를 온전하게 갖춘 역사학의 성립을 의미하는 것은 아니었다. 일제 치하에서 개인적으로 일본의 대학에 유학하여 신식 역사학을 공부한 사람이 나오기는 했으나 그들 가운데 근·현대사를 전공하는 사람은 없었다.

　1945년 광복 후 1960년대 후반에 '국학 붐'이 일어났다. 대학교 제도가 안정을 찾으면서 일제 식민주의로 얼룩진 민족의 역사와 문화를 바로 알기 위한 새로운 출발이었다. 이때 근현대사 분야에서 위 두 책은 높은 평가를 받았다. '국학 붐'도 초기에는 민족주의 성향을 강하게 지녔다. 위 두 책의 영향으로 근대사 연구자들 다수가 독립운동에 관한 논문을 많이 썼다. 그러나 민족주의 역사학은 어디까지나 하나의 조류로서 그것이 근대 역사학의 실체가 될 수는 없다. 구미의 근대 역사학은 흔히 "과거를 평가하려고 하기 전에 '있는 사실 그대로(wie es eigentlich gewesn)'를 먼저 밝히라"는 랑케(Ranke, Leopold von, 1795~1886)의 명언으로 대변된다. 과학으로서 역사학은 곧 근거 있는 역사의 서술로서 사료 편찬 작업이 필수라는 뜻이다. 우리의 '근대'에는 그런 기초를 닦을 시간이 없었으며 이 결함을 메꿀 때까지 학문으로서의 한국 근대사를 말하기 어렵다.

한국사는 일제 치하의 치명적 손실에도 불구하고 '국학 붐' 이후 빠르게 성장하였다. 《조선왕조실록》(이하 《실록》)이 신빙성이 높은 사료로서 연구자들에게 영인본으로 일찍 제공된 것이 빠른 성장의 동력이 되었다. 《실록》은 한 왕의 시대가 끝나면 그 재위 기간에 생산된 각급 기관의 기록을 모아 취사선택하여 편년체로 정리하여 후대에 그 왕의 정사를 생생하게 읽을 수 있게 한 편찬물이다. 편찬이 완료되면 네 닷 벌을 활자로 인쇄하여 사고史庫에 비치하였다. 조선왕조《실록》은 편찬 뒤 어떤 후손 왕도 볼 수 없는 원칙을 세워 편찬의 객관성을 보장하였다. 중국 역대 왕조의 《실록》은 편찬 후 공개가 허용되어 기록의 객관성이 훨씬 떨어지고 분량도 우리 것에 미치지 못한다. 한마디로 조선왕조는 왕이 바뀔 때마다 근대성을 지닌 '사료 편찬' 사업을 해온 세계 역사에서 유일한 나라였다.

필자가 1990년대 초 서울대 '규장각 도서' 관리 책임자로 소규모 견학단을 이끌고 일본 도쿄대학의 '사료편찬소'를 공식 방문하였다. 그때 그곳 국제부장직의 교수가 8층 건물의 자료 보관실을

위층에서 아래로 안내해 주었다. 4층인가 《대마도종가문서》와 영
인본 《조선왕조실록》이 함께 비치되어있는 방에 들어섰을 때 필자
는 그 교수에게 일본의 역사학자들은 저 종가 문서와 같은 1차 문
서자료가 많아서 좋겠다고 부러워했다. 그는 이 말을 듣고 무슨 말
씀이냐고 손사래를 쳤다. 그는 오히려 《실록》을 가지고 있는 한국
의 역사학자들이 부럽다고 했다. 도쿄대학의 사료편찬소는 창설
뒤 지금까지 전국 각지에 흩어져 있는 1차 문서자료를 가져와서 뒤
늦게 일본식 《실록》을 편찬하느라 이만저만 고생이 아니라고 했다.
이 말을 듣고 당황스러움과 감격을 동시에 느꼈다. 제집의 보석 귀
한 줄을 제대로 깨닫는 견학이었다.

그렇다! 저 독일의 랑케 사학도 《Monumenta Germaniae
Historica》(Historical Monuments of the Germans, 1826~) 편찬을
배경으로 나온 것이 아니던가. 제1차 세계대전 뒤 구미 인문학계
는 1920년 국제연맹 탄생과 때를 같이하여 국제학술원 연합(UAI:
Union Académique Internationale)을 창설하여 인류 평화 공존에 이
바지하는 인문학을 표방하고 '문명' 연구를 제일 과제로 삼았다. 그
리스-로마, 비잔틴, 이슬람, 게르만 등 문명권 상호 간의 이해 증
진을 위해 연구에 필요한 문명권 관련 자료 편찬사업을 지원 과제
(Patronized Project)로 삼아 재정 지원을 아끼지 않았다. 이 편찬사업
이 각 회원국 학술원을 중심으로 진행되는 속에서 프랑스의 아날
학파의 지중해 문명 역사학이 나오고 아놀드 토인비의 '문명 사학'
이 출현하였다.

미국은 국제연맹과 국제학술원연합 창설에 주도적 구실을 하고
서도 상원이 국제연맹 가입을 허용하지 않아 정작 회원국으로 참여

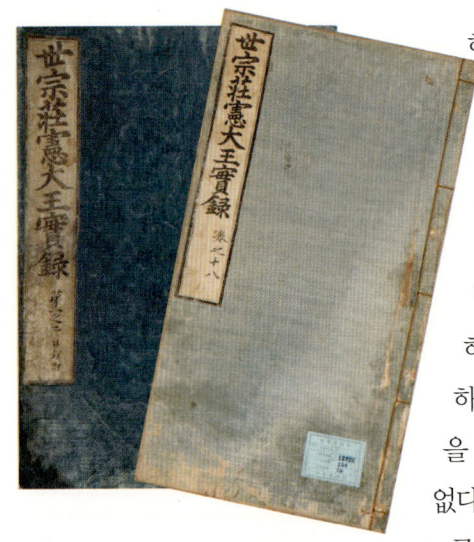

《세종대왕실록》. 임진왜란 이전에는 푸른
색 비단 표지를 쓰고, 이후는 황색 종이로
장황裝潢했다.

하지 못했다. 미국 역사학은 그래서 유럽 역사학에 뒤지는 형세를 면치 못하다가 제2차 세계대전 뒤 대규모 전사戰史 편찬사업을 일으켜 사료를 다루는 전문 인력을 대폭 양성하여 연구력을 보강하고 유럽 역사학과 어깨를 나란히 하게 되었다. 어느 것이나 사료 편찬을 거치지 않은 역사학은 성립할 수 없다는 것을 보여주는 교훈이다.

국사편찬위원회는 1980년대 《실록》의 영인본을 간행하여 국내외 연구자들이 이를 쉽게 이용하게 함으로써 한국사학은 조선시대 연구를 중심으로 짧은 시간에 크게 발전하였다. 《실록》이 각 왕대의 1차 사료를 정리한 성과물이었으므로 연구자들에게 그만큼 시간 단축의 효과를 안겨주었다. 그런데 근대사는 그렇지 못했다. 《고종실록》《순종실록》의 편찬 자체에 깊게 박힌 일제 식민주의 골조 때문이었다. 1926년 순종 황제 붕어 뒤 1927년부터 8년간 고종, 순종의 실록 편찬사업이 진행되었다. 조선총독부의 이왕직 사업으로 조선사편수회가 수행한 장기 사업이었다. 어느 모로나 일제의 식민 통치를 정당화하는 쪽으로 기울 사업이었다. 최근 서영희 교수가 《조선총독부의 조선사 자료 수집과 역사 편찬》(2022, 사회평론아카데미)에서 조선사 편수회의 《고종실록》《순종실록》 편찬사업이 고의적으로 자력근대화 관련 기록을 제외한 사실을 낱낱이 파헤쳤다.

두 《실록》 편찬사업은 고
종 대에 새롭게 전개된 국제
관계에서 일본의 비중을 높
이고 조선이 중시한 미국과
의 수교 기록은 의도적으로
줄이거나 빼버렸다. 1882년
미국 에디슨 조명회사(Edison
Illuminating Company)와 계
약하여 이루어진 왕궁 안의
전기 시설 관련 기록은 찾아
볼 수가 없다. 1898년 황실
자금으로 설립한 한성전기회

일본인들이 편찬한 《고종실록》과 《순종실록》 표지.

사가 미국 콜브란–보스트윅사 기술제휴로 서울 시내에 전기를 시
설하고 전차를 달리게 한 엄청난 사업도 전차에 사람이 치인 사고
기사에 세주細註로 설립 사실을 간단히 밝혔을 뿐이다. 무엇보다
1894년 정부당국의 신식공문서 자료 1만여 종을 《실록》 편찬에 전
혀 반영하지 않아 대한제국의 자력 근대화를 알아볼 수 없게 만들
었다.

한편, 대한제국 황제를 바보로 만드는 작업도 행해졌다. 1904년
러일전쟁 뒤 일제는 무력을 배경으로 한국 정부의 주요 기관을 장
악하여 황제가 침략행위에 앞장선 일본 군인과 관리에게 손수 훈
장을 내린 것처럼 보이게 기록하는 상황을 만들었다. 두 《실록》은
이에 관한 기록을 빠짐없이 실어 고종과 순종이 저들의 활동을 인

정하고 훈장을 내린 것처럼 읽게 하였다. 그들의 두 《실록》 편찬사업은 후세에 일본의 식민 통치를 정당화하려는 튼튼한 골조 구축 작업이었다.

2000년대부터 시작된 《실록》의 온라인 제공에 《고종실록》《순종실록》도 미처 문제점을 파악하지 못한 상태에서 번역본까지 갖추어 온라인으로 공개되었다. 이로 말미암아 일제 식민주의 역사가 비전공자를 상대로 양산하는 상황이 빚어졌다. 일제가 고의로 제외한 정부 공문서 자료를 모두 활용하는 새로운 형태의 편찬사업을 수행한 뒤에야만 이러한 상황을 바로잡아질 수 있을 것이다. 2024년부터 정부 지원으로 서울대학교 규장각 한국학연구원 산하에서 '고종시대 공문서 정리아카이빙사업'이 시작된 것은 그나마 다행스럽다.

(2023년 7월 8일 중앙선데이)

이태진 교수의 한국 현대사 특강

02

130년 전 수립한
메이지 천황제 국수주의,
한·일 파트너십에
아직도 걸림돌

임진왜란 때 뒷정리가 되지 않아 300년 뒤 청일전쟁이 일어났다는 말이 있다. 도요토미 히데요시[豊臣秀吉]의 침략 전쟁에 대한 조선·명 두 나라의 응징이 없었던 것이 재침을 가져왔다는 뜻이다. 특파대사 이토 히로부미[伊藤博文. 1841~1909], 그는 1905년 〈보호조약〉을 강제하고 돌아가다가 시모노세키에 도착하자마자 조선 침략의 절대성을 가르쳐준 스승 요시다 쇼인[吉田松陰. 1830~1859]의 묘소에 측근을 보내 보고를 올렸다. 통감 데라우치 마사다케[寺内正毅. 1852~1919], 그는 1910년 8월 29일 '한국 병합' 공포 뒤, 통감 관저에서 부하들과 축배를 올리면서 "도요토미 히데요시여, 당신이 못 이룬 것을 우리가 이뤘습니다"고 외쳤다. 응징과 심판이 없는 역사의 무서움을 느끼게 한다.

아베 신조[安倍晋三. 1954~2022], 2022년 총탄에 쓰러진 그는 총리(2차 집권)가 되었을 때, 취임 후 맞이하는 첫 패전일(8월 15일)을 앞두고 국내외 언론의 예상과 달리 야스쿠니 신사가 아니라 야마구치현 하기[萩] 시의 한 묘소 앞에서 무릎을 꿇고 분향했다. 100여 년 전 이토 히로부미가 측근을 보낸 바로 그 요시다 쇼인의 묘소 앞이었다.

요시다 쇼인, 그는 누구인가? 1600년 일본 전국시대를 마감하는 세키가하라 전투가 벌어졌다. 도요토미 히데요시를 받드는 서군을 지휘하는 모리 모토나리[毛利元就, 1497~1571]와 이에 반대하는 동군의 도쿠가와 이에야스[德川家康, 1543~1616]가 벌인 최후의 결전이었다. 동군 승리로 도쿠가와 막부 시대가 열렸다. 패장 모리 가문은 본거지 히로시마에서 서북쪽의 바닷가 작은 고을 하기[萩]로 쫓겨나 조슈[長州]라는 번藩의 번주로 명맥을 유지했다. 연간 농산물 100만 석을 요리하던 세도가 30만 석으로 대폭 줄었다. 중앙정치 참여 자격도 박탈됐다. 요시다 쇼인은 바로 이 조슈 번의 무사였다. 병학兵

요시다 쇼인[吉田松陰]의 초상화(도쿄 세타가야 구에 있는 쇼인신사 소장). 책과 칼 소도구가 눈길을 끈다.

學에 밝고 대담했다. 구미 열강의 함선이 동아시아에 도착한 상황, 일본이 그들의 식민지가 되지 않기 위해서는 천황을 받드는 중앙집권 체제가 필요하다고 주장했다. 막부에 대한 도전이었다. 그는 두 번 투옥 끝에 29세로 생을 마감했다.

첫 투옥은 도쿄만에 정박 중인 미국 페리 제독의 함대에 몰래 숨어들어 미국에 밀항하려다가 탄로 났을 때였다. 그 큰 배와 대포 제조 기술을 배우기 위함이었지, 미국을 동경한 것이 아니었다. 고향 하기로 보내져 투옥된 그는 옥중에서 《유수록幽囚錄》을 지었다. 일본이 구미 열강에 식민지가 되지 않기 위해서는 저들의 우수한 기술을 속히 배워, 저들보다 먼저 주변국을 차지해야 한다고 역설한

하기 시의 쇼카손주쿠[松下村塾]. 쇼인 신사 앞쪽에 있다. 쇼인이 제자를 가르친 이 학당을 근거로 1891년 신사가 세워졌다.

글이다. 홋카이도[北海島]를 개척해 러시아 땅 캄차카반도로 진출하는 기지로 삼고, 서쪽의 류큐와 타이완을 정복한 다음, 북으로 조선·만주·몽골·중국을 차지한다. 여기서 힘을 한껏 키워 태평양으로 나가 미국·호주로 간다. 쇼인은 이렇게 침략 순서까지 밝혔다. 그 뒤가 놀랍다. 그의 제자들과 숭배자들이 이를 각본으로 삼아 대소의 전쟁을 일으켜 순서대로 주변국을 차지하고 태평양 전쟁을 일으켰다. 막부 타도를 외치다가 다시 투옥된 그는 사형을 앞두고 《유혼록幽魂錄》이란 글을 지어 '나는 죽지 않고 무사시[武藏, 고대 야마토 조정의 중심지] 들판에 혼으로 남아 천황을 돕겠다'고 했다.

1868년 9월 조슈와 사쓰마[薩摩] 도사[土佐] 3개 번이 천황 추대에 성공했다. 일본은 거대한 변혁을 겪었다. 막부 시대의 지방분권을 중앙집권 체제로 바꿨다. 서양 문명 배우기 열기가 타올랐다. 처음에는 미국과 프랑스의 자유주의가 유행했다. 그래서 1870년대 각 지역 세력은 자유 민권 운동을 벌이면서 구미의 의회 정치를 목표로 삼아 의회 개설 운동을 벌였다. 중앙의 관계官界와 군부에 참여하지 못한 지방세력이 의회를 통해 국정에 참여하겠다는 뜻이었다. 조슈 집권세력으로서는 용납할 수 없는 요구였으나, 1880년 우선 천황이 10년 뒤 의회 개설을 약속하게 했다. 그리고 이토 히로부미는 2년 남짓 유럽으로 가서 독일의 법과 제도를 특별히 연구해 내각제, 제국 헌법, 국가 신도神道, 교육칙어 등을 내놓았다. 집권세력이 국정을 전담하는 천황제 국가주의 체제를 목표로 하는 준비였다.

1890년 약속대로 국회가 열렸다. 그러나 국회는 3권분립 체계의 한 축이 아니라 천황이 소집하는 집회로, 해마다 한번 모여 정부 예산을 심의하는 것이 전부였다. 제국 헌법은 서양의 기독교가 들어오는 것을 막기 위해 천황과 그 조상의 신성神聖을 숭배하는 국가 신도를 만들어 모든 종교 위에 올려놓았다. 기독교가 그 아래 들어설 수 없었다. 교육칙어는 천황에 대한 절대 충성으로 제국의 영광을 빛낼 것을 요구했다.

메이지[明治] 정부는 1880년대 체제 정비와 함께 징병제를 실시하여 군사력을 키웠다. 그리고 요시다 쇼인의 주변국 선점론先占論 실행에 나섰다. 하기와 도쿄에 쇼인을 숭배하는 신사를 세워 모든 사람이 그의 정신을 따르게 했다. 1894년의 청일전쟁은 곧 선점 정책을 한반도와 대륙에서 실현하려는 첫걸음이었다. 일본은 랴오둥반

야마구치현 하기 시의 쇼인 신사 입구.

도에 대륙 진출의 거점을 확보하면서 이때 이미 조선을 저들의 보호국으로 만들려고 했다. 일본군은 조선 왕궁을 포위 압박했지만, 다행히 국왕(고종)은 미국의 그로버 클리블랜드(Grover Cleveland, 1837~1908) 대통령에게 〈조미 수호통상조약〉 제1조에서 약속한 '선의의 중재'를 요청하여 보호국으로 전락할 화를 면했다. 클리블랜드 대통령이 이토 히로부미 내각에 친서를 보내 계획이 철회됐다. 일본은 최대의 전리품 랴오둥반도마저 '삼국 간섭'으로 포기해야 했다. 일본은 아직 구미 열강의 불평등 조약에 묶여 운신이 자유롭지 못했던 때였다. 이후 10년 동안 100만 대군을 양성하면서 '조약 개정'을 성사시킨 다음 1904년 러일전쟁을 일으켜 소기의 목표를 달성했다.

일본의 주변국 선점 정책은 이후 주춤했다. 1910년대 세계 평화 운동이 1919년 국제연맹의 탄생을 가져오면서 국제 협력 기류가 강해졌다. 일본 안에서도 정당정치를 앞세운 '호헌운동'이 일어나 조슈 세력이 약해지는 가운데 이른바 다이쇼[大正] 데모크라시 시대가 열렸다. 그러다가 쇼와[昭和] 천황 시대(1925.12.~1945.8.)에 선점정책을 다시 발동했다. 1931년 만주사변, 1937년 중일전쟁이 벌어졌다. 그리고 1941년 태평양전쟁. 일본은 패전국이 됐다. 만주사변 이후 천황제 파시즘의 물결 속 요시다 쇼인의 전기傳記 수십 종이 날개

돈친 듯 팔렸다. 요시다 쇼인 정신 따르기로 소년 카미카제[神風]가 등장하기도 했다.

일본 제국의 대외 팽창 과정은 제국주의 일반론으로 간주하기에는 특이점이 너무 많다. 제국주의 현상으로 돌리는 것은 오히려 면죄부를 주는 행위라는 비판도 있다. 주변국 선점정책 수립 당시 일본은 결코 구미 열강의 제국주의 대열에 속하지 않았다. 천황의 영광을 위한 주변국 침략 목표 달성을 위해 자본주의 경제를 배우기 시작한 때였다. 그것은 어디까지나 기획 침략주의로써 제국주의와는 본질이 달랐고, 천황의 영광이란 구호로 수많은 국가 범죄가 저질러졌다. 안중근安重根(1879~1910)은 그 초입에서 앞으로 일어날 수많은 전쟁 범죄를 예견하고 이를 막기 위해 천주에게 맹세하면서 이토 히로부미 처단에 나섰다. 안중근의 명철은 우리가 영원히 간직해야 할 교훈이다.

일본을 외교 파트너로 삼아야 한다는 것은 거부할 수 없는 대세로 보인다. 그러나 양국의 유대는 과거 역사의 진실에 대한 공동 확인에서 출발해야 한다. 1965년 한일협정은 1910년 병합 무효의 시점에 대한 해석 차이를 양국의 다툼으로 남겼다. 1990년대 초반부터 '한국 병합' 강제 조약에 관한 구체적 연구 성과가 나왔다. 1965년에 남겨진 숙제를 푸는 수준의 성과였다. 이를 토대로 2010년 〈한국 병합' '100년 한일 지식인 공동성명〉(한·일·중·영 4개 국어)이 나왔다. 한국 측의 원천 무효 주장에 일본 정부도 동의해야 한다고 명시한 문장이 들어간 성명서에 무려 540명의 일본 지식인이 서명했다. 이를 배경으로 간 나오토[菅直人] 수상은 "정치적, 군사적 배경 아래" 일본 제국이 한국의 국권을 빼앗은 것과 "식민지 지배가

패전일(8월 15일)을 이틀 앞둔 2013년 8월 13일 아베 신조 일본 총리가 고향 야마구치현으로 내려가 일본 우익의 정신적 지주 요시다 쇼인 묘소를 참배하는 모습. 지지통신(時事通信)

준 다대한 손해와 고통"에 대한 통절한 반성과 사과의 뜻을 표명하였다. 1998년 김대중–오부치 공동성명보다 훨씬 진전된 사죄의 표현을 담았다. 이 성과를 한국 정부마저 기억하지 못하는 것은 이해할 수 없는 일이다.

2010년 당시 일본 측 지식인 대표였던 와다 하루키[和田春樹] 도쿄대 명예교수는 2022년 제주도 평화회의에서 〈조약에 의한 '병합'이라는 기만〉이란 논문을 발표했다. '병합 강제를 위해 동원된 일본의 각종 기만적 외교 방식이 유효하지 않다는 것을 일본 정부가 이제는 인정해야 한다'고 촉구하면서 '과거 한일 관련 조약의 잘못에 대한 바른 이해 위에 한일 관계의 신시대를 시작해야 한다'고 역설했다. 한일 정부의 새로운 파트너십 외교는 12년 전 각고의 노력으로 빚어낸 양국 지식인의 성과를 기억해야 한다. 그리고 무엇보다 중요한 것은 징용 피해자의 마음이 아니겠는가.

(2023년 3월 11일 중앙선데이)

이태진 교수의 한국 현대사 특강

03

조선은 '평화공존',
일본은 '주변국 선점'
국시가 달랐다

오늘날 자주 사용하는 국시國是(나라가 지켜야 할 방침)라는 단어를 국사편찬위원회 〈조선왕조실록〉(DB)에서 검색해 보았다. 놀랍게도 조선 성종 20년(1489)부터 대한제국 말까지 무려 543건이나 떴다. 초기 사례에서 그 의미를 살피면, "온 나라의 사람들이 당연하게 여기는 공론公論이 시행되면, 국시가 정해지고 치화治化가 저절로 아름다워진다"(《성종실록》 권 262, 성종 23년 2월 21일 조)고 했다. 그 뜻에서 오늘날과 차이가 없다. 시기적으로는 사림파士林派가 등장하여 우리 역사에서 정파 정치가 시작한 바로 그때다. 사림은 선비의 숲. 전국 중소지주층이 농업경제력 향상을 토대로 곳곳에 서원을 세워 학문을 연마하면서 생긴 신조어다. 지금까지 지식인은 관리가 되기 위해 과거시험을 공부하던 부류에 한정되었다. 15세기 말에 지식인이 집단으로 크게 확장하면서 함께 해야 할 정신세계로 '공론' '국시' 등이 거론되기 시작했다.

사림파의 등장은 역사적 의미가 큰 시대변화였다. 그런데도 일제 식민주의 역사학은 사림의 사화·당쟁 때문에 조선이 망했다는 악의적 해석을 내놓아 민족사 인식에 큰 혼돈을 가져왔다. 어떤 정치 체제도 시간이 흐르면 폐단이 생기기 마련이다. 사림의 붕당정치도 그랬다. 18세기가 되면 복수 붕당 공존의 정파 정치가 공론 실현

《막말·메이지[明治] 고古사진첩》(新人物往来社, 2003)에 실린 도쿠가와 막부 말기 에도성—현 도쿄 고쿄[皇居] 혼마루(本丸)—성문 앞 무사들의 사진. 무사 사회의 모습을 볼 수 있는 드문 시각자료이다.

의 정신을 잃고 이권 탐하기 정쟁에 빠져 소민의 희생이 커졌다. 이에 영조와 정조는 군주 직접 정치가 대민大民, 곧 양반 사대부로부터 '소민'을 보호할 수 있는 길이라고 역설하였다. '탕평정치'의 시작이었다. 조선시대 유교 정치가 이렇게 시대변화에 따라 발전적 변신을 거듭했다면 18세기 이래의 '소민 보호' 표방은 근대의 여명으로 볼만한 변화다. 1894년 청일전쟁 수난기에 동학농민군이 보여준 근왕勤王 의식은 곧 외침에 부닥쳐 군주와 소민의 유대가 극대화한 장면으로 결코 '군주 무능론'의 소재가 될 수 없다.

우리 근대사는 이웃 일본과 자주 비교된다. 일본은 '메이지 유신[明治維新]'으로 근대화에 성공했고 우리는 그렇지 못해 저들의 식민

유복儒服을 입은 아메노모리 호슈.

지가 되었다는 비교는 지금도 흔하다. 최근 일본에서 《메이지 유신이라는 과오過誤》(하라다 이오리原田伊織, 2017)라는 책이 나와 일본 독서계의 주목을 받았다. 이 책은 일본 근대의 대명사인 '메이지 유신'이란 단어 자체를 부정한다. 메이지 시대에는 '유신'이란 말이 없었는데 1930년대 쇼와시대 황도皇道 군국주의자들이 '쇼와 유신'을 표방할 때 '메이지 유신'이란 말을 만들어 함께 사용한 것이라고 밝혔다. 저자는 부제로 〈일본을 멸망시킨 요시다 쇼인과 조슈[長州] 테로리스트〉라고 달았다. 앞에서 여러 차례 언급했듯이, 요시다 쇼인[吉田松陰]은 도쿠가와 막부 타도를 외치다가 29세에 형장의 이슬로 사라진 무사다. 그가 서쪽 조슈[長州, 야마구치] 번에서 키운 제자들이 집권과정에서 "수단 방법을 가리지 않은" 테러리스트였다고 비판했다. 쇼와시대 이래의 '관·군부官·軍部 사학'의 극복을 일본 근현대사 교육의 새로운 과제로 내세운 의미 있는 저술이다.

일본의 제국침략주의를 비판해온 필자로서는 매우 반가운 저서였다. 이제 일본도 바뀌기 시작하나 싶어 필자의 연구원 기획으로 한국어 번역본 출판을 작정했다. 일본 출판사를 통해 저자에게 한국어 번역본에 붙일 서문을 부탁했다. 2주쯤 지나 도착한 장문의 글을 받고 필자는 아연실색했다. 한국사에 관한 저자의 지식은 조선총독부 시절의 역사 인식에서 한 걸음도 벗어나 있지 않았다. '관·군부 사학'의 폐단 극복 과제 인식은 아직도 자국 문제에 머물러 있는 상태였다.

메이지 원년 효고현 지사가 된 '테러리스트' 이토 히로부미. 이토[伊藤] 공 자료관 소장.

도쿠가와 막부는 조선과 명나라로부터 유학(성리학)을 전해 받아 각지 번 소속의 무사들이 유교 지식에 접하기 시작했다. 그들은 그때까지 밀교 성향의 불교 신도일 뿐이었다. 무사 신분은 조선 왕조의 사림에 견줄 집단이다. 무사로서 익히는 병학兵學의 패권주의에서 벗어나 유교의 평화 공존 철학에 관심을 가지는 부류가 생겨나기 시작했다. 아메노모리 호슈[雨森芳洲, 1668~1755]는 교토 근처 출신이면서 한국어, 중국어를 배워 쓰시마(대마도) 번에 근무하면서 조선과의 통호通好를 중시하고 성신교린誠信交鄰에 힘썼다. 조슈 세력이 왕정복고를 내세워 집권하면서 이런 평화론의 흐름을 뒤엎어 버렸다. 저들은 스승 요시다 쇼인이 옥중에서 쓴 〈유수록幽囚錄〉에서 밝힌 '주변국 선점론'을 '국시'로 삼아 국가 예산의 근 3분의 2를 매년 군비 확장에 투입하여 청일전쟁과 같은 큰 전쟁을 일으켰다. 요시다 쇼인은 일본이 구미 열강의 식민지가 되지 않기 위해서는 열강의 군사 기술을 속히 배워 그들보다 먼저 주변국을 차지해야 한다고 주장했다. '소민 보호'의 정치 이념에 따라 민생 안정을 우선하던 조선의 국정과는 판이한 근대화였다.

《가스 가이슈, 최후의 고백》(2001)에 실린 만년의 가스 가이슈.

요시다 쇼인보다 7세 연장의 가쓰 가이슈[勝海舟, 1823~1899]라는 인물을 주목할 필요가 있다. 1853년 미국의 페리 함대가 개항을 요구했을 때 그는 〈해방海防 의견서〉를 내서 주목을 받았다. 도쿠가와 막부는 그를 나가사키 해군 전습소에 배속하여 해군력 배양 일을 맡겼다. 그는 일약 대신 급 지위에 올랐다. 그의 〈해방 의견서〉는 조선업造船業 발전과 방어를 위한 해안 요새 '진타이[鎭台]' 곧 포대 설치를 강조했다. 그는 자신의 해군전습소가 네덜란드, 프랑스 전문가들의 도움으로 성과를 거두자 일본이 조선과 청국의 해군 창설을 도와야 한다고 주장하기도 했다. 요시다 쇼인의 제자 이토 히로부미 등은 집권 뒤 그가 구축한 '진타이' 방어체제를 모두 없애고 해외 출정이 가능한 '사단제師團制'로 바꾸고, 사단의 주둔기지를 지방 각지에 세웠다. 1894년 청국과의 전쟁 소식이 알려지자 가쓰 가이슈는 일본은 중국과 조선으로부터 많은 것을 받은 나라인데 지금 전쟁을 일으키는 것은 형제간의 싸움을 일으키는 짓이라면서 개전에 강하게 반대했다. 그는 도쿠가와 시대 유교 지식 세계를 익힌 마지막 세대에 속하는 인물로 만년에는 기독교 수용에도 적극적이었다.

조선과 대한제국은 유교 정치 이념의 기조를 버리지 않은 때문인지 근대화 행진에서 누구도 이웃 나라 공격을 말하지 않았다. 일본의 침략 정책이 갈수록 심해지자, 조선·대한제국은 구미 열강과의 신뢰 외교를 쌓아 중립국으로 자리잡기를 원했다. 안중근이 '진정한 동양평화'를 위해 이토 히로부미를 처단한 것은 메이지 일본의 '국시'가 된 〈주변국 선점론〉에 대한 저격이었다.

제3자의 시선은 어떤가? 하버드대학교에서 박사학위를 받고 1980년대초 서울대 법대에서 방문 교수로 가르친 적이 있는 윌리엄 로빈슨 쇼(William Robinson Shaw, 1944~1993)는 조선왕조가 500년 존속한 것은 법치국가였기 때문이라고 주장했다. 더 정확히 말하면 유교 본연의 덕치德治 실현의 이념으로 '소민'의 억울한 희생을 최소화하기 위해 법치法治를 추구했다고 했다. 한국 법제사 전공자로서 조선 전기 《경국대전》부터 고종시대 《대전통편》까지 법전 발달의 역사를 연구하면서 학계에 제출한 입론이다. 조선왕조는 무능하여 왕조를 무너뜨릴 힘조차 없어서 500년 갔다는 야유 섞인 평가가 난무할 때였다. 그는 양화진 외국인 선교사 묘원에 묻힌 윌리엄 얼 쇼의 손자이자, 은평구 은평 평화공원에 우뚝 서 있는 윌리엄 해밀턴 쇼의 아들이다. 한국을 모국처럼 여기며 한국사를 전공한 로빈슨 쇼는 존스홉킨스 대학에 재직 중이던 1993년 39세로 아깝게 일찍 세상을 떠났다.

수년 전 미국에 망명 중인 러시아 교수 한 분을 서울대학교 규장각 한국학연구원의 서고로 안내할 기회가 있었다. 그는 모스크바에서 TV 인터뷰 방송에서 푸틴 정부가 크레믈린 궁을 사용하는 것은 제정시대 차르 체제와 오버랩 되는 문제점이 있다고 지적했다가 국외로 추방당했다. 필자는 규장각 국보 실에 표본으로 펼쳐 놓은 《승정원일기》 앞에서 국왕과 신하 사이에 오간 대화를 매일 기록한 책이라고 설명했다. 설명이 끝나자마자 그는 오늘날 한국이 급속한 발전을 이루고 있는 이유를 알겠다고 했다. 그는 러시아 현대사전공자로 오래전 당 서기 스탈린 연구를 위해 관련 자료를 찾았으나 방명록만 남아있을 뿐 방문자들과 나눈 대화 기록은 어디서도 찾아볼 수 없었다고 했다. 국왕이 신하들과 나눈 대화를 매일 기록하여 후세에 남기는 부끄러움 없는 소통문화를 오늘의 한국의 급속한 발전 원동력으로 보는 예리한 사평史評이었다. 남이 보면 혜안이 작동하는 우리 유교 정치 문화유산이 아닌가.

(2024년 7월 8일 중앙선데이)

제2부

근대의 여명

정조대왕
7본이나 되던 어진이 모두 불타
《선원보기략》에 동판화로 실린
이 그림이 유일한 진영이다.

04

궁궐을 나온 탕평 군주들,
백성을 직접 만나
의견 물었다

1960년대에 일제 식민주의 역사 극복을 향해서 '국학 붐'이 일어났다. '내재적 발전론'의 관점에서 조선 후기 상공업과 실학의 발달에 관한 연구가 활발하게 이루어졌다. 서양사와 일치하지 않더라도 근대의 기본 속성에 해당하는 것들이 우리 역사 안에서 생성되고 있었다는 관점의 연구가 진행되었다. 그러나 정조대왕 사후 세도정치라는 퇴행적 정치가 펼쳐지고 민란이 일어나는 역사에 부딪혀 걸음이 멈췄다. 1980년대에는 계급 사관의 관점에서 민란을 근대의 시작으로 보는 '민중사관'이 대두하였으나 민중 봉기가 정권 수립에 이르지 못한 사실 앞에서 이 또한 더 나아가지 못했다. 그래서 1876년에 일본과 체결한 강화도조약을 근대의 기점으로 삼는 방식이 통용되었다. 문호 개방이 근대의 필수조건의 하나이므로 이는 편한 선택이기는 하나, 근대사 연구가 자칫 망국의 과정 추적에 빠질 위험성이 있었다. 다행히 1990년대 민중사학과는 별개로 정조시대의 규장각에 주목하여 규장각 도서로 남아 있는 많은 문헌 자료를 이용한 실증적 연구 성과가 줄을 이어 나왔다. 내재적 발전론이 빠트린 정치사 영역을 채우는 내용이 많아 내재적 발전론을 새롭게 가동할 만한 것이었다.

임진왜란 전후부터 조선의 왕정은 붕당朋黨이 공존하는 체제로 이어졌다. 성리학을 공부하는 지식인들이 늘어나 학파學派가 정파政派를 형성하면서 상호 비판하는 공존체제가 공도公道를 실현하는 길이라는 데 동의하였다. 농업경제의 발달로 재지在地 중소지주층의 지식화가 크게 이루어지면서 나타난 변화였다. 그러나 붕당에 비중을 둔 정치운영 방식은 자칫 왕이 보이지 않는 결과를 초래할 위험성이 없지 않았다.

인조반정으로 집권 세력이 된 서인은 붕당정치 원리를 따르면서 집권 기반을 장기화하는 노력도 소홀히 하지 않았다. 송시열宋時烈을 영수로 하는 서인은 군주 중심체제보다 재상 중심체제를 지향했다. 성리학을 일으킨 주자가 붕당유용론을 편 것을 근거로 한 움직임이었다. 주자가 구양수의 붕당 긍정론을 지지하면서 "공도 실현을 추구하는 진붕眞朋이라면 천자(송나라 효종)도 당이 있는 것을 우려할 것이 아니라 당을 함께 하는 것이 마땅하다"고 진언한 것을 근거로 삼았다. 서인은 외침과 자연 재난이 거듭되는 시국을 6조 판서와 의정 대신들이 비변사에 합좌하여 국정을 풀어가는 체제를 선호하였다. 자당 출신이 합좌 구성에 다수를 차지하면서 집권을 유지하였다. 이 체제가 지속하는 한 왕은 종속성을 면할 수 없었다. 서인은 왕실 혼인을 자파 가문에서 이루어야 한다는 철칙을 암묵적으로 세워 지켰다.

1674년 숙종이 즉위하면서 서인이 이끄는 체제에 대한 비판이 나오기 시작하였다. 13세에 즉위한 임금은 스승 윤휴尹鑴의 가르침에 많은 영향을 받았다. 윤휴는 기호 출신의 남인 대학자였다. 그는 임금과 백성의 관계를 물과 배에 비유하여, 물이 노하면 배가 뒤집히는 이치를 가르쳤다. 16, 17세기는 기온 강하로 말미암은 자연

대재난의 장기화로 굶어 죽거나 돌림병으로 죽는 자가 한해 100만을 헤아릴 정도였다. 돌림병 때문에 임금이 궁 밖으로 나가는 것도 말렸다. 심지어 종묘에 올리는 의식도 젊은 관리나 환관을 보내 치르는 실정이었다. 윤휴는 백성과 함께하지 않는 임금은 임금이 아니라고 가르쳤다. 이 말에 놀란 숙종은 종묘를 직접 다녀오고 밤중에 미복으로 궁을 나와 여염을 돌면서 백성들이 사는 모습을 직접 살폈다.

그러나 비변사 국정 전담 체제에서 왕은 백성의 어려움을 해소하는 역할을 제대로 수행할 수 없었다. 임금이 19세 되던 해 모후 청풍 김씨를 이용한 서인 측의 남인 공격이 시작되었다. 집권 남인 인사 가운데 역모 혐의가 있다고 하여 일으킨 '경신대출척(1680)'은 왕이 윤휴에게 사약을 내릴 정도로 험악했다. 숙종 28년 기사환국(1689) 때 서인 영수 송시열이 사사賜死되면서 두 붕당은 원수 사이가 되었다. 남인에 대한 강·온 양론을 놓고 서인은 노론과 소론으로 분열하였다.

숙종 치세에는 대동법大同法의 전국 시행이 완료되고 5군영을 정파 중심에서 국왕 직접 지배체제로 정비하면서 군영 운영비인 군포軍布의 납부 필수匹數를 줄이는 조치가 취해졌다. 무엇보다 국가에 대한 의무노동을 없애고 임금제도로 굳히는 업적이 나왔다. 서인의 왕실 혼인 독점 계략은 정파 대립을 왕위계승권 다툼으로 변질시켰다.

경종이 죽고 영조(재위 1725~1776)가 즉위한 뒤 4년 만에 임금이 형 경종의 죽음에 관계되었다는 이유로 소론 쪽에서 반란을 일으켰다. 영조는 이를 평정한 뒤 국정 운영의 국왕 중심체제를 선언하였다. "나는 주자가 아니라 요, 순 시대의 왕정을 조선에 실현하겠다"고 선언하였다. "나는 나를 따르는 신하들만 데리고 임금 노릇 하겠다"고 하였다. '탕평정치'가 선언되었다. 탕평은 요·순 시대 왕정이 성공한 상태를 표현하는 수식어 '탕탕평평'의 줄임말이다. 영조의 방침에 따라 각 붕당에는 그 지지 여부로 완론緩論과 준론峻論의 이름이 생겼다. 한나라 시대 유학이 숭상한 《주례》의 세계 곧 주나라 문왕의 치세를 모범으로 삼겠다고 하였다. 영조의 존호 52자는 역대 왕 가운데 가장 길다. 중간 쯤에 '요명순철堯明舜哲' 4자가 들어있다. 요·순 임금의 '명철'을 체득했다는 뜻이다. 노론 측이 특별히 받드는 주자朱子 일변도의 풍조에 대한 경고장이었다. 내각책임제와 대통령 중심체제의 대결이라면 비약일까.

영조의 어진(御眞, 왕의 초상화). 조선왕조 어진으로 온전한 것은 태조 어진과 영조 어진 뿐이다. 철종 어진은 반이 불탄 상태이다.

영조도 아버지 숙종처럼 궁 밖으로 자주 나왔다. 인왕산 아래 경희궁을 새로 짓고 창덕궁에서 오가는 기회를 자주 만들었다. 왕은 운종로(현 종로) 철물교(현 탑골공원 부근) 앞에서 늘 어가를 세웠다. 육의전六矣廛이 즐비하여 상인들이 많이 왕래하는 곳이었다. 임금은 그들에게 고충을 물으면서 "시민이 나라의 근본"이라고 추켜 올

《선원보기략璿源譜紀略》(1931)에 실린 정조대왕 어진. 위쪽에 '정조 경천명도 홍덕현모 문성무열 성인참효'란 시호가 표시되었다. 점 찍은 부분은 후대 추존. 아래쪽은 휘·자·호.

렸다. 시민은 시전 상인市廛商人의 줄임말이다. 중상주의라면 비약이겠지만 '농자 천하지대본農者天下之大本'의 시대에 쉽게 나올 수 있는 말은 아니었다.

영조의 과단성 넘치는 정치는 세자를 스스로 죽이는 참극을 동반했다. 대리 청정을 맡은 사도세자가 당파 정쟁에 휩쓸리는 것을 용납하지 못해 뒤주에 가두어 죽게 하였다. 임금이 아들을 처벌하는 형벌이 없어 택한 조치였다. 영조는 전국의 농민 부담인 군포를 2필로 일제히 낮추기 위해 연안 지역의 어장과 염전을 새로운 세원으로 개발하였다. 균역법均役法이란 이름의 세제 개혁은 어장, 염전을 소유한 지방 토호들의 반발을 샀다. 임금은 창경궁 홍화문 앞에 군인, 상인들을 모아놓고 법안에 대한 찬반 의견을 물었다. 국가 원수가 처음으로 국세 부담자 의견을 직접 듣는 역사적인 자리였다. 세자의 죽음으로 균역법의 난항은 해소되었다. 신하들이 임금을 무서워하였다. 영조는 도망간 노비를 찾지 못하게 하는 법도 만들었다. 왜란, 호란 뒤 고을 인구의 30%까지 파악되던 노비 인구가 10% 미만으로 크게 줄었다.

1776년 영조가 82세로 승하하고 24세의 세손이 즉위하였다. 정조는 즉위하면서 동궁 시절 서재 정이당貞頤堂을 규장각奎章閣으로

김홍도가 그린 '화성능행도병풍' 8폭 중 하나. 정조가 1795년 2월 어머니 혜경궁 홍씨를 모시고 부친인 사도세자의 묘소가 있는 화성의 현륭원을 행행行幸(왕의 궁궐 밖 거동)했을 때 광경을 담았다. 구경나온 사람들의 분위기가 자유로워 보인다. 정조는 행행할 때 쉬는 곳을 정해 거기서 민원을 접수했다.

이름을 바꾸어 확대 개편하고 여기에 일급 신하들을 모았다. 천하의 서적을 모으고 왕정의 역사를 정리하고 새로운 정책을 개발하는 곳으로 삼았다. 군주 중심 정치의 질을 높이는 것이 목표였다. 창덕궁 후원에 새로 지은 본관 건물은 큰 주머니로 합친다는 뜻으로 주합루宙合樓라고 불렀다. 이곳은 경연 장소로도 활용하여 군신 간의 정책 토론 장소 기능도 부여하였다. 임금과 신하가 높은 수준의 정사를 함께 하는 전통을 만들어갔다.

정조는 할아버지의 궁 밖 행차를 도성 밖 행차로 확대 발전시켰다. 경기 일대에 산재한 역대 왕들의 능을 찾아 효도한다는 명분으로 '능행'을 자주 가졌다. 예컨대 선릉(현 선릉역 근처 소재)을 참배할 경우, 오가는 시간과 쉬는 곳을 미리 공고하였다. 어가가 쉬는 곳은 민원을 접수하는 장소로 삼았다. 그는 능행을 백성과 만나 그들의 고충을 듣고 풀어주는 기회로 만들었다.

아버지 묘소가 있는 화성 행차가 '능행 정치'의 절정이었다. 이때는 충청·전라·경상도 사람들까지 올라왔다. 한강 건너기가 난제였으나 쉽게 해결했다. 경강상인들의 배를 동원해 배다리[舟橋]를 만들고 그들에게 조세 운송 우선권을 주었다. 서울로 돌아오는 시간은 저녁 시간으로 잡아 남대문을 들어오면 호위 무사들이 등불을 들게 하고 어가의 창을 열어 불빛으로 임금을 볼 수 있게 했다. 이를 보려는 '관광觀光' 인파가 많을 때는 10만이 되었다는 기록이 남아 있다.

궁 밖을 나와 수많은 백성을 만나는 왕정, 유교 정치의 새로운 광경이었다. 19세기 후손 왕들이 이를 어떻게 계승할지가 조선의 자력 근대화 여부의 입론을 좌우할 문제였다.

(2023년 4월 22일 중앙선데이)

05

탕평정치가 잉태한
《심청전》《춘향전》,
새로운 역사 신호였다

심청전과 춘향전은 조선 후기 대중문화의 양대 명작이다. 판소리와 소설책 두 종류로 전해왔다. 언제 등장한 작품일까? 국문학계에 따르면 춘향전은 유진한柳振漢의 한시 〈춘향전〉이 최초다. 《어우야담於于野談》의 저자 유몽인의 후손인 작자가 1753년(영조 29) 전라도 여행에서 돌아와 이듬해에 지은 것으로 춘향전 줄거리가 담겼다. 그곳에서 들은 것을 한시로 남긴 것이다.

춘향전의 본령은 판소리 완판본(전주)이다. 19세기 초반 전주 일원에서 등장하여 신재효(1812~1884)의 남창본男唱本에서 집대성되었다. 1867~73년 사이 정리된 대표작이다. 경판 춘향전은 읽기용으로 "열녀 춘향 수절가"란 제목이 붙었다. 1864~69년 무렵 소설로 나온 《남원고사南原古詞》는 책 빌려주는 점포에서 인기 최상이었다. 결론적으로 춘향전은 18세기 중반에 등장하여 19세기 초중반에 소리와 소설 두 가지 형식으로 널리 보급되었다.

한편, 심청전은 한문으로 된 것이 없다. 한글 소설로는 경판본과 안성본, 판소리로는 완판본이 있다. 판소리로는 신재효의 것이 역시 대표작이다. 국문학계는 최초 판본이 19세기 초에 나온 것에 모두 동의하고 있다.

춘향전과 심청전의 주인공은 열녀와 효녀이다. 열녀의 역사는 오

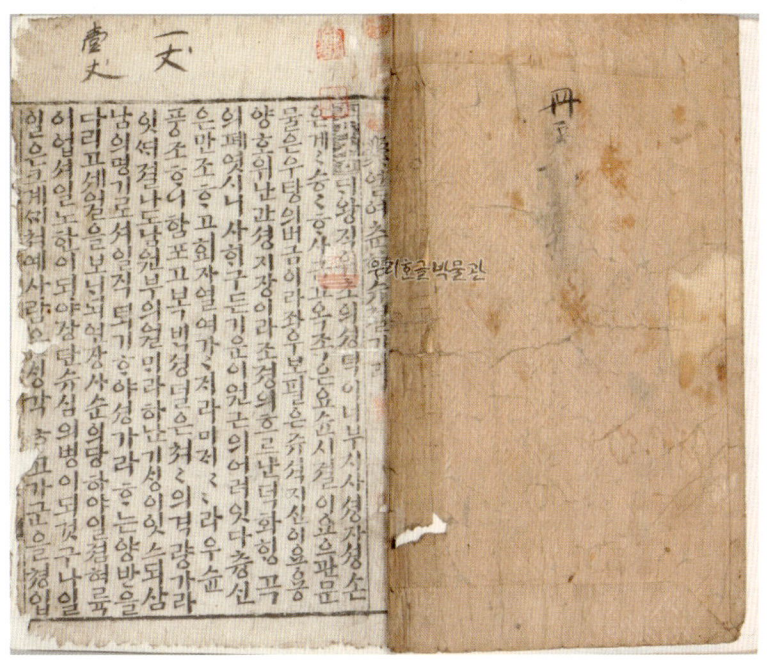

'열녀춘향수절가' 경판본, 한글박물관 소장본. 민간 출판이란 뜻으로 방각본이라고도 한다.

래다. 조선전기 《삼강행실도》가 언해본으로 보급되면서 생긴 역사
다. 각 고을 읍지邑誌를 보면 〈효행〉, 〈열녀〉 항목이 세워지고 시대
가 지날수록 뽑힌 인물의 수가 늘었다. 〈효행〉에는 남자가 대부분
이고 효녀는 어쩌다 보인다. 〈열녀〉에는 적지 않은 평민과 천인의
이름이 올라 있다. 18세기에 들어와 평민 열녀의 전기傳記가 등장한
다. 조귀상의 〈향랑전香郞傳〉을 비롯해 6편 정도가 확인된다. 전기
는 정려문旌閭門 세우기와는 다른 의미가 있다. 수절 내용을 후세에
그리고 다른 지역 사람들에게도 알리는 효과가 있었다. 18세기 '소

딱지본 《심청전》 표지. 1910년대부터 반세기 동안 5일 장터 책 장수들에 의해 널리 팔렸다.

민 보호' 정치를 내세운 탕평 군주 시대에 이런 변화가 생긴 것은 우연이 아니다. 유진한의 한시 춘향전도 굳이 따지면 전기 계열에 속한다. 그런데 심청전의 연원으로 간주할 만한 효녀 '전기'는 확인되지 않는다.

숙종은 재위 7년(1681)에 한강 노량진 언덕에 버려지다시피 한 사육신死六臣의 묘들을 찾아 새로 정비하게 하고 그 충절을 기리는 민절사愍節祠를 세웠다. 사육신은 세조에 대한 불충 관계로 왕실의 '뜨거운 감자'였다. 숙종이 과감하게 금기를 깨고 진정한 충신의 표본으로 사육신을 내세웠다. 신하들의 끝없는 정쟁에 대한 분노였을까. 임금은 군사들의 호위를 받으면서 이곳을 몇 차례 직접 찾았다. 어느 행차 때 한 여성이 어가 앞에 뛰어들었다. 남편의 억울한 죽음을 호소하기 위해서였다. 미복으로 여염을 도는 군주에 향한 서민의 기대가 없었다면 이런 돌출 행위는 있기 어렵다. 신분제 관료국가에 백성의 억울함은 수도 없이 많았다. 정조 임금이 능행 중 쉬는 곳에서 상언上言을 접수한 것은 서민 사회의 이런 애환과 여망이 만들어낸 것이다. 보증인을 요구하는 상언 문서를 갖출 수 없는 더 어려운 사람들에게는 꽹과리 치기(격쟁擊錚) 방식도 허용되었다.

정조는 재위 18년(1794) 정초에 백관을 거느리고 할머니(영조 계비 정순왕후)와 어머니(혜경궁 홍씨)를 찾아 특별한 세배를 올렸다. 할머니가 50세, 어머니가 60세 되는 해였다. 할머니가 계비로 늦게 간택된 탓으로 며느리보다 10세 연하였다. 정조 임금은 두 어른이 같은 해에 순년旬年(10년 단위)을 맞이한 것을 "천 년에 한 번 있을 경사"라고 축하하였다. 이어 신하들에게 특별한 지시를 내렸다. 전·현직 관리 70세 이상, 사士·평민 80세 이상, 80 미만이라도 해로하고 있는 부부들을 모두 조사하여 '작위'(품계)를 내리고 해당자의 이름과 나이를 적어 올리게 하였다. 9개월 뒤 총 75,145인의 이름과 나이를 담은 《인서록人瑞錄》이 올려졌다.

딱지본 《춘향전》.

정조는 요임금 시대에 장수, 부귀, 다남多男의 태평성세를 누렸다는 화서국華胥國의 실현을 꿈꾸었다. 아버지 묘소를 수원으로 옮기고 도시를 새로 만들어 이름을 화성華城이라고 불렀다. 화성은 조선의 화서국이었다. 《인서록》은 곧 왕실 두 어른의 특별한 신희新禧를 기념하여 화서국의 장수 실현을 기약한 책이다. 이해 신도시 화성과 아버지의 원묘園廟 현륭원 공사가 완료되었다. 아버지의 신분이 세자였으므로 능이 아니라 원園이었다. 임금은 이듬해 이곳에서 어머니 혜경궁의 진갑 잔치를 성대하게 열 계획으로 12월에 정리소整理所를 세웠다. 영의정을 역임한 채제공을 총리대신, 호조판서를 정리사, 그 아래 중신 5명을 배치하여 10만여 냥의 예산을 배정하여 모든 행사를 주관하게 하였다.

이듬해 윤 2월 11일 예정대로 임금은 어머니를 모시고 화성으로 갔다. 먼저 아버지의 묘원을 찾아 인사를 올렸다. 이어 화성 낙남헌에서 어머니 생일을 기념하여 문·무 특별 과거시험을 연 뒤 봉수당에서 어머니 생일잔치를 올렸다. 어머니와 아버지 두 분은 1735년(을묘, 영조 11) 생으로 동갑이었다. 흔히 '을묘원행圖幸'으로 불리는 이 행사는 김홍도의 〈화성행행도〉 8폭에 담겼다. 다음날 낙남헌에서 양로 잔치가 열렸다. 서울에서 수행한 노 대신 15명과 화성 거주 노인 969명 총 984명에게 음식과 작위를 내렸다. 네 번째 화폭에 그 광경이 담겼다.

서장대 군사훈련(제5폭), 신하들과의 활쏘기 대회 행사(제6폭)를 차례로 마치고 환궁하기 전 임금은 남은 비용을 '정리곡'이란 이름을 붙여 전국 8도에 내렸다. 각 도에 1천~3천 냥씩 나누어 화성 잔치의 기쁨을 온 백성과 함께하는 뜻을 실었다.

효녀 심청이 인당수에 던져진 뒤 용왕의 배려로 연꽃으로 세상에 되돌려 보내져 마침 그곳을 지나던 뱃사공들이 그 연꽃을 건져 임금에게 바쳤다. 임금은 연꽃이 처녀로 변하자 왕비로 삼았다. 왕비 심청은 아버지를 찾기 위해 전국의 맹인 잔치를 열어 부녀 상봉이 극적으로 이루어지고 아버지 심 봉사는 딸의 목소리에 놀라 눈을 번쩍 뜬다. 이 줄거리에서 주목할 것은 지극한 효성이면 평민도 왕비가 될 수 있다는 메시지, 그리고 왕실이 마련한 전국 맹인 초대 양로 잔치이다. '을묘 원행'의 양로 잔치가 없었다면 있기 어려운 구성이다. 〈심청전〉이 '을묘 원행' 직후 19세기 초에 처음 등장한 것은 우연이 아니다. 화성 양로 잔치가 없었더라면 그런 높은 구성력을 지닌 작품이 나오지 못했을 것이다.

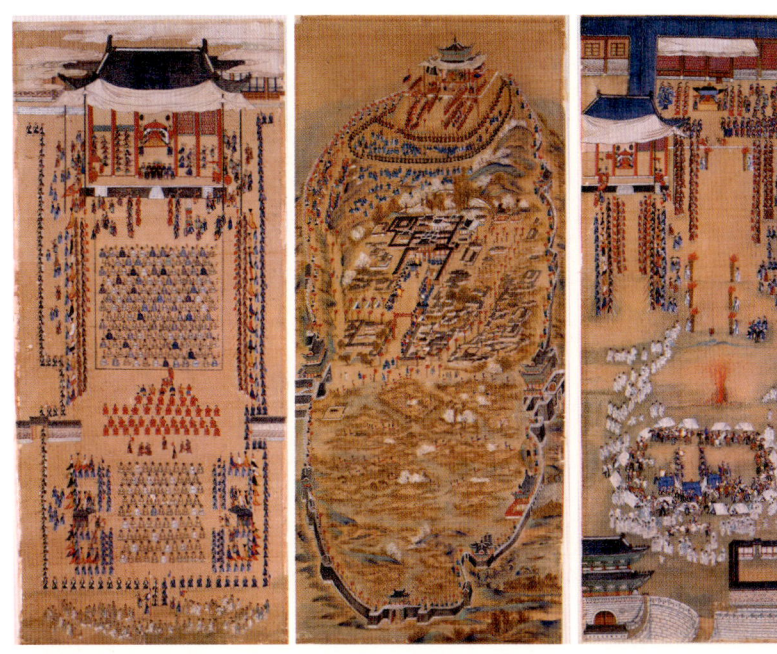

'을묘원행'의 주요 장면을 그린 〈화성행행도〉. 왼쪽부터 제4폭 낙남헌에서 열린 양로연 그림[洛南軒養老宴圖], 제5폭 서장대에서 열린 밤 훈련 그림[西將臺夜操圖], 제6폭 득중정에서 열린 임금의 활쏘기 그림[得中亭御射圖].

    2년 뒤(1797) 새해 첫날 정조는 다시 신하들에게 특별한 지시를 내렸다. 어머니에 대한 효도의 기쁨을 팔도 신민들과 함께 누리고자 효자를 표창하고 노인을 경모하는 의식에 최선을 다하였으나 '내가 부덕한 탓으로 풍속이 새로워진 것이 없다'고 하면서 특별한 조치를 지시하였다. 요순시대처럼 오륜을 닦는 것이 주요하므로 모든 공부의 출발인 《소학》을 백성들이 뜻을 쉬이 알 수 있도록 설명(訓義)를 붙이고, 또 《삼강행실도三綱行實圖》와 《이륜행실도二倫行實圖》를 합친 《오륜행실도五倫行實圖》 언해본을 만들라고 지시하였다. 그리고 농촌에서 노인을 앞세우는 '향음주례鄉飲酒禮'를 행하여 노인을 섬기면서 농민들이 힘써 농사짓는 생활을 할 수 있게 하고자 하며, '향약' 또한 나라를 편안하게 하는 요결이므로 뺄 수 없다고 하였다.

이듬해 그 결과로 언해본《오륜행실도》가 간행되어 전국에 배포되었다. 이 책 머리에 앞의 지시를 정리하여「양로와 무농務農을 위해《소학》《오륜행실》《향음주례》《향약》을 반포하는〈윤음〉을 붙였다.《소학》《오륜행실》《향음주례》《향약》등은 지금까지 양반 사대부들의 것이었다. 정조는 일반 백성들도 이를 공유하여 그들이 유교 덕목 실천 주체가 되어 나라의 주인 의식을 가지게 하려고 하였다. 서민 대중의 국가 의식에 큰 변화를 가져올 조치였다.

춘향전의 하이라이트는 수청 들라는 변 사또에 대한 춘향의 항변이다. 남자는 두 임금을 모실 수 없고[不事二君], 여자는 남편을 바꿀 수 없는 것[不更二夫]이 천륜인데 나보고 수청들라는 사또 당신은 임금을 바꿀 사람이라고 질타한다. 효성이 지극하면 평민 출신도 왕비가 될 수 있다는 심청전의 메시지와 같은 지향이다. 어사 출두 후 이 도령과 함께 서울로 올라오는 춘향은 나중 나온 판본에서 지위가 첩에서 처로 바뀌고, 왕이 춘향에게 특별한 상을 내리는 것으로 끝이 맺어진다. 두 작품은 곧 탕평 군주 특히 정조가 모든 신민이 나라 주인이 되게 하려는 새로운 역사 만들기에 대한 합창이었다.

(2023년 5월 13일 중앙선데이)

06

정조가 꿈꾼
만민평등의 '공화' 세계

정조는 재위 20년(1796)에 〈만천명월주인옹자서萬川明月主人翁自序〉란 글을 썼다. 화성(수원) '현륭원 행차'에서 돌아온 이듬해였다. '만천명월주인옹'은 임금의 호, '자서'는 내가 쓴다는 뜻이다. 수많은 하천(萬川)에 밝은 달(明月)이 하나씩 담기는 것이 백성과 임금의 관계라는 내용이다. 밝은 달은 군주인 나[我]요 태극이라 하고, 태극이 음양−4괘로 분화하여 이르는 끝획의 수 1,677만 4천 여를 나의 백성의 수라고 하였다. 백성은 곧 군주의 분신이라는 선언 아닌가. 군주가 나뉘어 백성이 되었다는 군민일체君民一體의 사상, 신분제도를 근저에서 무너트릴 혁명적 사고이다. 정조는 이 무렵 '민국民國'이란 단어를 즐겨 썼다. 국國, 곧 왕실과 대·소의 민民이 곧 나라의 주인이라는 뜻이다. 국정의 뜻으로 '민국사民國事'라는 말도 자주 썼다.

1800년 초 정조는 서얼(첩 자식) 차별을 없애는 법을 세우고, 노비제도의 전면 혁파를 결심한다. 이해 외할아버지 홍봉한이 영조에게 올린 건의들을 모아 외삼촌 홍낙임과 함께 정리하여 《어정 홍익정공주고御定洪翼靖公奏藁》라고 이름 붙였다. 이 책 노비 항목의 서문 〈노비인奴婢引〉에 공·사노비 전면 혁파 결심을 담았다. 영조가 익정공의 건의로 도망 노비를 잡지 못하도록 한 조치를 크게 발전시킨 결단이었다. 익정공 홍봉한(1713~1778)은 정조의 외할아버지로 영의정에 오른 명재상이었다.

정조는 앞서 재위 15년(1791)부터 과거 제도의 혁신을 꾀하였다. 《주례》는 시험으로 관리 뽑는 것을 빈흥賓興 곧 손님을 찾아 모시는 것이라고 하였다. 정조는 '빈흥시'라는 이름으로 도별로 소과小科 시험을 차례로 시행하고 그 결과를 도별 《빈흥록》이란 이름으로 담았다. 여기에 실린 각도 합격자 명단에 놀랍게도 4조祖(부·조부·증조부·외조부) 표시가 없어졌다. 이제부터 관리 등용에 양반과 평민을 따지지 않겠다는 방침이다. 정조 말년 이 나라에 모든 사람

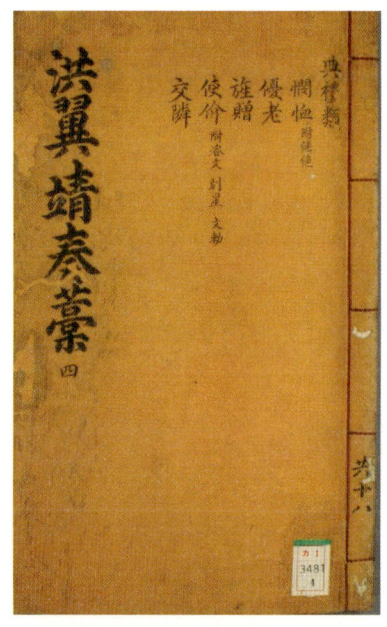

《어정 홍익정공주고御定洪翼靖公奏藁》.(서울대 규장각 한국학연구원 소장)

은 평등하다는 '공화'의 기둥이 세워지고 있었다. 그러나 불행하게도 정조는 노비제 혁파 결정을 내린 뒤 심한 피부병으로 병석에 눕는다.

정조는 밤새워 일할 때가 많았다. 할아버지 영조가 형벌 도구인 곤장의 크기를 줄였듯이 서민들의 억울한 죽음을 막아야 한다는 뜻에서 각 도 감사가 내린 사형 판결은 집행하기 전에 모두 임금에게 올리게 하고 자신이 밤샘하여 재심, 3심을 하였다. 그 사례를 묶은 《심리록審理錄》(1789)을 분석한 한 연구는 임금이 내린 최종 사형 판결은 원심의 20% 정도밖에 되지 않았다고 한다. 온 열정을 쏟

은 과로가 겹쳐 재위 24년(1800) 6월 14일 병석에 눕고 만다. 《정조실록》에 따르면 온몸에 퍼진 크고 작은 종기에서 피고름이 흐르면서 고열에 시달렸다. 큰 종기는 벼루 크기만 했다고 한다. 6월 28일 임금은 백약이 무효하여 유명을 달리하였다. 병석의 정조가 의원들과 나눈 병 증상에 관한 《실록》 기록 8건을 이성낙 교수(전 가천대 총장, 피부학)에게 보내 자문한 결과 무서운 '전신성 패혈증'으로 진단하였다. 이 영명하고 부지런한 군주가 48세로 생을 마감하다니 애석하기 그지없다.

정조는 자식 복이 없었다. 왕비(효의왕후) 몸에 소생이 없고 재위 6년(1782) 의빈 성씨에게서 아들을 얻었다. 바로 세자(문효)로 책봉했으나 4세에 사망하고 4년 뒤 수빈 박 씨 몸에서 둘째 아들을 얻어 재위 24년(1800) 1월 1일 11세 때 세자로 책봉하였다. 그해 2월 할머니(정순왕후, 영조 계비)와 어머니(혜경궁) 뜻으로 김조순의 딸을 세자빈으로 간택했다. 어린 세자는 책봉 5개월 만에 국상을 치르고 7월 왕위에 올랐다. 이가 곧 순조이다.

1800년 순조 즉위 당시 궁중의 어른은 정순왕후 경주김씨였다. 정조 치세에 대비의 오빠 김귀주 일당은 노론 벽파(탕평정치 거부파)의 핵심으로 정조와 자주 충돌하였다. 순조 원년 1월 대비의 수렴청정 아래서 '신유사옥'이 일어났다. 대비 측의 벽파가 정조 친위세력(시파) 가운데 서학(천주교)에 가까이 간 사람이 많았던 것을 악용해 '사옥'을 일으켰다. 정조는 서학에 대해 유학을 바로 세우면 두려워할 것이 없다면서 관용적이었다. 저들은 그 관용이 화를 불렀다고 하여 300여 명을 잡아 죽이거나 유배 보냈다. 정조가 양성한 우수 인재 다수가 제거되었다. 세자 보호 부탁을 받은 김조순마저

창덕궁 후원에 있는 6각 지붕의 존덕정. 이 정자에 새로운 정치에 대한 정조의 의지를 담은 글 〈만천명월주인옹자서〉가 새겨진 목판 액자가 걸려 있다.

뒤로 물러서 있어야 했다. 이듬해 1월에는 대비가 직접 나서 정조가 내린 노비 혁파 결단을 실행한다면서 왕실 소속 노비 문서를 불태 웠다. 약 6만 6천여 명의 왕실 소속 노비가 해방되었으나 양반 사 대부들의 노비는 그대로 남았다.

국정은 외척 세도 세력이 비변사를 통해 이루어지고, 정조 왕정 의 중심이던 규장각은 기록 담당 기능만 남았다. 정조 왕정의 하이 라이트 능행陵幸 정치도 외형만 남았다. 정조 24년 동안 160회(연간 6.7)에 견주어 순조 34년 동안 능행 87회(연간 2.5)는 그래도 모양새 는 유지한 셈이다. 그러나 어가가 쉬는 곳에 백성들이 보이지 않았 다. 정치적으로 억울하게 죽은 집안 어른의 원한을 호소하는 양반 자제들만 기다리고 있었다. 평민들은 접근이 금지당하고 있었다.

헌종 15년의 37회, 철종 14년 55회에서도 마찬가지였다.

1811년 관서 지방에서 홍경래 난이 일어났다. 평안도 사람들은 왕조 초기부터 과거 시험을 볼 수 없었다. 정조 말년의 《관서 빈흥록》(1800)은 이런 차별을 없앴다. 부푼 기대가 정조 사후 세도정치로 거품이 되자 난이 일어났다. 홍경래 난은 안동 김씨 김조순이 집권한 가운데 진압되었다. 5년 전에 정순왕후와 그 오빠 김관주가 사망함으로써 그간 세도를 부리던 경주김씨는 정국에서 사라졌다. 이 무렵 임금 순조는 정양을 자주 해야 할 정도로 건강이 나빴다. 스스로 국정이 소홀해진 점을 안타까워하다가 재위 27년 2월 세자(효명)가 19세가 되자 바로 대리청정을 명하였다.

효명세자는 매우 영특했다. 할아버지 정조의 '호문好文'의 자질이 격세유전되었던가. 1830년 5월 대리청정 3년 만에 21세로 세상을 떠날 때까지 무려 440편의 시부詩賦와 10편의 악장樂章을 남겼다. 대리청정 2년 남짓에 내린 영지令旨(대리 어명)만 114건에 달하였다. 세자는 대리청정 중에 창덕궁 후원에 연경당演慶堂을 새로 지어 거처로 삼았다. 앞서 세자로 책봉되어 학업에 열중하기 위해 지었던 조그마한 누각인 의두각倚斗閣·기오헌寄傲軒처럼 단청을 칠하지 않았다. 군주라도 학인으로서 지켜야 할 검소한 생활 실천의 표시였다.

효명세자는 할아버지 정조가 창덕궁 후원에 규장각을 세워 요순시대의 재현을 꿈꾸면서 내세운 소민보호 정치를 다시 일으키고자 힘썼다. 정조가 〈만천명월주인옹자서〉를 목판에 새겨 걸어둔 존덕정尊德亭 옆에 작은 건물 폄우사砭愚榭를 지었다. '폄우'는 돌침으로 머릿속의 어리석음을 쳐서 깨친다는 뜻이다. 이곳에서 학문을 닦던

효명세자 대리청정 시기 제작된 《동궐도》 중 '폄우사(①)'와 '만명당(②)' 6각 정자. 정조는 이 건물(②)을 존 덕정으로 불렀으나 《동궐도》에는 건물 이름이 없다. 현존 존덕정(67쪽 사진)은 나중에 새로 지어져 이와 다른 모습이다.

세자는 존덕정을 '만명당萬明堂'으로 일컫고 시를 지었다. '만천명월' 을 줄인 시제 '만명'은 곧 백성은 군주의 분신이라는 할아버지의 뜻 을 실천하겠다는 굳은 다짐이었다. 세자는 백성들에게 책 읽기가 '수신제가'의 첫걸음이라고 강조하면서 시중에 서점 세우기를 권장 하였다. 많은 사람의 기대를 모았던 영특한 세자가 대리청정 3년 만에 알 수 없는 병으로 각혈하고 숨을 거두었다. 아버지 순조는 "아! 하늘이 어찌 이렇게도 일찍이 너를 빼앗아 가는가? 상제上帝가 너를 데려가 섬기게 하려는 것인가? 이 나라를 망하게 하려고 이러 는가?"라고 애통했다. 저자 사람들도 모두 머리를 풀고 울었다.

제2부·근대의 여명

세자는 대리청정할 때 연암 박지원의 손자 박규수를 불러 할아 버지의 학문을 정리해 올리라고 명하고, 박제가의 문인 추사 김정희도 가까이하였다. 세자의 부름을 받은 윤종의, 남병철, 김영작 등은 모두 박지원의 《열하일기》에 영향을 받은 북학파 계열 영재들이었다. 오랑캐라도 문명이 앞서면 본받아야 한다고 생각하는 사람들이었다. 근대의 새벽을 열 수 있는 사람들이었다. 그러나 세자의 갑작스러운 죽음으로 결집의 기회를 잃고 말았다.

4년 뒤 순조 왕정이 막을 내렸을 때 효명세자의 아들 헌종은 겨우 8세였다. 대비 순원왕후(안동 김씨)의 수렴청정을 거쳐 안동 김씨의 세도는 헌종 재위 기간에 하늘을 찔렀다. 그들은 헌종이 재위 15년에 22세로 사망하자 '강화도령'을 찾아 왕위에 앉혔다. 효명세자와 같은 왕실로부터의 도전의 싹을 없앨 속셈이었다. 효명세자에게 모였던 북학파 영재들은 세자빈 조씨(헌종의 모, 신정왕후)가 대비로서 다음 왕위를 지명하게 될 날을 기다려야 했다.

(2023년 6월 3일 중앙선데이)

제 **3** 부

고종 즉위,
세도정치부터 없애다

청나라에서 들어오는 책을
쉽게 구하기 위해
남대문시장 근처를 떠나지 않은
최한기.

07

'경화사족'의
북학파 정치 바람,
혁신을 꾀하다

1863년 12월 8일(음력) 철종이 승하하자 익종(효명세자)의 비 조씨(신정왕후, 1808~1890)가 대왕대비 자격으로 흥선군의 둘째 아들 이재황을 왕위 계승자로 지명하였다. 13세 소년 이재황. 대왕대비는 그를 자신의 부군이던 익종의 아들로 삼아 익성군翼成君에 봉하여 입궐시켰다. 익성군은 미성년으로 나흘 뒤 12일에 성년식을 올리고 13일 하루에 성복成服과 등극의 예를 가졌다.

등극의 예는 어땠을까? 드라마 속의 즉위식은 거창하다. 창덕궁 인정전 높은 건물 가운데 보좌에 앉아 저 아래 품계석에 줄지어 선 신하들의 축하를 받는다. 상중에 과연 이런 행사를 했을까? 고종의 즉위에서 실제를 보자. 익성군은 시신이 안치된 혼전(선정전)에서 성복하고 빈전으로 가서 대보大寶를 내려받은 다음 면복冕服으로 갈아입고 혼전으로 나와 인정전으로 향했다. 그러나 문 안으로 들어가지 않고 인정문仁政門 입구에서 멈춰 섰다. 문 가운데 직선상에 놓인 보좌에 앉아 좌, 우와 앞쪽에 도열 한 백관들을 만난다. 짧은 상견례 후 왕은 되돌아 선정전으로 가서 상주 노릇으로 국사를 시작한다. 상중에 이루어지는 즉위식은 이렇게 숙연했다. 영조가 경희궁에서 승하했을 때 세손 정조는 숭정문崇政門 가운데 어좌에 앉아 즉위식을 올렸다.

조선 후기 국왕의 즉위식이 거행된 곳은 창덕궁 인정문이다. 인정문 너머로 인정전이 보인다. 새 왕은 인정전이 아닌 인정문 가운데 놓인 어좌에 앉아 좌우 전면에 줄지어선 신하들을 만났다.

대왕대비 조 씨는 왜 흥선군의 아들을 택했던가?

첫째, 흥선군은 대비 자신의 부군인 익종과 가장 가까운 왕손이었다. 익종은 정조의 손자이자 사도세자의 증손이고, 흥선군은 사도세자의 넷째 서자인 은신군恩信君의 손자로서 익종과 6촌 형제간이다. 왕실 안에서 익종과 제일 가까운 사이였다.

둘째, 흥선군의 아버지 남연군의 위상이다. 은신군의 아들 남연군은 순조와 4촌 사이로 순조 재위 중 종실의 중심으로 화성의 현륭원(사도세자 묘원)과 건릉(정조 능) 관리 총책이 맡겨졌다. 남연군은 북학파 박제가의 문하에서 추사 김정희와 같이 공부한 인연으로 아들 흥선군을 추사에게 보내 서예를 배우게 했다. 조대비는 부군 익종이 대리청정 중에 추사 김정희를 가까이 한 사실도 잊지 않았다.

조대비의 풍양 조씨 가문은 어떤 집안이었나. 풍양 조씨는 안

익종의 국구 조만영의 초상화. 신정왕후(조대비)의 아버지이며 본관은 풍양이다.

동 김씨와 함께 19세기 '세도정치'의 주역으로 널리 알려져 있다. 그러나 증조부 이래의 가문의 명성과 이미지는 권력을 휘두르는 세도 외척의 이미지와는 사뭇 다르다. 대비의 아버지 조만영趙萬永(1776~1846)은 1816년 전라도 암행어사로 활약하면서 이름을 날렸다. 암행하는 고을에서 조세 담당 아전부터 족쳐 주민들이 "악질을 귀신같이 잡아낸다"라는 경탄을 자아내 다산 정약용의 《경세유표》에 모범 사례로 올랐다. 할아버지 조진관趙鎭寬(1739~1808) 또한 순조 재위 중 호조판서로 가뭄의 타격을 입은 고을에 조세 부담을 줄여주기 위해 납부 연기 또는 대납, 분납의 제도를 도입해 찬사를 받았다. 증조부 조엄趙曮(1710~1777)은 영조 때 통신사로 일본을 다녀오면서 쓰시마[대마도]에서 고구마 종자를 가져와 민생에 도움을 준 바로 그 사람이다. 동생 조인영은 금석학에 조예가 깊어 김정희와 북한산 진흥왕 순수비 조사에 나섰다. 권력을 휘두른 세도 외척이라고 단정하기에는 너무나 모범적인 가풍이다. 어디서부터 잘못된 것일까?

일본은 청일전쟁을 '문명국' 일본이 청의 '야만'을 격퇴하는 전쟁이라고 선전하였다. 조선과 청의 유교 문화를 야만으로 몰아 청의 그늘에 있는 조선을 구하는 전쟁이라고 했다. 이후 일본은 조선 역사에 '유교 망국론'을 적용하여 당쟁의 폐단을 강조했다. 최초의 한국사 개설서로 알려지는 일본인 하야시 다이스케[林泰輔, 1854~1922]의 《조선통사朝鮮通史》(1912)는 '외척의 전횡'이란 말을 썼다. 하야시는 영조, 정조의 왕정으로도 당쟁의 폐단은 고쳐지지 못하다가 외척이 발호하는 악화 현상을 보였다고 서술했다.

1940년 경성제국대학 교수 다보하시 기요시[田保橋潔]의 《근대일선日鮮 관계의 연구》는 '세도정치'란 용어를 직접 사용한 최초의 전공 서적이다. 저자는 책 첫머리 〈세도정치의 발달〉에서 왜구·붕당·척족 셋은 "이씨조선의 3대 화禍"이며, 그중 척족의 폐해는 최근까지 이어진 역사라고 했다. 장헌세자(사도세자) 이래 시時·벽僻의 대립, 안동 김씨와 풍양 조씨 관계를 자세히 쓰고 대원군 집정과 왕비 민씨의 대립도 세도정치의 연장으로 서술했다. 유교 망국론이 중무장하여 철옹성을 구축한 형세이다. 광복 후 오늘날까지 국사 책 태반이 19세기 정치사를 '세도정치'로 규정하고 있는 내력이다.

당쟁은 16세기에 등장하는 사림士林의 붕당정치가 실체이다. 농업경제의 발달로 각지에 중소지주층이 늘어난 가운데 그들이 유교 교육을 통해 지식인 화하면서 등장한 새로운 정치형태였다. 농업경제력을 바탕으로 각지에 세워진 서원은 관료 공급원이자 공론公論 형성의 현장이 되었다. 이 구도는 18세기 영·정조 시대 상공업이 발달하면서 경화사족京華士族이란 새로운 정치 집단의 등장으로 변화를 일으킨다. 한양과 근교 거주의 지식인 집단을 특정하는 이 용어는 새로운 경제 발달로 경·향 간의 정치 경제 문화적 격차가 커짐에 따라 생긴 것이다. 정치 판도에 서울의 비중이 커졌다는 뜻이다.

붕당정치는 17세기이래 신권臣權을 강조하여 재상 중심 정치를 지향하였다. 성리학을 일으킨 주자의 이상 정치가 그랬다. 18세기 영조, 정조의 '소민' 보호를 내세운 '탕평 정치'는 이와 충돌하였다. 새로운 왕권 중심 정치에 대한 찬반으로 노론·소론 안에 완론緩論·준론峻論의 구분이 생기고, 관계에 진출한 자들 사이에 시·벽의 대립이 생겼다. 시파(완론 계열)는 탕평 정치를 지지하고 벽파(준론 계열)는 붕당정치 고유의 재상 정치를 고집하였다. 시파 연원인 안동 김씨가 헌·철종 대에 누린 '세도'는 따지면 후자의 변형에 속한다. 어린 왕(순조)을 보호해 달라는 정조의 부탁을 저버린 일탈이었다. '세도정치의 쌍벽' 가운데 풍양 조씨가 빠지면 그 실체는 안동 김씨 일족의 권력 독점 현상에 불과하다. 흥선군의 둘째 아들을 지명한 조대비는 수렴청정 3년간 국기를 바로잡기 위해 서릿발 같은 정사를 펼친다. 다음 회에 보듯이 지금까지 대원군의 업적으로 알려진 서원 철폐, 경복궁 중창 등이 모두 대비가 이룬 업적이다. 19세기 정치사가 새롭게 조명될 필요성이 절실하다.

지식인 세계의 텍스트도 달라졌다. 청나라로부터 들어오는 신서적들은 주자학의 텍스트와는 전혀 달랐다. 최한기(1803~1879)의 일생은 시대 변화를 보여주는 대표적 예이다. 그는 개성 출신이었으나 양부를 따라 서울로 와서 선혜청 앞 난전 거리 창동(현 남대문 시장)에서 살았다. 그는 진사시에 합격했으나 책 읽기에 전념하여 벼슬길을 멀리했다. 독서 생활로 끼니가 어려워져 낙향을 권유받았을 때도 책 구하기가 서울보다 편한 곳이 없다고 물리쳤다. 한문으로 번역된 서양 서적을 탐독하면서 서양인은 절대로 야만이 아니라고 외쳤다. 코페르니쿠스의 지동설을 믿고 유교 철학에 서양 과학을 교합交合한 '기氣 철학'을 개발했다. 《우주책宇宙策》(1857) 등 서구 과학을 소개하는 저술 10여 책을 남겼다. 그는 서울에 줄곧 살면서 《오주연문장전산고》(백과사전류)를 지은 이규경, 대동여지도 제작자 김정호, 그 외 북학파 인사들과 교류하면서 신지식을 즐겼다.

惠崗崔漢綺先生像

최한기 선생 초상화. 지동설 등 서양과학을 읽은 선각자였다.

〈한양가〉(1844)는 수도 서울 곳곳의 번성을 노래한다. 청나라와 일본의 수입 물산, 심지어 서양포西洋布까지 팔고 있는 광경이 등장한다. 북학파 인사들은 종로 육의전 거리 가까이 백탑 골(현 낙원동)에 많이 살았다. 새로운 지식에 관심이 많은 경화사족이 시장 가까이 살면서 서로 교류하는 것은 새로운 풍경이다. 풍양 조씨는 익종의 뜻을 받들어 이 새로운 변화를 왕정에 반영하기를 힘쓴 자취가 역력하다. 1841년 조인영이 최한기의 명성을 듣고 정계 영입을 제안한 적도 있다. 조대비의 흥선군 둘째 아들 선택은 가문의 부귀보다 왕정의 기틀을 바로 잡는 새로운 전기 마련에 뜻을 담은 것이 분명하다. 국내외 시대 조류에 새로운 변화의 기운이 이는 가운데 고종은 조선왕조 제26대왕으로 즉위했다.

(2023년 7월 29일 중앙선데이)

08

‘여걸’ 조대비의 개혁 정책,
흥선대원군의 치적으로
둔갑되다

왕이 어린 나이에 즉위하면 왕실의 모계 어른인 대왕대비 또는 대비가 일정한 기간 정사를 돌본다. 왕이 앉은 자리 가까이 발을 치고 정사를 듣는다고 해서 수렴청정이라고 했다. 19세기 순조 헌종 철종 고종 4대에 잇따라 수렴청정이 열려 이를 두고 일제 식민주의 역사학자들은 왕조가 망할 징조로 방점을 찍었다. '당쟁망국론'의 하이라이트였다. 순·헌·철종 3대의 경주김씨와 안동 김씨의 '외척 전횡'은 그런 비판을 들을 만하다. 그러나 고종을 즉위시킨 조대비(신정왕후)의 수렴청정은 달랐다. 순조 즉위 초 정순왕후(경주 김씨)는 3년 5개월, 헌종 철종 양대의 순원왕후(안동 김씨)는 6년 1개월과 2년 5개월 수렴청정하고, 조대비는 2년 2개월로 그쳤다.

순조~철종 연간에 정순, 순원 두 왕후가 수렴청정 중에 내린 정무라고 할만한 처분은 찾기 어렵다. 해당 《실록》에 관련 기록이 보이지 않는다. 임금이 의정부와 육조의 대신들과 의논하던 정무를 모두 비변사로 옮겨 외척 일당이 비변사 당상으로 저희끼리 국정을 농단했으니 대비의 처분 자체가 발생하지 않았다. 대비는 그 체제 유지의 후견인이었다. 비변사는 본래 국방 관련 사안이 발생하면 관련 대신들이 모여 협의 처리하던 곳이다. 조대비는 이 변칙을 중단시키고 왕이 의정부와 6조 대신들과 합석하여 정사를 주재하던

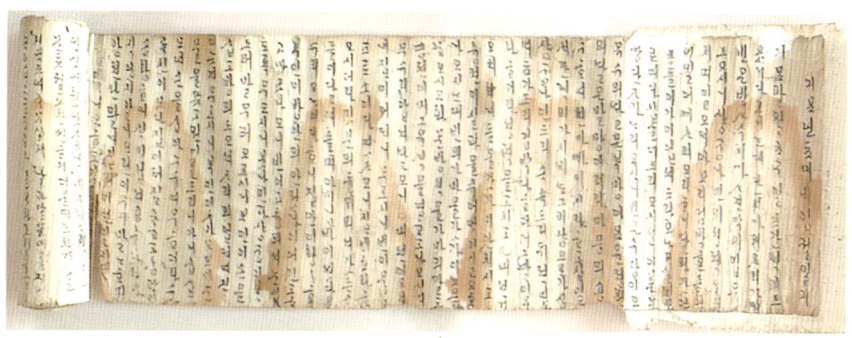

2019년 처음 공개된 〈기미년 조대비 입궐 일기〉. 1821~25년 조대비 어머니 은진송씨가 구술한 것을 1836년 누군가 정리한 것으로 본다. 박재연(선문대학교 교수) 소장.

옛 체제를 복원하여 수렴청정에 임하였다. 그래서《고종실록》에 대비가 왕의 곁에서 내린 처분과 지시가 130여 건이나 고스란히 실려 있다.

 필자나 독자 여러분은 중고등학교 국사 시간에 의정부 복구, 경복궁 중건, 만동묘 및 비非 사액서원 철폐(이하 서원 철폐) 등은 대원군의 치적으로 배웠다. 그러나《고종실록》에 따르면 이 중대사들은 조대비가 직접 지시한 역사로 기록되어 있다. 조대비가 대원군과 사전에 상의한 일은 경복궁 중건 결정 하나였다. 조대비는 대원군과 협의한 사실을 밝히고 공사 주관 기구(영건도감)는 그에게 맡긴다고 적혀있다. 대원군은 대비가 물러난 뒤 이 직책으로 실권자가 되었던 것으로 위 세 가지 개혁의 주인공은 아니었다. 어디서 잘못되었던가?

 1894년 12월 청일전쟁 중에 일본인들이 서울에 한성신보사漢城新報社를 세웠다. 이 신문사 기자들이 이듬해 10월 8일 경복궁 안 북쪽 건청궁에서 일어난 '왕비 시해 사건'에 다수 가담하였다. 이 가운데 대표적 인물인 기쿠치 겐조[池菊謙讓, 1870~1953]는 1910년 11월 《조선 최근 외교사—대원군전》을 출간한다. 이 책은 〈왕비의 일생〉을 부록으로 붙여 왕비(명성 후)와 대원군 두 인물을 비교하고 있다. 일본 측의 '왕비 시해' 공작은 본래 새벽 4시에 종료하는 것으로 계획되었으나 대원군 동원에 시간 차질이 생겨 아침 6~8시 사이에 실행되었다. 이때 왕실의 배려로 건청궁 양관洋館에 거주하던 미국인 다이 장군과 러시아인 건축가 사바틴 두 사람이 일본인들이 날뛰는 현장을 목격하고 외국 신문에 이를 폭로하여 일본이 국제적으로 크게 궁지에 몰렸다.

2007년 필자는 기쿠치 겐조의 책을 검토하여 저들이 왕비 살해 주범 혐의를 벗기 위해 쓴 '소설'이란 것을 확인했다.(〈역사 소설 속의 명성황후 이미지〉《한국사 시민강좌》 41, 일조각) 저자 기쿠치는 대원군과 왕비를 조선의 영웅으로 추켜올렸다. 왕비는 지모가 출중하고 대원군은 과단성 있는 인물이라고 했다. 왕비는 궁인 이 씨 몸에 왕자(완화군)가 먼저 태어나 대원군이 이를 세자로 책봉하려고 하자 분노하였다. 이후 왕비의 심한 도전으로 두 사람 사이의 불화가 갈수록 심해져 대원군이 왕비를 없애려는 상황이 닥쳤다. 일본인들은 이를 보고 조선의 장래를 위해 대원군을 도왔을 뿐이라고 했다. 대원군은 당쟁의 소굴인 서원을 일거에 혁파하는 '공전의 업적을 세운' 인물이라고 했다. 대원군 사망 후 12년이 지난 시점에 나온 날조 변명이었다. 완안군 세자 책봉부터 사실이 아니었다.

기쿠치 겐조는 6개월 남짓 전에 고사와 시사에 밝은 조선인 2~3인에게 부탁해서 자료를 모았다고 했다. 정사正史 수준의 저술은 결코 아니었다. 그런데도 이 책이 미친 파장은 너무나 컸다. 후대 한국 지식인들도 기쿠치 연원의 '민비' 폄훼에 온갖 윤색과 과장을 더한 소설과 드라마를 쏟아냈다. 정비석의 소설 《민비》는 왕비를 태생적 악녀로 그렸다. 지금도 시중 서점에 소설 《민비》를 대본으로 한 아동용 만화가 버젓이 진열되어 있다.

기쿠치 겐조의 '소설'은 2년 뒤 하야시 다이스케의 《조선통사》에서 정사正史로 변신한다. 앞 글에 소개했듯이 이 책 제13장의 제3절 '이 태왕의 즉위 및 대원군의 신정新政'에서 의정부 복구, 경복궁 중건, 서원 철폐 등이 대원군의 '신정新政'으로 서술되었다. 그는 대원군을 과단성 있는 인물로 소개하면서 조대비를 함께 언급하였다. 조대비도 "민첩하고

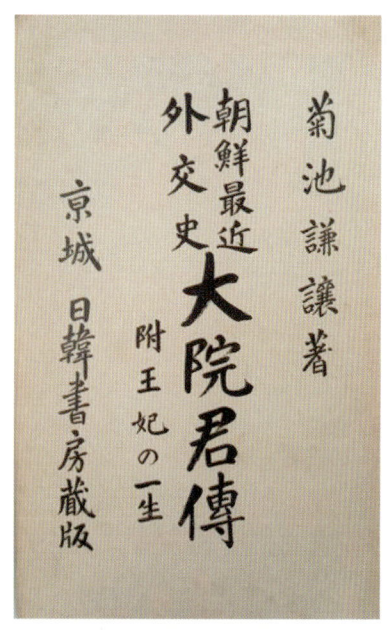

기쿠치 겐조의 《조선최근외교사―대원군전》에는 〈왕비의 일생〉이 부록으로 수록돼 있다.

과감하게 결정을 내리는" 인물이었으나 "어찌 한 부녀자의 흉중에서 나올 수 있는 일들이었겠느냐"고 하면서 "대비를 지도한 사람"이 바로 흥선대원군이라고 하였다. 흥선군은 대비보다 12세 손아래였다.

1940년에 나온 경성제국대학 교수 다보하시 기요시의 《근대 일선日鮮 관계의 연구》는 고종시대를 다룬 최초의 전문 서적이다. 이 책은 철종 서술까지는 해당 《실록》을 이용했다. 그러나 《고종실록》은 조선총독부 사업으로 1938년에 편찬되었으므로 저자가 이 책을

쓴 시기와 겹친다. 그는 다른 사료로 《일성록》의 고종시대 분을 활용했다. 《일성록》은 규장각의 기록 담당 직임이 작성한 왕의 정무 일지이다. 여기에 조대비의 처분이 대부분 실려 있다. 다보하시 교수는 이 자료를 읽고 의정부 복구와 경복궁 중건이 대원군의 치적이 아니란 것을 알고 서원 철폐 하나만 남겼다. 조대비 발의로 시작된 이 사안이 대원군 '집정' 시기에 뻗치고 있어 대원군 치적으로 살려 남겼다. 저자 특유의 실증주의의 묘한 실루엣이다.

조대비가 처분한 130여 건 가운데 인사 관련이 45건으로 가장 많다. 이 가운데 25건이 고위 관료의 부패 단죄이다. 다음으로 많은 것이 3정(전정, 군정, 환정) 문란 시정 17건이다. 철종 12년(1862) 2월에 '진주민란'이 일어나자 조정은 개혁적 인사 박규수朴珪壽를 안핵사로 내려보내고 그는 현지 상황을 파악한 뒤 삼정이정청三政釐正廳 설립을 건의하여 사태를 수습해나갔다. 당시는 안동 김씨 순원왕후 사망 5년 뒤로 조대비가 왕실 어른으로 사태 수습에 나설 수 있었다. 고종 즉위 후 수렴청정 시기에 내린 3정 관련 처분은 그 연장 선상의 조치였다. 조대비가 전후 4년 남짓 동안에 취한 처분 덕분으로 고종 즉위 후 농민 동요는 잦아들었다.

조대비는 고종 1년 2월에 의정부 기능을 복구하고, 4월에 전국의 서원과 사당祠堂 소유토지 및 불법 인력 장악 실태 조사를 명령하였다. 이듬해 4월에 경복궁 중건 건을 발의하여 시·원임 대신 전원과 논의하였다. 세 가지 일이 조대비 업적이란 것은 의심할 여지가 없다. 이 밖에 주목할 것은 고종 1년 7월에 내려진 역대 주요 '역모' 사건의 연루자 137명 사면령이다. 조대비는 새 임금은 조상의 '죄'로 후손 인재들이 나라에 봉사하지 못하는 것을 바라지 않는다고 하면서 이 사면 처분을 내렸다. 의정부를 비롯해 주요 기관의 반대 연명 상소가 잇따랐으나 조대비는 굽히지 않았다. 멀리 인조 초의 폐모론 연루자, 영조 즉위를 반대한 무신년 반란 주모자들, 심지어 순조 6년 죄인으로 축출당한 경주김씨 벽파 중심인물 등이 사면 대상이었다. 한국 역사상 최초의 연좌제蓮座制 폐지였다. 조대비는 고종 3년 1월 1일 12~17세 처녀 혼인 금지를 명했다. 왕비 간택을 위한 이 지시 후 2월 초에 수렴청정을 거두었다.

조대비는 '진주민란'을 계기로 안동김씨 부패 세력을 밀치고 개혁적 인사들을 조정에 불러들여 이들이 받들만한 임금으로 대원군의 둘째 아들을 선택해 수렴청정 2년 남짓 기간에 왕정 수행의 기초를 닦아주고 물러났다. 1890년 4월

신정왕후로 추정되는 초상화. 조선의 마지막 대왕대비로 수렴청정을 한 마지막 왕비이다. 고서화 수집가 신 모 씨.

조대비가 사망하고 8월 임금 고종이 쓴 대왕대비 지문誌文은 "(대왕대비는) 주나라 문왕의 어머니와 같은 성인聖人으로 수렴청정 때 종묘사직에 큰 공을 남기고 온 나라에 덕이 미쳐 위태하던 나라를 반석같이 다져놓았으니 역사책에서 볼 수 없던 업적"이라고 했다. 조대비는 지금까지 역사에 보지 못한 일을 한 근대 지향의 '여걸'이었다.

09

대원군, 조대비가 복원한
왕정 체제 무시하다
7년 만에 실각

1882년 6월 10일 임오군란으로 흥선대원군이 재집권에 성공한 다음 날 의정부는 대원군을 받드는 의절儀節 6가지를 왕에게 올렸다. 첫째가 대원군 앞에서 정1품 영의정은 '시생侍生,' 좌·우의정 이하 모든 대신은 '소인'이라 자신을 낮추어 불러야 한다는 것이다. 시생은 '당신을 모시는 소생'이란 뜻이다. 이 건의에 대해 왕은 이전에 이런 존대가 없었다는 것을 이유로 이를 허락하지 않았다.

고종 즉위 초에 대왕대비 조 씨는 흥선대원군 예우 문제를 놓고 고심을 많이 했다. 왕의 아버지로 생존한 예가 처음이기 때문이었다. 대왕대비는 새 왕의 즉위식을 앞두고 아버지 흥선군에게 특별한 지위를 내리려 했으나 사양하여 이루지 못했다. 즉위식 후 운현궁의 경제 기반으로 면세 전답 1천 결을 내렸으나 이것도 고사해서 호조에서 매달 쌀 10석과 돈 100냥을 보내는 것으로 바꾸었다. 그러나 대원군은 임오군란으로 재집권한 뒤 내놓은 위의 요구로 보면 겸손한 인물은 아니었다. 앞에 든 여섯 가지에 8인이 메는 가마 사용, 거북 무늬 흉배 착용도 들어있었다. 후자는 조선뿐 아니라 중국 역대에 사용한 예가 없던 것이다.

1863년 12월 고종이 임금이 됐을 때 흥선군은 42세였다. 1865년 (고종 2) 4월 13일 대왕대비는 수렴청정 중에 경복궁 중건을 결정하

면서 공사 일체를 대원군에게 맡긴다고
했다. 그래서 대원군은 경복궁 영건도감
도제조都提調가 되었다. 궁궐 건축 관련
사업의 총책은 영의정이 맡는 것이 상례
로 대왕대비는 흥선군의 반열을 영의정
바로 위라고 말한 적이 있다. 어떻든 수
렴청정이 끝난 시점에서 대원군은 경복
궁 중건이란 전례 없는 토목공사로 국
정의 중심에 섰다. 그러나 대원군의 권
력은 대왕대비 조 씨가 힘써 이룩한 의
정부-육조 중심의 국정 운용체제 바깥
으로 나갈 수 없었다.

대왕대비는 안동 김씨 전횡의 도구였
던 비변사備邊司를 의정부 안의 한 부
서로 축소하여 묘당廟堂이라 부르게 했
다. 국방에 관한 일 하나 만을 다루는
소위원회였다. 일본학자들이 《매천야록
梅泉野錄》《한사경韓史棨》의 기록을 이

흥선대원군 이하응 초상. 영의정보다 상위라는
지위 표시로 만들어 쓴 금관이 매우 이례적이
다.

용해 대원군의 국정 관여를 안동 김씨와 마찬가지 세도정치로 규
정했으나 정사인 《고종실록高宗實錄》의 기록 상황은 전혀 그렇지
않다. 대왕대비가 물러난 뒤 대원군은 의정부-육조 중심의 왕정
체제를 무시하다가 권좌에서 물러나야 했다. 원칙론의 탄핵을 이
기지 못했다.

1866년(고종 3) 9월 11일 프랑스 해군의 강화도 점령 대책과 관

련하여 대원군은 '묘당' 앞으로 대책 몇 가지를 보냈다. 대원군의 정사 처분에 관한 《고종실록》의 첫 기록이다. '서양 오랑캐' 출몰에 관한 것이니 마땅히 '묘당'에 보낼 사안이다. 다음과 같은 내용이었다. 1860년 청나라가 영국, 프랑스와 〈북경조약〉을 체결한 뒤 저들이 제멋대로 날뛰기 시작했다. 그래도 조선은 '예의의 나라'인 줄 알고 감히 함부로 하지 못했는데 지금은 그것도 달라지고 있으니 다음 세 가지를 명심해야 한다. (1)화친은 나라를 팔아먹는 행위 (2)교역 허락은 나라를 망하게 하는 행위 (3)도성을 버리는 것은 나라를 위태롭게 하는 행위 셋을 적었다. 매우 강경한 논조의 지시다.

1866년 그해는 독일인 오페르트의 상선 출현(6월), 미국 상선 제너럴셔먼호의 평양 군민과의 충돌(7월), 프랑스 해군의 양화진과 강화도 진입(8~10월) 등 '서양 오랑캐' 출몰 건이 잇달았다. 누구도 대원군의 방침에 이견을 낼 수 없었다. 문제는 외침보다 내정이었다.

《고종실록》1868년(고종 5) 2월 30일 자에 당백전當百錢 통용과 관련한 장문의 기록이 올라 있다. 대원군 정사의 두 번째 기록이다. 호조를 통해 내려진 '대원군 대감의 교시와 분부'이다. 앞서 관청에서 사전私錢을 한차례 허용한 이후 물가가 날개 달린 듯 뛰어올라 이를 다스리기 위해 호조가 서울과 지방에 공전公錢으로 당백전을 주조하여 보내니 1냥 이하는 엽전을 쓰고 그 이상은 반드시 당백전을 쓰도록 하라. 그리고 8도와 4 도호부에 암행어사 각 1명을 보내 실황을 지켜볼 것이라고 하였다. 어사 12명의 명단도 실었다. 어사들이 가서 높고 낮은 백성들을 불러 모아 당백전을 앞으로 영원히 쓴다는 것을 알리겠다고 하였다. 당백전 대책은 처음에는 물가 잡기였으나 곧 각종 공사 비용 마련을 위한 원납전願納錢 징수 수단으로 발전하였다.

같은 해 10월 6일 자에 세 번째 대원군의 특별 조치가 실렸다. 머리에 '대원군 분부'라고 밝힌 지시문이다. 대궐 건설 부역이 갈수록 방대해지고 도성과 각 성문, 각 관청도 이번에 함께 고쳐 짓게 되어 경비 부담이 커져 다음과 같이 하겠다고 했다. 전국의 대소 백성과 관리들의 집안은 물론 양반 집 하인으로 신역身役을 면제받은 경우도 사람마다 당백전 1엽을 받겠다. 경복궁 중건 발의 초기에 대신들은 유교 경전의 교훈을 빌려 부모 일에 자식이 나서는 부역 동원의 논리를 폈다. 대왕대비 조 씨는 이것조차 조심스러워 유상有償 노역 쪽을 강조했다. 무상 부역이 불가피해져서도 서울 근교에서 부역하는 사람들이 먼 길 왕래가 어렵다고 도성 안 가호들이 숙소를 제공할 것을 종용할 정도로 조심스러웠다. 대원군의 처분은 이와는 딴판으로 매우 저돌적이었다.

이항로李恒老와 최익현崔益鉉 두 사람이 대원군 비판에 앞장섰다. 이들은 정통 주자학자로서 '서양 오랑캐' 대응에서는 대원군과 같은 의견이었다. 그러나 경복궁 중건 관련 문제에는 날을 세웠다. 74세 고령의 이항로는 대왕대비 수렴청정 때 의정 대신 조두순과 김병학이 차례로 추천하여 사헌부 장령, 동부승지를 짧게 역임하였다. 그의 높은 학식이 어린 임금의 공부에 큰 도움이 될 것이란 천거였다. 1866년 9월 '병인양요' 중에 동부승지 이항로는 서양 오랑캐를 반드시 물리쳐야 하는 이유를 말한 다음에 토목공사를 중지하고 백성들에게 세금을 마구 거두어들이는 정사를 금해야 한다고 했다. 당백전 발행 두 달 전이었다. 대원군의 기세를 보고 미리 경계하는 진언이었다. 고종은 그의 의견을 중히 여겨 다음날 공조 참판의 직을 내렸다.

두 해 뒤 1868년(고종 5) 이항로가 사망하자 최익현이 나서 토목공사 중지를 요구하는 장문의 상소를 올렸다. 그는 이항로의 제자였다. 두 사람은 모두 경기도(양평, 포천) 출신으로 '서양 오랑캐' 문제에서는 정통 주자학의 '위정척사衛正斥邪' 논리를 폈다. 주자학의 중심 학맥인 영남 남인이나 호서 서인이 대원군의 대책을 지지하여 입을 다물고 있을 때였다. 스승과 제자는 대원군의 과도한 경복궁 시책에 관해 바통 터치하듯

면암 최익현 초상. 《한국초상화 연구》(1983, 열화당)

공격하였다.

1868년 10월 10일 장령 최익현은 (1)토목공사 중지 (2)가혹한 세금 거두기 중지 (3)당백전 혁파 (4)문세門稅 받기 금지 등을 건의하는 상소를 왕에게 올렸다. 2년 전 선생의 상소에 없던 내용은 그새 대원군이 시행한 것들이다. 고종은 이를 나라 사랑, 임금 걱정의 진정이 어린 상소로 평가하였다. 그러나 토목은 중단할 수 없는 일이고 문세는 옛날에도 예가 있다고 답했다. 나흘 뒤 최익현은 사간원의 탄핵을 받고 스스로 관직에서 물러났다.

5년 뒤 1873년 6월 성균관 유생들이 대원군을 존대하여 대로大老로 부르기를 청했다. 넉 달 뒤 10월 임금은 최익현을 불러 동부승지로 삼았다. 그는 조정에 나오자마자 상소를 올렸다. 대원군이 '이륜두상彝倫斁喪' 곧 떳떳이 지켜야 할 법을 지키지 않았다고 규탄했

다. 재상과 대신들도 이를 보고만 있다
고 함께 규탄하여 대신을 비롯해 언관직
의 사직연명辭職連名 상소가 6, 7개나 뒤
늦게 줄을 이었다. 반대로 최익현을 규
탄하는 상소가 나오고, 성균관 유생들
이 대원군을 지지하는 권당眷黨 소동도
벌어졌다. '이륜 두상'은 대원군이 정사
마다 임금의 결재를 받지 않은 것을 지
적함이다.

거북무의 흉배. 대원군과의 관계가 표시되지
않았으나, 거북 흉배를 사용한 인물은 흥선대
원군 외에 달리 없었다. 충남민속문화재 제 30
호, 온양민속박물관 소장.

소동을 지켜보던 고종은 며칠 만에
직접 정치를 선언하여 '대원군 분부'는
끝이 났다. 경복궁 중건도 한 해전 9월
에 끝나 영건도감도 이미 폐지되었다. 대원군은 곧 대왕대비가 복
원한 의정부–육조 중심 왕정 체제를 무시하다가 7년 만에 밀려난
것이다. 임금은 어느새 20세가 되어 복잡한 갈래의 신하들 의견을
가려 나갈 능력을 갖추고 있었다. 즉위 10년에 친정에 나선 고종,
그의 앞에는 파란만장한 역사가 기다리고 있었다.

10

건청궁에 실은
청년 군주 고종의
푸른 꿈

1873년 10월에 22세 청년 군주 고종은 아버지 대원군의 국정 간여를 정지시켰다. 1872년 9월 경복궁 중건이 완료되어 창덕궁에서 새 궁으로 옮길 즈음이었다. 10대 소년 시절, 고종은 창덕궁에서 임금으로서 갖추어야 할 지식과 판단력을 쌓고자 공부에 전념하였다. 조선왕조는 문치를 표방하여 국왕이 공부하는 제도로 경연經筵을 두었다. 《경국대전》에 경연은 왕에게 유교 경전과 역사를 강독하고 논평하는 임무를 맡는다고 했다. 지경연사知經筵事 등 전임관 9인과 의정 대신들과 승지·부제학 등 7인이 참찬관參贊官으로 참여하였다.

경연 강론은 권강勸講 또는 진강進講이라고 했다. 임금에게 학문을 권하거나 임금이 불러서 나가 가르친다는 뜻이다. 《조선왕조실록》에서 순조, 헌종, 철종, 고종 4대의 권강과 진강의 회수를 검색해 봤다. 권강은 순조 63회 헌종 22회 철종 0회 고종 395회, 진강은 순조 27 헌종 34 철종 17 고종 1,010회가 나왔다.(고종은 재위 10년까지) 고종의 경우, 즉위 초 2년 12월까지만 '권강,' 이후는 모두 '진강'이다. 권강이 진강으로 바뀐 것은 배우는 사람의 능동성 때문이었을까. 재위 10년까지 1,405회는 연간 140회 이상 '열공한 것'을 의미한다. 앞의 세 왕과의 차이가 믿기 어려울 정도로 크다.

소년 군주 고종은 양아버지가 된 효명세자(익종)가 학문을 닦던 창덕궁 후원(일명 비원) 일대에서 많은 시간을 보냈다. 정조대왕은 재위 22년에 〈만천명월주인옹자서萬川明月主人翁自序〉(이하 〈자서〉)를 지어 임금과 백성의 관계를 밝은 달이 수많은 하천에 하나씩 담기는 것과 같다고 했다. 임금과 백성은 한 몸이라는 철학을 담은 글이다. 정조는 후원 깊숙한 산책로에 육각의 정자를 짓고 이 글의 전문全文을 새긴 목판을 걸어 후손 왕들도 유념하기를 바랐다. 효명세자는 할아버지의 뜻을 알았다는 듯이 육각정 앞에 작은 서재 폄우사砭愚榭를 지었다. 폄우는 돌침으로 어리석음을 쳐서 없앤다는 뜻, 사榭는 무술을 익히는 곳이다. 무술 연마하듯이 머릿속 어리석음을 쳐내 없애겠다는 강한 의지를 담은 작명이다. 효명세자는 그 육각 정자를 '만명당萬明堂'이라고 불러 할아버지 정조대왕 〈자서〉의 소민小民 보호 이념을 깨치고 닦겠다는 결심을 다졌다.(이 책 〈06. 정조가 꿈꾼 만민평등의 '공화' 세계〉 참조)

1776년 정조는 왕위에 오르면서 문치 실현의 중심 기구로 규장각을 세우고 창덕궁 후원 춘당대 영화당暎花堂 주위에 관련 건물을 차례로 지었다. 영화당은 문·무과 전시殿試가 열리는 곳으로 그 옆에 부용지芙蓉池라는 아름다운 연못이 있다. 연못을 내려다보는 언덕 위에 규장각 본당으로 주합루宙合樓를 지었다. 온 천지가 하나의 주머니로 합한다는 '주합,' 24세 청년 군주가 왕위에 오르면서 보인 포부다. 주위에 서적 보관 건물들로 서고西庫(조선본 보관), 개유와皆有窩(중국 책 보관), 서향각書香閣(포쇄 장소) 등을 차례로 지었다. 소년 군주 고종은 정조, 효명세자의 정취가 서린 이곳에서 '열공'으로 나날을 보냈다.

경복궁 북쪽 건청궁 옆에 나란히 선 팔우정−집옥재−협길당. 고종의 서재 겸 집무실. 가운데 집옥재는 벽돌[塼]로 지었다. 연암 박지원이 《열하일기》에서 우리도 청나라처럼 벽돌 건물을 많이 짓자고 한 것을 군주가 몸소 실천한 듯하다.

1873년 5월 고종은 경복궁으로 거처를 옮기면서 북쪽 빈터에 건청궁乾淸宮을 짓게 했다. 말썽 많던 경복궁 중건이 끝난 지 8개월 밖에 되지 않아 또 토목공사인가 하는 반대 의견도 있었다. 왕은 정부 예산이 아니라 내탕금으로 짓는다고 답하고 초지의 뜻을 굽히지 않았다. 중건된 경복궁에는 근정전을 비롯해 위용을 자랑하는 큰 건물들이 많다. 그 큰 건물들을 정례 행사 외에 일상생활 공간으로 쓴다면 소요 인력과 비용이 걱정스러웠다. 북쪽 백악산(북악산)의 경관이 청년 군주의 눈길을 붙잡았다. 10년 세월 속에 정든 창덕궁 후원 일대가 그 공간에 겹쳤다. 저 아래에 같은 시설들을 지어 나의 일상 공간으로 삼자, 고종이 건청궁을 짓자고 결심한 순간이다.

창덕궁 후원에 효명세자가 일상 주거 공간으로 지은 연경당演慶堂은 궁 안에 유일하게 단청을 입히지 않은 건물이다. 세자는 할아버지 정조처럼 군사君師 즉 높은 학문을 닦은 '임금 스승'을 목표로 학문에 전념하면서 선비 품격에 맞게 건물에 단청을 입히지 않았다. 고종이 건청궁 안에 왕과 왕비의 처소로 지은 장안당長安堂과 곤령합坤寧閤도 단청이 없다. 고종의 머릿속에는 정조와 효명세자뿐이었다. 주위에 업무 및

팔우정(八隅亭) 천정에 그려진 군주의 상징인 〈문왕후천팔괘文王後天八卦圖〉

접견 건물로 보현당寶賢堂, 서재 용도로 집옥재集玉齋를 지었다. 집옥재 좌우에는 팔우정八隅亭과 협길당協吉堂을 붙여 복합 공간의 자태를 뽐냈다. 건청궁 앞 연못에 정자를 짓고 향원정香遠亭으로 이름하여 창덕궁 후원의 부용정의 정취를 자아냈다. 그리고 신무문神武門 바깥에 문·무과 전시殿試 장소로 융문루隆文樓 융무루隆武樓를 지어(구 청와대 일원) 창덕궁 후원 춘당대 일원의 기능을 다 갖추었다.

집옥재의 옥(玉)은 책을 뜻한다. 왼쪽의 팔우정은 2층 건물로 본관 집옥재와 복도로 이었다. 2층 천정에 그린 태극 8괘를 따라 집 모양을 8각으로 지었다. 정조는 〈자서〉에서 수많은 하천에 하나씩 담기는 명월은 태극이요 군주인 '나'라고 하였다. 태극이 4괘, 8괘로 분화하여 이르는 끝 획 16,774,200을 '나의 백성의 수'라고 했다. 임금이 나뉘어 백성이 된다는 '군주 분신론' 또는 '군민(君民) 일체론'으로 이름 붙일 만한 철학이다. 정조는 주역 공부에 열중하여 《계몽도

어기(御旗, 군주의 기라는 뜻). 유럽의 왕국 연원의 나라들은 황기皇旗와 관민기官民旗를 함께 만든 예에 따라 태극 팔괘의 어기와 태극 4괘의 관민기官民旗를 만들었다. 서울대 규장각 한국학연구원 소장.

설啓蒙圖說》이란 저술을 남겼다. 복희 씨의 '선천 8괘도'와 주나라 문왕의 '후천 8괘도' 두 가지 이치의 융합 관계를 모색했다. '선천'은 자연의 이치, '후천'은 인간사의 이치. '후천 8괘도'는 인간사의 총괄자 군주를 상징한다. 고종은 '후천 8괘도'를 팔우정 천정에 그려 효명세자의 '만명당'의 결심을 이어갈 뜻을 다졌다.

집옥재 건물은 전(벽돌)을 쌓아 지었다. 연암 박지원은 《열하일기》에서 우리도 청나라처럼 벽돌을 구워 집을 짓자고 했었다. 집옥재는 연암의 뜻을 받들어 지은 건물이 분명하다. 그러면서도 오른쪽에 강론 장 협길당은 순 한식 기와집으로 지어 쏠림을 자제했다. '집옥재' 현판은 송나라 서예가 미불米芾(1051~1107)의 글씨 집자集字다. 옆 협길당의 현판은 미불을 숭상한 명나라 서예가 동기창董其昌(1555~1636)의 글씨다. 미불과 동기창은 추사 김정희 등 조선 북학파가 창의적 서예가로 경모해 마지않았다. 북학파가 노론 연원이어서 소론 출신 황현은 《매천야록》에서 "지금 임금은 노론을 자처한다"고 불편한 기색을 표했다. 그러나 고종은 재위 20년(1883)

다산 정약용 사후 50년에 그의 《여유당집》을 필사하여 보관하라고 할 정도로 당파와 무관하게 큰 학자들을 받들었다.

건청궁에는 곧 서양 문물도 들어왔다. 연암이 오랑캐 것이라도 앞선 것은 따라야 한다고 하지 않았던가. 1882년 4월 〈조미수호통상조약〉이 체결되면서 고종은 미국의 에디슨 조명회사(Edison Illuminating Company)와 건청궁 발전시설을 계약했다. 향원지 물을 이용하여 발전기를 시설했다. 1887년 점등식에는 조미조약 교섭 때 미국 측 전권대사로 청나라 이홍장의 '속국론'을 물리친 슈펠트 제독을 초청했다. 그새 러시아 건축가 세레딘사바틴의 설계로 2층 양식 건물도 지었다. 일본 도쿄에서 니혼바시 근처 인쇄국에 백열등이 최초로 켜진 2년 뒤였다. 놀랍게도 보현당 옆에 전기로 작동하는 기계 추(錘) 시계탑을 세웠다. 자격루의 현대판, 왕실이 서양 문물 수용에 앞장선다는 결의의 표지가 분명하다.

집옥재에는 중국 상하이 서점가에서 청국 서적과 서양 관련 도서 근 4만 권의 책을 사들여 비치했다. 초기 개화 운동은 청나라 양무(洋務)운동을 주목하여 그것으로부터 많은 정보를 입수했다. 《한성순보》 《한성주보》의 뉴스 원 조사 결과 청국을 통한 것이 70여 퍼센트, 나머지 20여 퍼센트가 일본발이다. 군주 고종의 푸른 꿈은 임오군란(1882), 갑신정변(1884)으로 얼룩진다. 그리고 1894년의 청일전쟁과 이듬해 일본군에 의한 왕비 시해 사건이 건청궁 시대를 마감하게 한다. 1896년 2월 11일 새벽 임금은 일본군이 포위한 경복궁을 빠져나와 러시아 공사관으로 가야 했다.

1897년 10월 미국인 아펜젤러와 호머 헐버트는 《한국소식(The Korean Repository)》 지의 기자로 상중의 국왕을 인터뷰하여

11월 호에 8쪽이나 되는 영문 기사를 실었다. 고종은 '진보적 (Progressive)' 인물로 나라 안에서 최고 지식인이며 신하들과 집옥재에서 업무를 볼 때가 많다고 하였다. 일반 백성은 관리들은 미워해도 임금에 대해서는 늘 애정 어린 말을 아끼지 않는다고 했다. 정조와 효명세자를 따르겠다는 '열공'의 결실이었다.

제4부

개국·개항에 드리운
암운과 서광

운요호
조슈번이 영국에서 구입,
왕정 복고 후
일본제국 해군 소속이 되었다.

11

1875년 강화도에 나타난
'운요호',
일본 국기 달지 않았다

1875년 9월(양력) 하순에 강화도에서 운요호[雲揚号] 사건이 일어
났다. 일본 군함 운요호가 랴오둥반도 뉴장[牛莊]으로 가다가 식수
를 얻기 위해 일본 국기를 달고 접근하는 데 초지진 포대에서 포격
을 가한 것으로 알려진 사건이다. 국제 해양법상 국기를 달고 식수
를 구하는 배에는 포격을 가할 수 없다고 하는데 초지진 포대가 일
본 국기를 단 운요호를 포격했다면 국제법 위반이다. 일본은 이 사

항해 중의 운요호. 10월 8일 자 함장의 2차 보고서는 운요호가 평소에 단 깃발에 다섯을 더
달았다고 했으나 사진의 평소 모습에도 깃발은 보이지 않는다.

건을 조선이 국제법을 모르는 '야만국'으로 낙인찍는 호재로 삼았다. 게다가 일본은 국기 모독에 대한 응징으로 조선이 강화도 조약 체결에 나서게 하여 국제 사회에 처음 등장시켜 주었다는 시혜론까지 펼쳤다.

2000년 무렵 고 최서면崔書勉 선생께서 필자에게 일본어로 작성된 자료 한 벌(8점)을 건네주었다. 영종도에 인천공항이 문을 열면 이 섬에 얽힌 한일관계 역사관을 세워 전시하고 싶은 자료로 도쿄 방위연구소 자료실에서 찾은 것이라고 하였다. 운요호 사건 관련 자료 한 벌이었다. 방위연구소라면 제국시대 침략 전쟁 자료의 보고 아닌가. 자세히 살피니 1875년 9월에 작성된 4점(A군, 필

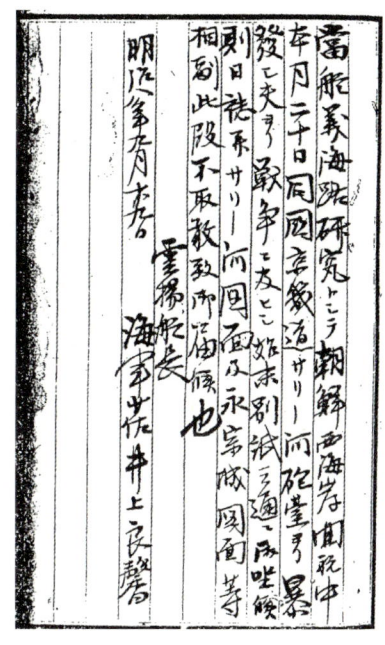

문서 A 내용: 9월 29일 자로 쓴 운요호 함장의 《항해일지》 첫 면.

자)과 10월에 작성된 4점(B군) 두 가지가 합쳐 있었다. A군은 9월 29일 자로 운요호 함장 해군 소좌 이노우에 료스케[井上良馨]가 강화도에서 나가사키로 돌아와 상부에 보고한 문건들로 그 가운데 〈일지〉가 핵심이었다. 그리고 B군은 10월 8일 자로 같은 함장이 작성한 〈시말서〉가 중요해 보였다.

A의 〈일지〉는 함장이 나가사키로 돌아온 다음 날에 바로 작성한 항해일지였다. 이에 따르면 9월 20일 운요호는 강화도 초지진과 광성보 일대에 접근하였다가 초지진으로부터 포격을 받고 3일

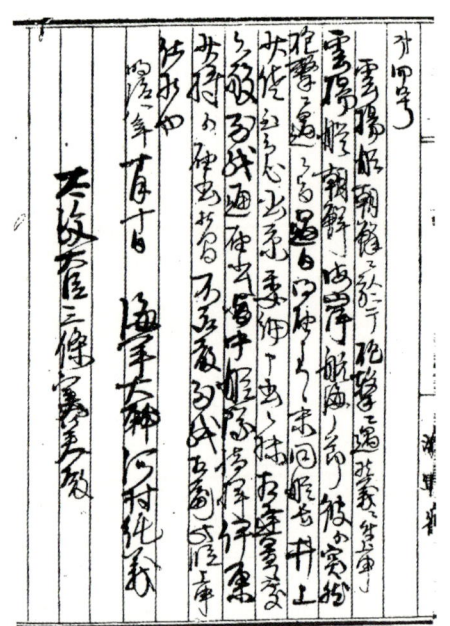

문서 B-1 내용: 운요호 함장이 10월 8일 자로 고쳐 쓴 《시말서》를 해군 장관이 10월 10일 자로 총리대신 에게 올린 문서 첫 면.

간 공방전을 벌인 상황을 상세히 담았다. 20일 첫날 운요호는 낮 1시 40분에 보트를 내려 수병 14명이 타고 해안으로 접근하여 두 포대 사이를 오갔다. 4시 22분 보트가 광성보에서 초지진으로 접근하자 포대로부터 포격이 가해지고 5시까지 공방전이 벌어졌다. 그런데 본선과 보트가 국기를 달았다는 문구는 어디도 보이지 않는다.

둘째 날 운요호는 새벽 4시부터 준비하여 10시 20분에 본선이 초지진 포대로 접근하여 쌍방 간 포격전이 벌어져 12시 40분 점심시간까지 계속되었다. 운요호 병사들은 포격을 가하면서 상륙을 시도했으나 조선 포대의 화력이 의외로 강하고 심한 개펄로 엄두를 내지 못했다. 오후 2시 40분 광성보 쪽으로 가서 상륙하여 이런저런 시설들을 불태우고 6시 5분에 먼바다로 나와 밤을 보냈다. 이날도 국기 게양에 관한 기록은 한 줄도 보이지 않는다.

셋째 날(22일)은 오전 5시 기상, 5시 55분에 닻을 올리고 방향을 바꾸어 남쪽에 위치한 영종도로 접근하여 7시가 지난 시점에 기습적으로 포대를 공격하여 보트로 상륙, 이곳저곳 총질로 위협하고 8시 20분에 철수 준비를 시작하였다. 노획물(총포류 35점, 장비류 20점)

을 챙기고 포로 11명을 처리한 뒤 10시 30분 본선으로 돌아왔다고 했다. 여기서 처음으로 "동문 앞 산봉우리 정상에 우리 국기를 날리고"라는 문장이 나온다.

이 전투는 전날의 초지진 공격 실패에 대한 보복으로 상륙이 가능한 영종도를 택해 해를 등지고 공격하여 분탕질을 친 것이다. 귀국 후 상부에 보고할 거리 마련을 위한 기습전이었다. 영종도 포대의 군인이나 일반 주민 500여 명은 이른 아침 갑작스러운 총소리에 햇볕을 맞바라보는 불리한 상황에서 인근 토성으로 가서 모였다. 이 상황에서 처음으로 언덕진 포대에 국기를 세웠다는 기록이 나온다. 토성에서는 식별하기 어려운 먼 거리다. 영종진 첨사의 사후 보고는 "많지 않은 도적 떼의 공격"이라고 하여 그들이 일본군이란 것을 전혀 알지 못한 정황이다.

문서 B-2 내용: 변조 《시말서》에 국기를 달았다고 써 넣은 부분.

ⓑ 군의 4개 문건은 제목에 운요호 함장 외에 함대 사령관인 이토 스케유키[伊東祐亨], 해군성 대보大輔(장관급)인 가와무라 준요시[河村純義], 태정대신太政大臣(총리급)인 산조 사네토미[三條實美] 등 고위 3인의 이름이 등장한다. 10월 8일 자로 작성한 것들이다. 상부 지시로 함장이 새로 쓴 〈시말서〉를 함대 사령관이 받아 9일에

113

해군성 대보에게 올리고, 대보는 그것을 10일 자로 태정대신에게 올린 문건들이다. 고쳐 쓴 〈시말서〉가 총리대신에게 올려지는 과정에 생산된 것들이다.

〈시말서〉의 고쳐 쓴 내용이 문제다. 함장은 상부의 지시에 따라 〈일지〉에 3일간의 일들을 9월 20일 하루에 일어난 것으로 고치면서 처음부터 일본 국기를 단 것으로 내용을 변조하였다. "우리 운요호가 (랴오둥 반도) 뉴장 해변으로 가다가 강화도 근방에 정박하여 음료수를 얻으려고" 단선(보트)으로 포대에 접근하는 데 총격을 받았다고 하였다. 본선이 "항상 게양하는 국기 외에 두 개의 국기를 (더) 달고 세 개의 돛에도 기를 게양하여 보였는데" 계속 공격을 받았다고 하였다. 식수 구하기와 국기 게양은 이 〈시말서〉에서 처음 나오는 내용이다.

일본 정부는 왜 운요호 함장에게 〈일지〉의 내용을 고쳐 쓰게 했던가? 운요호가 강화도에서 조선 측과 충돌한 사건은 당시 일본 신문에 〈조선사변〉이란 제목으로 간단하게 보도되었다. 이에 도쿄 주재 영국, 프랑스 공사관 측에서 일본 외무성에 진상 브리핑을 요청하였다. 이를 위해 운요호 함장의 〈시말서〉가 급히 만들어졌다. 두 공사에 대한 브리핑용으로 변조된 내용은 순식간에 조선을 국제법을 모르는 야만국으로 만들었다. 일본 정부는 상황이 이렇게 전개된 가운데 12월에 구로다 기요다카를 대표로 하는 사절단을 조선에 파견하였다. 도쿄 시나가와[品川] 항에서 사절단이 출항할 때 각국 외교관들도 나와 '야만국' 조선의 문호 개방에 성공하고 오라고 성원했다.

1876년 1월 18일 강화도 진무영에서 두 나라 대표단이 마주 앉았다. 일본 대표 구로다가 왜 국기를 단 배에 포격을 가했느냐고 추궁했다. 이에 조선 대표 신헌申櫶은 그게 너희 나라 배였느냐? 그 배에는 황색 깃발(자체 경계경보용—필자)만 보였을 뿐 일본 국기는 없었다. 일본 국기를 달았다면 왜 포격을 가했겠느냐? 우리는 외국 표류선에 극진한 도움을 베푸는 나라이다. 조선 대표의 말이 쏟아지자 구로다는 입을 다물고 준비해온 조약문 초안을 내놓았다. 조선 측은 조정에서 조약문 초안을 검토한 후 2주 뒤 다시 만나자고 하였다. 국왕이 미리 대표단에 교섭의 성사를 지시했기 때문에 회담은 순조롭게 진행되었다.

양국 대표단은 같은 해 2월 3일 강화부江華府 연무당에서 다시 만났다. 일본 측 초안 13개 조 가운데 최종 조항은 최혜국 관련으로 이는 조선이 타국과 조약을 체결하지 못하게 하는 것이므로 없애야 한다고 하고 9개 조에 걸쳐 간단한 문구 수정을 가하였다. 일본은 조선의 수정안을 그대로 받아들여 2월 2일에 12개 조의 〈조일수호조규〉가 체결되었다. 조선 정부는 결코 피동적이지 않았다. 지난 포격 사건도 '분요紛擾'로 지적하면서 이번 사절단 파견으로 더 추종하지 않는다는 내용으로 의정부가 일본 정부에 통문을 보내는 것으로 마무리지었다.

운요호 사건은 1874년 5월 타이완에서 발생한 모란사牧丹社 사건을 떠올리게 한다. 태풍으로 타이완에 표류한 류큐[琉球]인 54명이 모란사 지역 토착민들에게 몰살되는 사건이 일어났다. 이때 일본은 류큐를 병합하고 청나라와 류큐 지배권을 놓고 다투던 중이었다. 일본 측은 3,600명 병력을 동원해 모란사를 점령하고 추장을 살해하였다. 이로써 청나라와 주권 다툼이 벌어졌으나 영국 중재로

10월 2일 자 《유빈호치[郵便報知]》 신문에 실린 운요호 사건 삽화. 영종진 상륙 장면을 그리면서 운요호가 국기를 단 것처럼 그렸다.

출병이 '자국민 보호 조치'로 인정받아 타이완 진출의 교두보를 놓았다. 운요호 사건은 조선에서도 일본에 유리한 사단을 만들어 보려는 술책이란 느낌을 강하게 준다.

사후 음모적인 문서 변조 행위로 조선을 야만국으로 만든 '운요호 사건'이 오랫동안 사실처럼 우리 근대사의 서막을 어둡게 드리웠다. 이토 히로부미가 문서 변조를 주도했다는 학설도 나와 있다. 1995년 일본 무라야마 도미이치 총리가 국회 답변에서 "한국 병합은 도덕적 책임은 있어도 법적 책임은 없다"고 발언했다. 이에 김영삼 대통령이 "버르장머리 고쳐 놓겠다"고 반발하여 무라야마 총리로부터 사과와 함께 제국시대 사료 공개를 약속하여 한일 역사문제 연구에 새로운 전기가 만들어졌다. 도쿄에 '아시아 역사자료 센터'가 설립되어 침략 과정에서 생산된 주요 자료들이 하나씩 공개되기 시작했다. 이 조치 덕분에 방위청 산하 방위연구소 자료실에 깊이 숨겨져 있던 운요호 사건 자료가 필자의 수중에 들어오기도 했다. 한일 역사문제는 가려진 역사의 진실이 너무나 많아 사료 발굴과 함께 진지한 연구가 크게 요망된다.

(2023년 11월 11일 중앙선데이)

12

"조선이 미국과
친해져선 안 돼!"
청·일의 조선 개국 정책 방해

일본은 1868년 9월 메이지 '왕정복고'로 근대국가 만들기에 나섰다. 조선은 같은 시기에 대원군의 '쇄국'으로 '서양 오랑캐'를 거부했다. 1873년 고종이 21세로 친정에 나서면서 상황이 바뀌기 시작했다. 청년 군주 고종은 일본이 황제를 일컫는 것은 타국이 간섭할 문제가 아니라는 데 동의했다. 청국도 '신의 속도[神速]로 달리는 서양 배를 사들이는데 우리만 문을 닫고 있을 수 없다'고 하였다. 그래서 1875년 일본과의 조약 체결에도 능동적으로 대하였다. 이 무렵 일본은 이미 정부 고위 관리들이 대규모 구미 시찰단을 꾸려 무려 22개월 동안 미국과 유럽의 '신문명'을 눈으로 보고 왔었다.

1876년 1월 일본이 준비해온 〈조일수호조규〉 초안 제1조는 "조선국은 자주의 나라"라고 했다. 조선 군주는 이견을 달지 않았다. 그런데 이 규정에 대한 양국의 속 생각은 판이하였다. 조선은 청국의 책봉조공冊封朝貢 체제 탈피를 꿈꿨다. 이와 달리 일본은 천황이 지배하는 새로운 '동양' 건설의 교두보를 구축하려는 야망을 품었다. 조선의 근대는 시간으로 일본에 뒤졌을 뿐 아니라 극복해야 할 과제가 크고 많았다. 오랜 책봉 조공 체제, 조선이 벗어야 할 굴레였다. 바다를 사이에 둔 일본은 의식조차 할 필요가 없는 문제였다. 메이지 일본이 요시다 쇼인의 '주변국 선점론' 즉 서양의 기술

1882년 4월 '조미수호통상조약' 체결 현장 삽화.(김원모, 《상투쟁이 견미사절 한글 국서 제정》 2019.) 이 삽화가 1883년 10월, 〈조·영수호통상조약〉 체결 장면이라는 견해도 있다. 가운데 서양인은 영국대표 해리 파크스(원형 속 사진)를 닮았다. 〈조·미수호통상조약〉 때 조약 조인 장소를 조선 정부가 천막을 시설했다는 기록이 있으므로 조·영 수호 통상 때도 같은 것을 사용했을 수 있다.

문명을 속히 배워 구미 열강에 앞서 주변국을 먼저 차지해야 한다는 정책(이 책 〈03. 조선은 '평화공존', 일본은 '주변국 선점', 국시가 달랐다〉참조)을 구체화하는 시간에, 조선은 청국의 영향권에서 벗어나기 위해 사투를 벌여야 했다.

1881년 고종은 일본에 조사朝士 시찰단을 파견하여 일본이 변화한 모습을 살폈다. 그러나 그것은 앞으로 가질 구미 열강과의 수교에 필요한 지식과 정보 수집이었지 근대화 모델을 찾는 것은 아니었다. 바로 이어 접촉한 미국에 쏟는 관심이 훨씬 진지했다. 1880

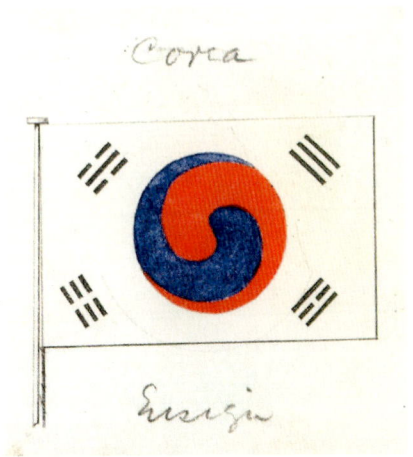

조선 측이 조약 체결 때 슈펠트 제독에게 준 태극기 도안. 최초의 태극기. 이태진이 2016년 12월 미 의회 도서관 '슈펠트 문서'에서 처음 발견했다.

년 봄 미국 전권대사 로버트 슈펠트 제독은 나가사키에 도착하여 일본 외무성에 조선과의 교섭에 도움을 청하였으나 협조를 얻지 못하였다. 그래서 기함을 몰고 부산에 와서 일본 영사를 통해 미국 대통령의 친서를 조선 정부에 전하였다. 그러나 조선 정부는 청국을 의식하여 일본을 통한 교섭에 응할 수 없다고 답하였다. 슈펠트는 귀국하였다가 이듬해 가을 다시 와서 톈진에서 청국 정부에 중개를 요청하여 북양대신 이홍장의 지원을 받았다.

조선은 청국의 태도를 지켜보면서 미국의 제안에 응했다. 우려대로 이홍장은 미국과의 조약문에 조선이 '청국 속방'인 것을 표기하기를 요구했다. 이에 슈펠트가 나서 독립국 사이의 조약 체결에서 있을 수 없는 일이라고 반대하였다. 1882년 2월 고종은 미국의 확고한 의지를 확인하면서 어윤중을 톈진으로 보내 청국 정부에 두 가지를 제안하게 했다. 조약 체결 뒤 청국이 인천에 무역 담당 상무관을 보내 줄 것, 그리고 지금까지의 '왕래 사신제도'를 '상주 사신제도'로 바꾸자고 했다. 책봉 체제 아래서 행하던 사신 왕래를 없애고 양국 수도에 각기 공사를 상주시키자고 제안하였다. 청은 조선이 저들의 그늘에서 벗어나려는 강한 의지로 읽고 답을 주지 않았다.

1882년 5월 조선과 미국 양국 전권대표가 제물포(훗날 인천) 바닷가 언덕에 천막을 치고 〈조미수호통상조약〉을 체결하였다. 고종은 이때 최초의 태극기 도안을 미국 대표 슈펠트에게 건넬 정도로 구미 국제 사회에 조선이 독립국으로 알려지는 것에 큰 기대를 걸었다. 한 달 뒤 쇄국주의자 대원군이 임오군란을 일으켜 재집권을 노렸다. 청국은 이를 달아나는 조선의 뒷덜미를 잡는 호기로 삼았다. 아들이 어렵게 닦은 길을 아버지가 망쳐 놓는 순간이었다. 조선 문제 총책 북양대신 이홍장은 청국 천자는 책봉 주로서 피 책봉 조선 군주를 위협하는 군란을 좌시할 수 없다는 핑계로 천자의 친위군 4천여 명을 한

제21대 미국 대통령 아서 체스터(재임 1881~85). 정치인들이 자신의 후원자에게 관직을 제공하는 엽관제를 없앤 공적이 유명하다. [펜들턴 공무원제도 개혁법(Pendleton Civil Service Reform Act)]

성에 보내 대원군을 잡아 압송했다. 그리고 〈조·중상민수륙무역장정〉이란 것을 칙령처럼 내리고 위안스카이를 '총리통상교섭사의'로 임명하여 서울에 상주시켰다. 위안스카이는 대국의 상무관을 자처하면서 청나라 상인의 조선 내륙 상행위를 보호하고 조선이 미국에 공사를 파견하는 것을 방해하였다.

군주 고종도 쉽게 굴복하지 않았다. 맞불 놓기로 1886년까지 영국, 독일, 이탈리아, 러시아, 프랑스 등과 차례로 조약을 체결하였다. 1883년 4월 초대 미국 공사 푸트가 아서 대통령의 비준서를 가지고 부임하였다. 바로 이어 6월에 민영익 등 보빙사報聘使 일행이 우리 측 비준서를 가지고 미국으로 갔다. 고종은 위안스카이와 싸

KOREAN MINISTERS AND SUITES, THE ONE IN THE MIDDLE,
HOLDING A BOOK, WAS AMBASSADOR TO AMERICA.

1884년 유럽을 거쳐 귀국 길의 보빙사 일행. 홍콩 발행 우편엽서. 영어로 된 사진 설명은 가운데 책을 든 사람을 대사라고 했으나 옆 자리 우산을 쥔 이가 민영익 대표다.(사진 박운오)

우다시피 하여 1887년 6월에 마침내 박정양을 주미 공사로 보냈다. 청국의 끈질긴 방해는 1894년 청일전쟁 발발 때까지 무려 12년이나 계속되었다.

힘겨운 여정에 일본이 고난을 보탰다. 미국과의 수교에 일본이 제2의 방해자로 등장했다. 1883년 6월 보빙사 일행은 일본 도쿄를 거쳐 미국행 배를 탔다. 영어에 능통한 윤치호가 한성에 남아 푸트 공사를 도와야 해서 동행하지 못하자, 보빙사 일행은 중국어–영어 통역을 보강하여 일본 정부에 요청, 외무성 추천 일본어–영어 통역자(미야오카 츠네지로, 도쿄 제국대학 법과대학 학생, 1887년 외무성 입사, 미국공사관 근무 시 활약)를 더 대동하고 샌프란시스코로 갔다. 일본어를 아는 유길준과 이중 통역으로 의사소통했다. 보빙사 일행은 샌프란시스코, 시카고, 워싱턴 DC, 뉴욕, 보스턴 등지를 돌면서 극진한 대우를 받았다. 머무는 곳마다 시장, 군사령관, 상공회의소장 등이 나와 각종 시설을 안내하였다. 체스터 아서 대통령은 민영익에게 해군 함정을 내주면서 유럽 방문을 권유하기까지 하였다. 일본인 통역은 이 사실들을 낱낱이 본국 정부에 보고하였다. '주변국 선점' 정책을 국시國是로 만들어 가던 일본 정부는 미국이 조선의 우방으로 미리 자리 잡는 것을 극도로 경계하였다.

1884년 10월(음력) 우정국 개소식에서 갑신정변이 일어났다. 김옥균은 1882년 6월, 임오군란으로 청나라 군대가 서울에 주둔한 것에 분노하여 일본 공사 다케조에 신이치로를 찾았다. 일본 공사관이 병력을 내주면 정부를 바꾸어놓겠다고 큰소리쳤다. 다케조에는 한마디로 거절했다. 2년 뒤 1884년 가을 다케조에는 본국에 소환되었다가 돌아와 김옥균을 불렀다. 본국 정부의 지시를 수행하기 위해서였다. 정권 실세인 참의 이토 히로부미는 다케조에 공사에게 조선 정부 요인을 다수 처단해 조선 정부의 미국과의 유대 확립에 제동을 걸라는 지시를 내렸다. 우정국 개소식 만찬 자리에서 민영익 살해에는 실패했으나 다케조에 공사의 일본군 1개 중대는 조선 왕을 경우궁(현재 현대건설 본사 근처 운현궁 옆)으로 데려가 이틀간 머물면서 거짓 왕명으로 현직 대신들이 입궐하게 하여 문안으로 들어오는 대로 목을 쳤다. 정부 요직 대신 6명이 살해당했다. 김옥균 일파의 정변은 이렇게 일본에 철저하게 이용당하면서 '3일 천하'로 끝났다.

10년 뒤인 1894년 2월, 김옥균은 상하이에서 홍종우에 의해 살해되고, 그 시신이 양화진 강가에 놓였다. 시신 옆에 '대역부도 죄인' 휘장이 나부꼈다. 한강으로 오가는 일본인들이 보게 하였다. 고종은 바로 이어 4월에 김옥균 외 다른 정변 연루자에게는 '대사령'을 내렸다. 그들의 해외 체험을 국정에 활용하겠다는 뜻이었다. 실제로 청일전쟁 중에 박영효, 서광범 등이 차례로 귀국하여 고종의 1894년 12월 내각 구성에 참여하였다. 그러나 고종이 김옥균만은 용서할 수 없는 사연이 있었다.

대한제국기 항일 사회운동가 윤효정(1858~1939)은 《풍운 한말 비사》를 남겼다. 주로 인물에 얽힌 얘기들이어서 정사 자료로 바로 쓰기 어려운 것도 있으나 김옥균에 관한 얘기 하나 〈토막 난 옥로 기념〉은 눈여겨 볼만하다. 윤효정은 어느 날 인척인 심상훈 대감 집을 찾았더니 대감이 참담한 기색이었다. 오늘 임금이 주신 것이라며 반 토막 난 옥로玉鷺(해오라기 모양 갓 머리 장신구)를 내놓고 임금이 하신 말씀을 들려주었다. 갑신년 10월 18일 임금(고종)이 아침 세수와 머리단장을 마치고 앉아 있는데 김옥균이 칼을 차고 배회하다가 갓머리 옥로를 보고 무엇이냐고 물으면서 칼로 쳐서 깨트린 것이니 경이 이것을 가져가 '경우궁 당일'을 잊지 말아 달라고 하셨다고 했다. 이를 듣고 좌중은 모두 눈물을 흘렸는데 소리 내어 우는 자도 있었다. 나도 그중의 한 사람이었다고 적었다.

1910년 봄 서울에 와 있던 일본 기자들은 김옥균을 '개화의 선각자'로 추켜 올렸다. 그리고 8월 '강제 병합' 후, 갑신년에 김옥균이 집권했더라면 조선이 망하지 않았을 것이라는 소문을 퍼트렸다. 죽어서도 일본의 이용물이 된 김옥균. '선각자 김옥균'은 아직도 우리 역사 교과서에 그대로 살아 있다.

(2023년 12월 2일 중앙선데이)

13

고종,
'세계 초유로' 영어 시험
직접 주관한 임금이었다

1882년 4월 미국과의 수교 후 6월 임오군란의 반발로 국정이 일시 혼란에 빠진다. 대원군은 집권하자마자 1880년 12월 설립되어 그간 개국·개화 업무를 주관한 통리기무아문부터 없앴다. 고종은 대원군이 톈진으로 송치된 뒤 왕정을 회복해 11월에 다시 외교 통상 사무를 전담하는 통리아문統理衙門을 설치하였다. 그리고 독일인 묄렌도르프, 미국인 데니 등을 초빙해 영국, 독일, 이탈리아, 러시아, 프랑스 등과도 차례로 국교를 수립했다. 1883년 4월 초대 미국 공사 푸트가 아서 대통령의 비준서를 들고 서울에 도착하였다. 답례로 6월에 보빙사報聘使 일행이 군주의 비준서를 들고 미국으로 갔다.

정사 민영익, 부사 홍영식 등 일행은 샌프란시스코에 도착하여 대륙을 횡단, 뉴욕에서 아서 대통령을 알현하고 비준서를 봉정했다. 일본어가 유창한 포크 중위의 안내를 받아 세계 박람회장, 시범농장, 방직공장, 제약회사, 해군 연병장, 병원, 전기회사, 철도회사, 소방서, 육군사관학교 등을 순방하였다. 돌아올 때 아서 대통령이 앞에서도 나온 대로, 정사 민영익에게 유럽 여행을 권하면서 해군 군함 1척을 내주었다. 민영익은 일행 다수를 데리고 프랑스로 가고 부사 홍영식만 샌프란시스코를 거쳐 먼저 돌아왔다. 1883년 12월

육영공원 교실에 선 호머 헐버트. 칠판에 수학 문제가 보인다. 이른바 개화파 인물들 외에 얼마나 많은 지식인들이 서양 공부에 열중했는가를 짐작하게 한다. [사진 헐버트박사기념사업회]

21일 부사 홍영식은 군주에게 귀국 보고를 올렸다. 30대 초반의 군주는 60가지의 질문을 퍼부었다.(《홍영식복명문답기》, 김원모 《조미수교사》, 1999) 그 가운데 10가지만 들어본다.(번호는 질문 순서, 답변 생략)

11. 그 나라가 부강하다면 군사제도는 어떠하던가.

15. 대통령의 임기는 얼마나 되나.

16. 조정의 관직도 다 4년마다 교체되는가.

18. 미국의 관제는 유럽과 다른가.

19. 부통령은 매양 대통령으로 승진하는가.

20. 민주주의 제도를 시행하는 나라는 몇이나 되며, 유럽에도 민주국가가 있는가.

26. 대통령 궁실 제도는 어떠하던가.

30. 기계가 정교하기로는 과연 천하제일이라 말할 수 있던가.

36. 농사 업무는 어떠한가.

42. 미국에 가 있는 동안 우리나라가 영국, 독일과 조약을 체결했는데, 이 소식을 들었는가.

50. 워싱턴은 미국의 서울인데, 응당 주둔 육군의 수가 적지 않겠다.

52. (민병은) 낮에는 직무에 충실히 근무하고 밤이면 군사훈련을 익히고 있다니, 이것이 바로 부강하게 된 까닭이 아닌가. 남미, 북미의 나뉨은 어떠한가.

놀라운 것은 군주 고종이 보인 '민주국가'에 대한 관심이다. 1883년 현재 조선의 군주가 민주국가에 관심을 이렇게 강하게 표한 것은 1894년 동학농민군이 항일투쟁을 계기로 군주 스스로 "나라의 정치제도를 이끌" 국민 창출에 나선 것과 무관하지 않을 것이다.(이 책 〈19. 동학군, "악한 신하 타도가 목적" 왕을 적으로 보지 않았다〉 참조)

미국과의 수교는 곧 신기술 문명 도입으로 이어졌다. 1883년 미국의 에디슨 조명회사(1880년 설립)와 경복궁 안의 건청궁 일대 전기시설을 계약하여 1887년 백열등이 켜진다. 1885년 도쿄 니혼바시 근처 한 인쇄소에 백열등이 켜진 것과 불과 2년 차이다. 점등식 때는 조미조약 체결 때 이홍장의 속방 표기 강요를 물리쳐준 미국 전권대사 슈펠트도 초청했다. 전기시설은 이후 창덕궁과 서울 시내 거리로 이어지고 1898년에는 전차가 달린다. 전차는 도쿄보다 3년 빨랐다. 전신 시설은 1885년부터 1889년까지 서로전신西路電信(인천-서울-의주), 남로(서울-전주-부산), 북로(서울-원산) 세 방향으로 이루어졌다.

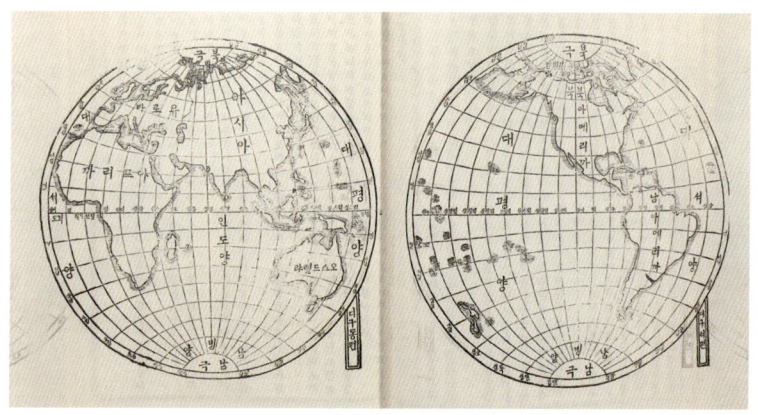

헐버트가 한글로 지은 최초 세계 인문지리 책 《ᄉ민필지》에 실린 '지구 동편'(좌)과 '지구 서편'(우). ⓒ헐버트박사기념사업회

　신문명을 받아들이기 위해서는 영어와 서양 문화를 아는 인재 육성이 필요했다. 1884년 정부는 푸트 공사를 통해 미국 정부에 교사 3인을 요청했다. 국무성 교육국장 존 이튼(John Eaton)이 힘써 윌리엄 길모어(George W. Gilmore), 달젤 벙커(Dalzell A. Bunker), 호머 헐버트(Homer B. Halberrrt) 등 3인이 1886년 7월 초 이 땅을 밟았다. 같은 해 이들이 가르칠 학교 육영공원育英公院이 설립됐다. 《육영공원등록》(서울대 규장각 소장)에 따르면 과거 급제 7품 이하 관료 가운데 젊고 재능이 있는 자 10명을 뽑아 좌원左院, 현직 당상관의 아들 사위 아우 조카 친척 가운데 능력이 있는 자 20명을 뽑아 우원右院에 각각 속하게 했다. 3년 과정으로 오전 7시부터 오후 6시까지 근무하고, 시험은 매달·연말 단위로 치르고 3년째 졸업시험은 대고大考라고 했다. 영어 외에 세계사, 지리, 수학, 의학, 농학, 생물학, 지리, 천문, 기기 등을 배웠다. 교사들은 이 학교를 Royal

College라고 불렀다.

교사 호머 헐버트는 처음부터 조선말로 학생들을 가르치기로 하고 조선말 배우기부터 시작해 2년 만에 목표를 달성했다. 1999년 '헐버트 기념사업회'를 세운 김동진은 헐버트에 관한 저서 4권을 출간하여 그의 활동과 업적 연구의 길을 열었다. 그 가운데 《파란 눈의 한국 혼 헐버트》는 헐버트가 부모에게 보낸 편지와 미국 신문에 보낸 기고문 등에 근거하여 새로운 사실들을 많이 밝혔다. 이 책에 소개된 사실 두엇만 보자.

헐버트가 우리말을 배운 과정이 흥미롭다. 서울 도착 8일 만인 1886년 7월 13일 조선말 선생을 초빙해 공부를 시작했다. 영어를 전혀 모르는 선생이었다. 헐버트는 그에게 몸동작 방식으로 우리말을 배웠다. 달걀을 들어 올리면 선생은 '달걀'이라고 우리말로 말하고, 깨는 시늉을 하면 '깨졌다'라고 말하게 했다. 말을 알아듣기 시작하면서 조선의 전설을 얘기하게 했다. 토속어를 배울 셈이었다. 듣다가 모르는 어휘가 나오면 반복하도록 해 1주에 수백 개를 암송하여 1시간에 5, 60개 단어를 익히고 있다고 부모님께 보내는 편지에 썼다. 전설을 익힌 뒤, 집을 지키는 기수(이름)에게 "담뱃대를 물고 호랑이 등에 탔다"고 얘기한 것을 그가 알아듣는 것을 보고 기뻐했다. 헐버트는 "조선의 전설은 아라비안나이트 저리 가게 합니다."라고 썼다.

조선 도착 두 달 만인 1886년 9월 23일에 열린 육영공원 입학식에서 서투르지만 조선말을 구사하고 5개월 만인 1886년 12월에 조선말을 섞어 학생들을 가르치기 시작했다. 1년째는 조선말로 상당한 수준의 강의가 가능했다. 헐버트는 회고록에서 조선말 선생은 지금도 영어를 모르는 사람이지만 두뇌가 명석하다고 했다. 내가 평생 빚을 다 갚을 수 없는 그 사람은 내 집에서 일하는 하인이라고 밝혔다. 1888년부터는 신식 의술을 배우는 제중원濟衆院에서도 영어로 가르쳤다.

1889년 8월 19일 자 《뉴욕 트리뷴》지에 기고한 〈임금이 주관한 시험〉도 흥미롭다. 임금 (고종)은 학기가 끝날 때 자신이 직접 시험을 주관해 보겠다고 자청했다. 헐버트는 이를 임금 자신의 착상으로 세계사에 유례가 없는 기억할 만한 큰 사건이라고 했다. 시험 장면은 다음과 같이 소개했다. 임금 왼편에 세자가 앉고 7, 8명 조정 중신이 방 양쪽 편에 나누어 앉았다. 밖에서 기다리던 학생들은 호명하면 한 명씩 안으로 들어가 임금 앞에 무릎 꿇고 질문을 받았다. 교사들은 2천여 개의 단어를 섞어 문제와 답안을 만들어 임금에게 미리 건네 그 가운데서 골라 묻게 하였다. 한글로 영어 발음을 적고 그 밑에 한문으로 뜻을 달았다. 채점은 통通(A), 약略(B), 차次(C), 벌罰(D)의 4등급으로 구분했다.

이런 일도 소개했다. 한 학생이 질문을 받고 답하기를 "I do not know" 대신에 "I don't know"라고 답하며 실력을 과시했다. 임금이 틀렸다고 지적하자 헐버트가 줄임말이라고 설명했다. 임금은 고개를 갸우뚱했다. 한번은 학생들이 답을 생각보다 잘해 알아보니 왕이 주관하는 시험인지라 극성스러운 부모들이 궁궐 관리들을 통해 문제를 사전에 알아냈다는 것이다. 요즈음 얘기 같다.

헐버트의 임금에 대한 평가는 매우 호의적이다. 임금은 친절하고 자상해 잘 웃는 편으로 우리에게 친절하게 대해주었다고 적었다. 임금은 조선말도 잘하고 열정적인 헐버트를 특별히 좋아했다.

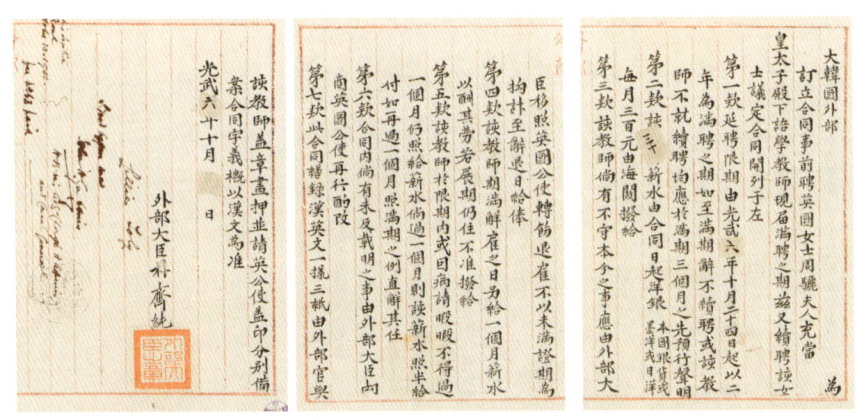

황태자 영어 교육 사례비 계약서. 1898년 10월부터 2년간 첫 번 계약에 이어 두 번째로 대한제국 외부外部가 영국 여사女史 주려(周麗, Lilly Joly)와 황세자(순종) 영어 교육 사례로 월 300원을 제공한다는 내용. 서울대학교 규장각한국학연구원 소장.

훗날 두 사람은 일본의 국권 침탈에 맞서 싸우는 황제와 밀사라는 운명적 관계가 된다. 호머 헐버트는 1888년 말 무렵 학생 수 증원을 요청했다. 임금은 1개월 이내 40명을 늘리라고 하여 1889년 현재 112명이 되었다.

1898년 10월 황태자(순종)도 영어를 배우기 시작했다. 외부대신이 영국인 외교관 부인 릴리 졸리와 체결한 〈황태자 영어교사 고용 계약서〉가 서울대 규장각에 남아 있다. 2년 단위로 두 번 체결한 계약서이다. 조선의 근대화는 미국을 모델로 한 것들이 태반이다. 1896년 9월부터 시작한 '서울 도시개조사업'이 대표적이다. 러시아 공사관에서 돌아갈 새 왕궁 경운궁(현 덕수궁)을 워싱턴의 대통령궁(백악관)을 본 따 도심에 지어 방사상 도로체계의 중심으로 삼았다. 동쪽 대안문(현 대한문) 앞에 광장(현 서울광장)이 생기고 종로와 남대문로에 전차가 달리는 신문명 도시가 됐다. 제중원에서 영어를 배워 초대 주미 공사 박정양을 수행해 워싱턴 시정을 공부하고 돌아온 이채연이 한성부윤(서울시장)으로 이룬 업적이었다.

(2023년 12월 23일 중앙선데이)

14

"사대당은 수구,
독립당은 개화"
일제가 정치 공작으로
구분한 프레임

1878년 7월 28일 자 《도쿄니치니치신문[東京日日新聞]》의 사설은 "우리나라(일본) 오늘의 정치를 논하는 사람으로 스스로 수구주의 (conservatism)라고 말하는 자를 조야에서 한 사람도 보지 못한다.", "우리 사회를 위해 기뻐해야 할지, 우려해야 할지 모르겠다"고 하였 다. 모두가 변화를 추구하는 가운데 "수구라고 하면 하나같이 이 를 들추어내서 자유의 원수로 여기고, 이를 배척하여 민권의 원수 로" 여기는 세태를 지적하고 "진정한 수구(보수)"는 봉건당, 무권당 武權党, 압제당이 아니라고 시정을 촉구하였다. 1870년대 일본에는 중앙 정부 조직에 참여하지 못한 각지의 사족(무사)들이 국회 개설 을 요구하는 '자유 민권 운동'이 일어났다. 이때 보수적인 정치 성향 을 '수구'로 몰아붙이는 세태의 잘못을 지적한 논평이다.

메이지 초기 구화歐化 운동 속에 저 유명한 스위스의 국법학 자 요한 블룬칠리의 《정당의 성격과 정신》이 일본어로 번역되 었다. 여기에 격론당(Radicalismus), 개진당(Liberalismus), 보수당 (Conservalismus), 전제당(Absolutismus) 등이 소개되어 이를 일본 정 치에 적용하는 바람이 불었다. 그 바람이 곧 조선 당대 정치에도 적 용되었다. 여기서도 나쁜 면을 강조하는 데 활용되기는 마찬가지였 다. 이때의 풍조가 한 세기가 지나도록 시정되지 않고 오늘의 우리

임오군란 때 하나부사(花房) 공사 등 일본 공사관 직원들이 서대문에 있던 공사관을 나오는
그림. (武田勝藏, 《明治 15년 朝鮮事變과 花房公使》, 1930) 건물 방화는 조선 '폭도'가 아니
라 일본 공사관 직원이 탈주를 위해 스스로 지른 것으로 밝혀졌다. (金正明 편, 《조선주차군
역사》, 도쿄 巖南堂書店, 1967.)

근대사 부정적 인식의 멍에로 남아있다. 그야말로 웃어야 할지 울
어야 할지 모를 일이다.

1882년 6월 임오군란이 일어났다. 서대문 밖에 저들이 임의로 사
용하던 일본 공사관이 불탔다. 이 화재는 사후 협상에서 일본에 매
우 유리하게 작용했다. 조선 측에 방화 책임을 물어 일본이 고액
배상금을 받아냈다. 일본인 교관 호리모토 레이조[堀本禮造] 피살은
조선 측이 변명할 길이 없지만, 공사관 방화는 뒷날 일본인 직원(무
관)이 스스로 방화한 것으로 밝혀졌다. 탈출을 위해 건물 내부 커튼
에 석유를 뿌리고 불을 지른 기록이 나왔다.

이 군란 때 일본의 군소 출판사들은 《조선변보朝鮮變報》란 소책

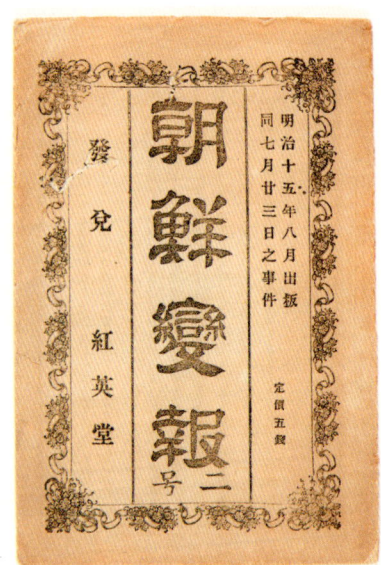

《조선변보朝鮮變報》 두 가지. 왼쪽은 신식 동판 표지. 오른쪽은 전통 니시키에 목판화 형태이다..

자를 발행하여 사태의 이모저모를 전해 일본의 조야가 떠들썩했다. 책자들은 주모자 대원군을 쇄국당, 척화 수구, 완고 주의, 완고당 등의 이름을 동원하여 소개하면서 "개진당開進党으로 일컬을만한 자는 그 세력이 극히 미약하며", "조선 전국이 모두 보수 완고당 소굴이라고 할 만하다"고 표현했다. 흥미로운 것은 조선의 국왕을 개진開進주의, 개화주의의 대표로 규정하고 국왕은 분명히 개화당인데 온 나라가 완고당의 소굴 같아서 국왕이라도 이를 제지할 수 없는 실정이라고 보도했다.

1873년 청년 군주 고종은 아버지 대원군의 정사 간여를 중단하고 친정에 나서서 개화 정책을 폈다. 1881년 일본의 개화 현황을 파악하기 위해 '조사朝士 시찰단'을 파견하고 1882년 4월에는 미국과 '수호통상조약'을 체결하였다. 대원군은 미국과의 조약 체결 두 달 뒤 군란을 일으켜 재집권을 노렸다. 이 사건을 계기로 노론 소론 남인의 호칭만 있던 나라에 수구당, 개진당 등 서양식 정당 명칭이 일본인들에 의해 처음 적용되었다. 저들의 적용은 고정된 것이 아니라 저들과의 이해관계 저울질 속에서 용어의 해당 주체가 바뀌고 또 다른 부연 용어를 등장시켰다. 임오군란에 반발하여 갑신정변이 일어나 청나라가 개입하면서 일본당은 개화당, 지나당(청국당)은 수구당이란 도식이 나오고, 뒤이어 수구당=민씨 척족, 개화당=갑신 개화파란 구분도 생겼다.

1902년에 발행된 일본의 중등학교용 '일본사' 교과서는 임오군란 뒤의 조선에 대해 "이 무렵부터 조선에는 사대·독립의 두 당이 생겨, 사대당은 청에 붙어서 보수를 주로 하고, 독립당은 우리나라(일본)를 흠모하여 개진을 주의主義로 하였다. 1884년(메이지 17) 독립당은 사대당을 습격하고 우리 공사관에 구호를 요청하고, 사대당은 청나라 군대에 의지하여 우리 공사관을 불 질렀다"고 서술했다. 일본과의 관계에서 독립주의와 사대주의를 임의로 해석한 부정확한 지식이 학생들 머리에 입력되었다.

한국 근대사에서 수구·개화의 구분은 이렇게 일본이 처음 사용하여 저들의 이해관계에 따라 변전한 것인데, 광복 후 우리 역사 교과서와 일반 역사책에 그대로 답습하여 오늘에 이르고 있다. 필자가 20년 전에 이의 시정 필요성을 지적했으나, 학계는 처리할 방도를 몰라서인지 아무런 반응도 보이지 않았다. 이는 고종시대사 전체에 대한 성격 규정과 관련되어 손대기가 쉽지 않은 일이긴 하다. 그러나 우리 근대사를 부정적 인식으로 몰아가는 이 얼개를 과연

대원군 초상. 청일전쟁 종군 화가 구보다 베이센[久保田米遷,《고쿠민일보[國民日報]》소속]이 그렸다.

이렇게 오래 그대로 두어도 될 일인가?

수구당, 사대당, 개화당 등이란 저들의 구분은 특정한 인물의 정치 성향 파악 수단으로, 때로는 회유가 필요한 상대에 대한 정탐을 목표로 한 것일 수도 있었다. 1895년 10월 왕비 시해 사건 때 국왕이 일본군의 경복궁 포위망을 벗어나기 위해 미국과 러시아에 협조를 요청하자 일본 공사관 측은 관계자들을 즉각 친러파, 친미파로 분류했다. 이런 성향 규정은 배척의 의미만이 아니라 주요 인물일 경우 내 편으로 만들어야 하는 공작 대상을 가리기 위한 것이기도 하였다. 일본 배척을 표방해 군란을 일으켰던 대원군이 갑오년에 일본의 개혁 공작의 선봉에 내세워진 것이 좋은 예이다.

1894년 7월 일본은 청일전쟁을 일으키면서 조선이 '야만'의 청국과 관계를 청산하고 '문명'의 나라가 되도록 일본이 돕기 위한 전쟁이라고 선전했다. 개전과 동시에 조선의 내정 개혁을 요구할 때 대원군 회유 공작을 벌였다. 일본 공사가 개혁안을 들고 입궐할 때 대원군이 앞장서면 입궐이 쉽게 이루어질 수 있는 점을 노린 회유였다. 대원군은 대권을 약속받고 나섰지만, 며칠 뒤 개혁 본부로 군국기무처가 출범했을 때 자신이 허수아비란 것을 깨달아야 했다.

전쟁이 끝난 뒤, 일본군의 철수가 문제 되었다. 일본은 삼국 간섭으로 랴오둥반도를 '포기'하면서 권토중래를 위해 한반도에 대대규모의 병력 잔류를 원했다. 그러나 조선 군주의 완강한 반대에 부딪혔다. 군주 고종은 우리나라가 전장 터가 된 것도 용납할 수 없는 일인데 전쟁이 끝난 뒤 일본군이 잔류하는 것은 있을 수 없는 일이라고 강하게 반대했다. 이에 일본 측은 청국의 배상금 일부(300만 엔)를 조선 왕실에 내놓는 뇌물 공작을 부렸으나 거절당하자 비상사태를 일으켜 친일 정권을 세우는 것으로 계획을 바꾸었다. 그 비상사태란 것이 바로 왕비 살해였다.

1895년 10월 8일 D-데이 자정에 대원군과 면식이 있는 오카모토 류노스케[岡本柳之助]가 마포 아소정我笑亭에서 대원군과 마주하여 다시 입궐에 나서주기를 간청하였다. 왕비가 정사를 좌지우지하는 현 상황을 타개하기 위해 대원군 당신의 집권을 돕겠다고 회유하였다. 왕비의 전횡이란 것도 과장이었고 일본이 돕겠다는 말도 사탕발림이었다. 지난번의 일로 대원군은 많이 망설였지만, 끝내 가마를 타고 광화문으로 향했다. 경복궁 북편 끝 왕의 처소 건청궁에 도착했을 때 "대원군 납시오"란 외침 속에 왕비 살해의 참극이 벌어졌다. 대원군 자신도 왕비를 살해하는 상황은 예상치 못한 일이었다. 사후에 일본 측은 대원군이 오랜 원한 관계로 왕비를 살해하려는 것을 조선의 장래를 위해 도왔을 뿐이라고 발뺌하였다.

마에마 교사쿠[前間恭作]는 쓰시마 출신으로 일찍이 부산까지 와서 조선어를 익히고 1894년 게이오 의숙을 졸업한 뒤 조선 주재 영사관 서기로 취직하여 주한 일본 공사의 통역관이 되었다. 그는 1905년 11월 17일 〈보호조약〉 강제 때 특사 이토 히로부미의 통역을 맡기도 하였다. 1910년 8월 '한국 병합' 강제 때는 통감 데라우치 마사다케의 지시에 따라 '병합조약' 한국어본과 일본어본을 자필로 작성할 정도로 '유능한' 한국통이었다. 그의 저술 가운데 필사본 《명세보名世譜》가 남아있다. 조선의 명문 대족을 성씨별로 정리하여 주요 인물의 당색(남인, 노론, 소론)을 표시했다. 조선 주요 정치인의 성향 분석을 목적으로 한 편술이란 것을 한눈에 알아볼 수 있다.

일본은 이렇게 조선을 속국으로 만들기 위해 각양각색의 정치 공작을 폈다. 광복 후 70년이 지난 시점에서도 그 공작의 산물인 수구당, 개화당, 친청파, 친러파, 친미파 등의 용어로 우리의 근대사를 논하는 상황은 과연 어떻게 헤아려야 할 것인가. 깊은 성찰이 필요한 대목이다.

(2023년 6월 24일 중앙선데이)

제 5 부

청일전쟁과
왕비 시해 사건

명성황후 진영
머리에 쓴 떠구지와 큰 비녀 둘은
왕비만 할 수 있는 장식이다.

15

일본군,
청과 싸우기도 전에
경복궁 담부터 넘었다

130년 전의 갑오년은 조선 정부 최대 수난의 해였다. 연초에 전라도 동학농민군이 전봉준의 지휘로 고부 군수 조병갑의 탐학을 성토하던 끝에 5월 전주 감영을 점거한다. 동학농민군은 일본뿐 아니라 청나라에 대해서도 저항의 깃발을 들었다. 청나라 상인들이 위안스카이 위세를 믿고 국내 장시場市를 휘젓고 다녀 보부상까지 동학군 쪽에 가담하였다. 임오군란 때부터 국왕을 괴롭히던 위안스카이[袁世凱]는 병조판서 민영준에게 청나라에 농민군 진압을 위한 군대 파견을 요청하도록 압박했다. 농민군의 반청反淸 기세를 꺾어 기울어가는 청나라의 영향력을 만회해 볼 속셈이었다.

서울의 일본 공사관은 민영준의 심복 안경수를 매수하여 위안스카이·민영준과 조선 정부 사이의 오간 얘기를 매일 저녁 보고 받으면서 상황을 주시했다. 필자는 2000년 일본 공사관(현 대사관) 측의 그 탐문 기록을 조사해 조선 정부가 동학농민군 봉기를 보고 두려워 청나라에 파병을 요청했다는 '자진 청병설'이 사실이 아님을 밝혔다. 조선 정부는 위안스카이의 강요를 네 차례 거절 끝에 어쩔 수 없이 다음과 같은 조건을 달았다. 동학농민군이 움직이지 않으면 청군은 상륙하지 못하며, 상륙하더라도 도성 500리 안은 들어오지 못한다.

1894년 6월 7일 도쿄의 청국 공사(현
대사)가 일본 외무성에 출병을 통고하자
히로시마 대본영은 8천여 명의 오시마
[大島] 여단에 조선 출동을 명령하였다.
앞서 1885년 4월 총리대신 이토 히로부
미와 북양대신 이홍장은 톈진에서 만나
앞으로 갑신정변처럼 조선에 군대를 파
견할 사건이 생기면 서로 알리고 동시
출병하기로 약속했다.(톈진조약) 이 약조
에 따라 청나라 정부가 도쿄 주재 공사
를 통해 출병을 알리자 그 동안의 상황
을 미리 파악해 모든 준비를 마친 히로
시마 대본영은 즉각 대기 중의 오시마
여단에 출동 명령을 내렸다. 일본군은

일본 히로시마 대본영의 현역 최고위 참모차장
겸 병참총감 가와카미 소로쿠(1899년 사망).
(김문자, 《조선왕비 살해와 일본인》, 2011)

몇 배나 먼 거리인데도 청군보다 먼저 인천항에 도착했다.

　두 나라 군대가 도착했을 때 조선 정부는 동학농민군과 협상에
성공하여(전주화약) 농민군은 모두 집으로 돌아간 뒤였다. 아산만에
도착한 청군은 진압 대상이 없어져 성환에 진을 치고 움직이지 않
았다. 이와 달리 인천에 상륙한 일본군은 서울로 진군했다. 동학농
민군 봉기는 동북아 전체를 불안하게 하는 것으로 다시 이런 일이
일어나지 않게 하려면 조선 정부의 '내정개혁'이 필요하다면서 이를
위해 서울로 간다고 했다. 조선 정부는 이를 내정간섭으로 규탄하
고 서양인 고문들까지 나서 영등포 근처에서 길을 막았으나 소용
이 없었다. 오시마 여단은 용산 효창원(현 효창공원)에 당도하여 야

영에 들어갔다.

　서울 주재 일본 공사관의 오토리 게이스케 공사는 조선 정부의 거듭된 항의에 위안스카이 측에 '내정개혁' 공동 추진을 제안해 보기도 했다. 청 측이 동의할 리 없었다. 그래도 일본 측은 개혁을 요구하면서 시간을 끌었다. 히로시마 대본영의 현역 최고위 참모차장 겸 병참총감 가와카미 소로쿠[川上操六]는 오시마 여단 출동 후 따로 병참대를 조선에 보내 부산―충주 육로 요지에 병참 부대를 배치하였다. 병참대는 부산에서 서울까지 가설된 조선의 전신선을 장악하고 필요한 곳에 군용 전신선을 추가 시설했다. 청나라와의 결전을 위한 통신시설 장악 작전이었다.

　통신시설 장악이 완료된 뒤 7월 23일 자정 효창원의 일본군은 서울 도성을 포위하고 1개 대대가 경복궁 담을 넘어 광화문의 빗장을 안에서 열었다. 궁성 수비대는 침입군과 새벽 7시까지 싸웠으나 역부족으로 경복궁을 일본군에 내주었다. 앞서 6월 28일에 국왕 고종은 미국 워싱턴 주재 이승수 공사에게 미국 정부에 도움을 요청하라는 훈령을 내렸다. 1882년 〈조미수호통상조약〉 제1조에 타국이 한 나라의 정부에 부당한 압박을 가하면 서로 돕는다고 한 약속에 근거한 요청이었다. 조선으로서는 전신 시설을 이용한 최초의 국제 협력 외교 시도였다. 전신을 통한 조선 국왕의 미국 정부와의 접촉을 간파한 일본군은 왕궁의 조선 전보총국을 장악하기 위해 경복궁 담을 넘었다. 이틀 뒤 7월 25일 일본군은 성환 주둔 청나라 육군과 풍도 앞 해군함을 공격하여 청일전쟁을 시작했다. 일을 크게 벌여 구미 열강의 간여를 배제할 셈이었다.

　1895년 4월 일본이 전쟁에 승리할 때까지 조선 정부는 '내정개

1894년 7월 23일 경복궁을 침입한 일본군 작전이 끝난 아침 무렵. 멀리 2층 관문각(양관)과 시계탑, 그 앞쪽에 신무문이 보인다. 일본군 종군 화가 구보다 베이센 그림. 《일청전투화보》 제1편) 필자가 2003년 후쿠시마 현립도서관에서 입수했다.

혁' 강요에 시달렸다. 이해 1월 일본 정부는 승리가 눈앞에 다가오자 조선 정부에 미국 워싱턴 주재 공사관의 업무를 일본 공사관에 넘기라고 요구하였다. 청나라 퇴치 후 조선을 저들의 '보호국'으로 만들 계획이었다. 고종은 다시 미국 클리블랜드 대통령에게 도움을 요청하여 대통령이 일본 정부에 강한 항의 메시지를 보내자 일본 정부는 이를 철회하였다. 뒷날을 기약한 후퇴였다.

정부뿐 아니라 백성이 겪은 고초도 상상을 초월할 정도였다. 일본군의 전신 시설 관리 구축에 스스로 나서 항전하던 수많은 동학 농민군이 대규모로 학살당하였다. 전후에 일본군의 완전 철수 문제를 놓고 벌어진 마찰로 왕실은 왕비가 살해당하는 참변을 겪었다. 이 엄청난 사건들은 일본 군부의 은폐 공작으로 한 세기 이상 세상에 알려지지 않았다. 진실 은폐 속에 생긴 역사 왜곡은 한둘이 아니었다. 조선 관군이 농민군 진압에 앞장섰다는 것도 그 가운데 하나였다. 1990년대부터 양심적인 일본 역사학자와 재일교포 여류 사학자들이 일본 군부가 숨긴 자료를 찾아내 은폐의 장막을 벗기기 시작했다.

나고야 여자대학의 나카츠카 아키라[中塚明] 교수가 진실 해명의 선봉장이었다. 그는 1997년 《역사의 왜곡을 바로 잡는다》(일문)를 세상에 내놓았다. "전사戰史에서 소멸한 일본군의 〈조선왕궁 점령〉"이란 부제가 붙었다. 앞에서 서술한 오시마 여단의 경복궁 침입 사건이 바로 이 책이 처음 밝힌 역사의 진실이었다. 나카츠카 교수는 1994년 후쿠시마 현립도서관 사토 문고에서 800자짜리 원고 100매가 넘는 분량의 《일청전사日淸戰史》 초안 일부를 발견하였다. 청일전쟁 100년이 되는 해였다. 1904년 육군참모부가 간행한 《메이지 27·8년 일청전사》 앞부분에 들어갈 원고였다. 참모부가 이 책을 내면서 10년 전 '조선왕궁 점령' 사건을 은폐하기 위해 빼버린 원고가 여기 남아 있었다.

나카츠카 교수의 제자 김문자는 2009년 《조선 왕비 살해와 일본인》(일문)을 출간하였다. 1895년 4월 종전 뒤 일본 측은 '삼국 간섭'으로 랴오둥반도를 포기하면서 권토중래를 위해 한반도 전신 시설 관리를 위한 일본군의 잔류를 희망했다. 그러나 조선 국왕(고종)의 완강한 반대에 부딪히자 비상사태를 일으켜 일본군이 대거 서울로 들어가 친일 정권을 세워 해결하기로 계획하였다. 그 비상사태란 것이 바로 '왕비 살해'였다. 이 희대의 만행도 참모차장 가와카미 소로쿠가 지시한 것이었다. 방위청(국방부에 해당) 방위연구소 도서실에서 10년간 씨름한 각고의 노력으로 이룬 또 하나의 진실 발굴이었다.

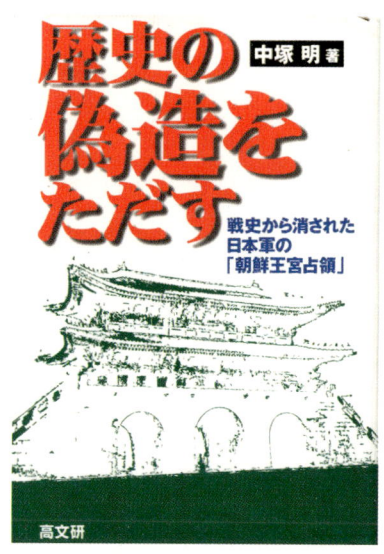

나카츠카 아키라 교수의 《역사의 위조를 바로잡는다》 표지.

홋카이도 대학 이노우에 가쓰오[井上勝生] 교수 또한 1997년부터 갑오동학농민전쟁과 일본군의 탄압에 관한 연구를 시작했다. 그는 일본 근대사 전공이었으나 재직 대학 자료실에 보관된 "동학농민군 지도자로 추정되는 두개골"에 꽂힌 의문을 풀고자 방위연구소 도서실로 갔다. 그의 업적 가운데 2010년에 발표한 〈동학농민군 포위섬멸 작전과 일본 정부·대본영〉(《사상思想》 1029, 일문)은 가와카미 병참총감의 지휘로 부산-충주 연로에 병참부대가 배치된 사실을 다루었다. 충청도 동학농민군 2만은 일본군 병참대의 움직임을 확인한 뒤 10월 16일 일제 공격을 감행하였다. 이에 히로시마 대본영의 가와카미 참모총장은 대대 병력을 증파하면서 '모조리 살육하라'라는 명령을 내렸다. 11월 19일(양력) 공주 우금치 전투 20여 일 전이었다. 일본군 토벌대는 동학농민군을 소백산맥 이남으로 몰아 전라남도 장흥, 해남, 진도 일원에서 살육하였다. 이노우에 교수는 농민군 사망자 5만 명을 낸 이 사건을 일본군 '제노사이드'로 규정하였다. 2002년 한국 유학생 강효숙이 같은 주제로 전국적 상황을 정리했지만, 이노우에 교수는 충청도 농민군 항쟁이 그 상황 전개의 핵심인 것을 파악해 냈다.

청일전쟁 중에 은폐된 '진실의 역사'는 당대 역사의 성격을 바꾸어 놓을 것들이 대부분이다. 일본의 침략주의에 맞서 싸운 역사가 빠트려진 상태에서 이루어진 이 시대사에 관한 지금까지의 해석이나 규정은 재점검되어야 할 것들이 많다. 국내외 관련 연구 성과를 앞으로 2회 더 소개하기로 한다.

(2024년 1월 13일 중앙선데이)

이태진 교수의 한국 현대사 특강

16

'갑오개혁'의 탈을 쓴
일제 군사 침략의 광란

개항, 개화, 개혁 세 단어는 우리 근대사의 희망 코드다. 1876년 강화도 조약에 의한 개항, 1884년 급진 개화파에 의한 갑신정변, 10년 뒤 1894년 온건 개화파에 의한 갑오개혁 등 3자는 근대로 향한 행진곡이다. 셋은 무능한 군주 아래 활개 친 민씨 척족세력의 '수구'를 깨트리는 서광의 역사다. 그런데 셋이 모두 일본과 연계된 점을 주의할 필요가 있다. 일본에 의한 국제 사회로의 등장, 친일 급진 개화파에 의한 친청親淸 보수세력 타도 시도, 온건 친일 개화파에 의한 제도 개혁 등 셋은 정교함까지 느껴지는 구성이다. 그 구성이 이루어진 과정을 뒤져보니 뜻밖에 주역은 한 사람이다.

경성제국대학 교수 다보하시 기요시[田保橋潔]는 1940년 《근대 일선日鮮 관계의 연구》에서 당쟁 망국론의 끝판으로 고종시대 왕비 민 씨 일족과 대원군의 세도정치를 논하였다. 그 뒤 1944년 〈근대조선에서의 정치적 개혁〉이란 장문의 논문에서 '갑오개혁'을 처음 등장시켰다. 1894년 6~7월 일본군이 출병하면서 조선 정부에 요구한 '내정개혁'이 청일전쟁 개전과 동시에 실행에 옮겨진 것을 '갑오(내정)개혁'이라고 불렀다. 그는 '갑오개혁'의 의미를 논문 머리에 다음과 같이 소개했다. "전쟁의 긴박 속에 개혁 필요성을 자각한 조선 관료의 혁신 분자들이 일본 정부의 전면적 원조를 얻어 (일

圖の〈答と端の行斷革改ての始〔感な言忠の使公我妃王ら茲王

1894년 12월 8일, 이노우에 가오루 공사와 통역 고쿠분 쇼타로[国分象太郎]가 왕과 왕비를 함께 알현하는 장면 그림.《풍속화보》 제 84호. 그림 오른쪽 하단에 그린 이로 이시쓰카[石塚空翠]의 서명이 있다. "왕과 왕비가 우리 공사의 충언을 감동하기 시작하여, 개혁단행의 실마리를 아뢰는 그림"이라는 설명이 상단에 쓰여 있다.

일본 체류 중의 박영효, 서광범, 한 사람 건너 서재필(왼쪽부터).

본 제국) 메이지 유신의 홍업鴻業(대업)을 본받아 500년 구체제를 타파하고 근대국가의 모습을 정비하려 기도한 사업"이라고 했다. 그리고 "불행하게도 이 사업은 1895년 6월 이노우에 가오루 공사가 한국을 떠난 뒤 중단하여 15년 뒤 '한국 병합'을 초래하게 되었다"고 했다. '한국 병합'을 두둔하는 식민주의 냄새가 물씬 풍긴다. 개항―개화―개혁 세 가지 구도를 근본부터 의심해 볼 필요가 있다.

다보하시는 '갑오개혁'을 두 단계로 나누었다. 청일전쟁 개전 직후 7월 27일(양력) 군국기무처를 세우고 10월 중순 오토리 게이스케 공사(현 대사)가 교체될 때까지 221건의 의안議案을 올린 것을 '1차 개혁'이라고 했다. 그의 후임으로 거물급 정치인 이노우에 가오루가 부임하여 제시한 '20개 조' 개혁안에 근거한 것을 '2차 개혁'이라고 하였다. 조선 정부는 이노우에 공사의 제안을 받아들여 1895년 1월 7일(양력) 〈홍범 14조〉를 개혁의 근간으로 발표하고 6월 23일 이노우에 공사가 떠날 때까지 여러 가지 개혁을 실행했다.

다보하시 교수의 입론은 광복 후 학계의 연구 활동 자체가 어려운 여건 속에 정설처럼 퍼졌다. 1990년 유영익의 《갑오경장연구》가 처음으로 이에 제동을 걸었다. 유영익은 군국기무처의 개혁안[議

案이라고 불렀다.] 전체를 분석하여 "제한된 의미에서 자율적 개혁 운동이었다"고 하여 친일 개화파 주도의 개혁이란 종래의 견해에 대한 수정을 제안하였다. 개혁안 총 221건이 모두 국왕의 재가를 거쳤다는 사실을 주목하였다. 일본공사관이 판을 친 것이 아니라 국왕 중심 국정 체제가 유지되는 가운데 처리되었다는 것이다. 이 연구는 '갑오개혁'에 가린 침략주의의 어두운 그림자를 걷어내는 계기가 되었다. 필자의 고찰로는 개혁 주도 11명 대부분이 1880년 통리기무아문 설립 때부터 개화 업무에 종사한 충실한 국왕의 신하들이었다. 일본공사관 측은 영의정 김홍집을 군국기무처 총재로 앞세워 조종했으나 국왕 중심의 국정 체제는 흔들지 못했다. 이렇다면 고종시대 '세도정치론'도 허구가 아닐 수 없다.

앞 회에서 살폈듯이 군주 고종은 국난 타개를 위해 미국 정부에 도움을 청할 정도의 식견과 역량이 있었다. 왕정 보필에 충실한 신하들도 적지 않았다. 1884년 갑신정변 때 봉변을 당한 민영익은 1894년 청·일 양국 군 출병 당시 홍삼 무역 총책으로 상하이에 나가 있었다. 그는 일본 정부의 압박 소식을 듣고 고종에게 저들의 요구에 탄력적으로 대응하여 베트남 망국의 전철을 피하시라는 조언을 보내왔다. 이런 식견을 가진 그를 과연 수구 세력의 우두머리로 규정할 수 있을 것인가?

1894년 2월(음력) 갑신정변 주동자 김옥균이 상하이에서 홍종우에게 살해되었다. 이 사건 후 4월 27일 고종은 갑신정변 연루자 나머지 전원에 '대사령'을 내렸다. 그들의 해외 경험과 지식을 국정 쇄신에 활용하겠다는 의지 표명이었다. 이 사실이 《고종실록》에 기록되어 있는데도 '고종 무능론' 때문인지 지금까지 이를 주목한 연구가 없다. 고종은 같은 시기 동학농민군의 동향을 예의 주시하면서 근본적인 국정 쇄신을 모색하고 있었다. 그러다가 청일전쟁이 터졌다.

'대사령' 이후 박영효, 서광범, 서재필 등이 움직였다. 3인은 갑신정변 실패 후 일본 체류 초기에 김옥균의 행동에 크게 실망하고 함께 미국으로 건너간 동지들이었다. 박영효는 다시 일본으로 돌아와 도쿄 메이지 학원(기독교 학교) 영어과를 다니고 1888년 2월 24일(양력) 자로 왕에게 〈건백서〉란 장문의 상소를 올렸다. "갑신년의 경솔한 거사"를 후회하면서 세계정세에 비추어 조선이 나아갈 길 여덟 가지를 상세하게 적었다. 이 상소가 고종의 국정 쇄신 의지에 자극을 주었을 것은 말할 것도 없다. 박영효, 서광범은 귀국 후 〈홍범 14조〉 내각에 내부, 법부대신으로 참여하여 일본공사관 측의 '제2차 개혁' 요구에 대한 국왕의 탄력적 대응을 도왔다. 초대 주미공사를 역임한 박정양도 합세하였다. 고종의 개혁 방향은 미국 쪽으로 쏠려 있었다.

1894년 12월(음력) 이노우에 공사가 제시한 '20개 조'는 조선이 청국 황제의 연호 대신 '개국기년'(1895년=개국 504년)을 쓸 것, 청국과 관계를 특별하게 하지 말 것, 신분제를 없애고 인재를 고르게 쓸 것 등을 제시했다. 고종은 1882년 미국과의 수교 이후 위안스카이와의 갈등으로 청국과의 결별을 속으로 다지고 다졌다. 일본의 요구는 오히려 이를 실현할 호기였다. 신분제도 혁파에 대한 뜻을 세운 지도 오래였다. 1886년 1월 2일 선대왕 정조와 순조의 뜻을 받들어 노비 세습 철폐의 뜻을 밝혔다. 고종은 1880년 12월 통리기무아문을 세우고 그 아래 외교와 신문물 수용 관련 12개 사司를 두었다. 근대화는 이때 이미 시작되었다. '갑오개혁'은 어디까지

維持호고 社會의 幸福을 增進호라 이有호야 勤勵호므로 主호고 惰逸을 貪치 無病호고 康壯호야 爾筋을 健케호며 康壯호 理를 窮호고 性을 盡호야 好惡은 是非長短의 物理를 窮호고 性을 盡호야 日智養호

나 일체양 日體養은 動作에 常

國家의 形勢를 環顧호건디 其富를 克富호며 克强호야 獨 立雄視호고 諸國과 開明호을 教育의 善美홈이 皆其人民의 知識이 開明호을 教育의 善美홈이라 教育은 其實開國保存호 根本이라 以호야 爾臣民을 教育호 教育호 教育의 分이라 一無用호 書生이라 時勢의 大局을 讀호야 一無用호 書生이라 雖或大文字를 習호야 古人의 糟粕만 拾취호고 時勢의 大局을 讀호야 虛名을 凌駕호고 實用을 是崇호고 文具를 是尚호야 纲을 素亂치勿호야 風教를 扶植호며 實用을 是崇호고 文具를 是尚호야 字를 學호야 古人의 糟粕만 拾취호고 敎育호는도 其責을 自擔호도 爾臣民의 敎育호는도 其責을 自擔호도

固國家의 富强홈이 爾臣民의 敎育에 在호니 爾臣民은 敎育의 善美호 境에 抵치못호면 治가 成호며 다 爾臣民은 敎育의 膠에 治가 호여지 勿호지니 其責이 또호 爾臣民의 敎育에 在호니 父는 是로써 其子를 敎育치아니치못호며 도호 爾臣民이 其心을 盡치아니치못호리니 父는 是로써 其子를 勸勉호며 兄은 是로써 其弟를 勸勉호며 朋友는 是로써 輔翼호 道를 行호야 奮發호 懷를 戴홀지어다 國家의 怨을 雪코져호거든 爾臣民이며 國家의 侮를 禦코져홀이 亦惟爾臣民이며 國家의 政治制度를 分이어나 爾爲爲上에 些少大端이라 홀 爾臣民이며 國家의 政治制度를 物修遊홈이 亦惟爾臣民이며 此皆爾臣民의 職分이어나 爾爲爲上에 些少大端이라 홀

智를 養호라 王室의 安全홈도 爾臣民이 公衆의 利益을 享受케호며 公衆의 域을 不立고 詳究博通호야 一己의 私를 爾臣民의 學識을 廣設호야 人材를 養成호고 이公衆의 利益을 享受케호며 公衆의 尨德爾體를 區域을 不立고 詳究博通호야 一己의 私를 교育호는 大功이오 爾德爾體를 은 忠君愛國호는 心血노 爾臣民의 敎育에 在호니

조선 정부 《관보》 개국 504년(1895) 2월 초2일(양력 2월 26일)자에 실린 〈교육조칙〉 2, 3, 4면. "나라의 분개를 싸워 씻을" "나라의 모멸을 막을" "나라의 정치제도를 끌어갈 신민이란 대강과 "'덕양' '체양'을 밝힌 부분.

나 일본 제국의 시혜론이 만든 억지 근대화론이다. 오히려 그 소용돌이에도 전날의 경험을 바탕으로 일본의 압박을 자주적 변혁의 기회로 활용하려 한 점을 주목해야 한다.

'2차 개혁' 초인 1895년 2월 국왕은 백성에게 정부의 뜻을 알리는 조칙詔勅을 한문이 아니라 국한문 혼용체로 내리는 일대 변혁을 단행했다. 한글을 국정 소통의 매개로 삼은 것이다. 새 형식의 조칙 가운데 1895년 2월 26일(음력 2월 2일) 자의 〈교육조칙〉은 주목할 내용을 담았다.(조칙의 전문은 부록 참조) 앞으로 덕양, 체양, 지양 등 3양養의 실용 교육에 힘써 "나라의 분개를 싸워 씻을, 나라의 모멸을 막을, 나라의 정치 제도를 끌어갈 신민臣民 곧 '국민'을 창출하는 데 노력하겠다고 하였다. 3양 교육은 19세기 미국 중등교육의 강령으로 육영공원 교사 호머 헐버트가 국왕에게 전한 것이다. 소학교, 한

성사범학교, 각종 외국어학교, 기술학교의 설립을 명하는 조칙이 뒤를 이었다. 이는 강압에 대한 탄력적 대응의 성과로써, '갑오개혁'이라는 용어는 '갑오·을미개혁'으로 고치는 것이 더 바람직하다.

1895년 상반기 개혁은 조선 정부의 자력 근대화의 진정한 모습이다. 4월 17일 시모노세키 조약 제1조는 "청국은 조선국의 완전무결한 독립자주국임을 확인한다"고 명시했다. 고종은 6월 6일 이를 축하하는 원유회를 창덕궁 연경당 일원에서 열게 하였다. 일본이 스스로 명문화한 '자주독립국'을 자축 행사로 내외에 알려 일본도 이를 달리 악용할 생각을 가지지 못하게 할 뜻으로 부마인 박영효가 초청하는 형식을 취했다. 일본 측 기록에 따르면 '박영효의 날'로 불린 이 행사에 국내 체류 중인 외국 외교관 기업인 등을 합쳐 3천 명이 모였다. 박영효와의 힘겨루기에 패배한 이노우에 가오루는 이 행사 참석을 끝으로 귀국하였다. 그러나 청나라와의 전쟁에 승리한 일본이 조선을 그냥 둘리 없었다.

이 행사 직후에 일본 측의 반격이 시작되었다. 박영효가 왕비를 폐하려 한다는 거짓 밀고가 궁중에 들어가고 고종은 6월 23일(양력) 서광범의 법부에 엄하게 조사하여 정죄하라는 명령을 내린다. 그런데 거기에는 체포하란 지시가 없었다. 일본 측의 속뜻을 알아채려 도피의 기회를 준 것일까. 박영효는 아이러니하게도 모함을 꾀한 일본공사관 측의 보호를 받으면서 출국하여 일본을 거쳐 미국으로 가서 서재필의 귀국을 종용한다. 뒤이어 8월에 신임 미우라 고로 공사는 왕비 살해의 밀명을 띠고 부임한다. 새로운 국난의 검은 그림자가 다가오고 있었다.

(2024년 2월 3일 중앙선데이)

17

일본군 민완 장교 8명,
민간인으로 변복하고
왕비 시해 지휘

1895년 10월 8일 아침 경복궁 북쪽 끝 건청궁에서 왕비가 살해되는 참극이 벌어졌다. 일본인들이 전쟁이 끝난 뒤 남의 나라 왕비를 살해했다. 그들은 왜 인류 역사상 유례가 없는 만행을 저질렀던가? 국내 역사책은 하나같이 다음과 같이 쓰고 있다. "청일전쟁이 끝나면서 일본이 러시아가 주도한 '삼국 간섭'을 거부하지 못하는 것을 보고 정권의 중심인 민 씨 세력이 일본 배척 분위기를 주도하므로 이를 꺾기 위해 왕비를 살해했다." 왕비가 쥐락펴락하는 나라라는 일인 어용학자들의 잘못된 역사 해석이 넘치는 설명이다.

100년이 지난 뒤, 1994년 김영삼 대통령은 무라야마 도미이치[村山富市] 일본 총리에게 일본의 침략사 자료 공개를 요구했다. 일본 정부는 6년간의 준비를 거쳐 2001년 도쿄에 '아시아 역사 자료 센터'를 설립하여 국립공문서관, 외무성 외교사료관, 방위성 방위연구소 등 주요 공기록 수장 기관의 제국 시대 침략 관련 자료를 온라인으로 제공하기 시작했다. 2009년 재일교포 역사학자 김문자가 새로 공개된 자료들을 이용해《조선 왕비 살해와 일본인》(일문)을 세상에 내놓았다. 이 책은 지금까지 알려진 것과는 전혀 다른 사실, 즉 청일전쟁의 사령탑인 대본영이 지휘한 사건이라고 밝혔다. 그 주요 내용으로 사건의 진상을 정리해 본다.

1892년 일본인이 촬영한 경복궁 광화문 전경. 1895년 10월 8일 새벽 행동대는 긴 사다리를 놓고 담을 넘어 안에서 문을 열었다.

　　1895년 4월 17일 일본 총리 이토 히로부미와 청국 북양대신 이 홍장이 시모노세키에서 '강화조약'을 체결하였다. 조선국의 '완전 독립'과 랴오둥반도의 할양이 중요한 약조였다. 그런데 6일 만인 4 월 23일 일본 주재 독일, 프랑스, 러시아 3국 공사들이 랴오둥반도 를 청국에 되돌리기를 요구했다. 일본은 당시 구미 열강으로부터 아직 '불평등 조약' 관계에 묶여 있었기 때문에 3국의 요구를 외면 할 수 없었다. 2억엔 이상의 전비를 들인 전쟁의 가장 중요한 전리 품이 사라지게 되었다. 전쟁 중에 도쿄로 옮긴 대본영은 조선 반도 에 병력 일부를 잔류시켜 후일을 도모하기로 하였다. 저들이 군사 용으로 몇 곳에 시설한 전신선 관리를 위한 잔류를 이유로 들었다.

　　조선 군주 고종은 나라가 전쟁터가 된 것도 불법 부당한데 전쟁

시해 사건을 지휘한 주요 간부 3인.(왼쪽부터)미우라 공사, 구스노세 중령, 오카모토 류노스케.

이 끝난 뒤 잔류 주둔은 있을 수 없다고 단호하게 거부했다. 이에 이노우에 공사는 청국에서 받는 배상금 가운데 300만 엔을 조선 왕실에 제공하는 안을 내놓았다. 이것마저 거부되자 그는 본국으로 소환되고 대본영의 참모본부장 가와카미 소로쿠[川上操六] 뜻으로 육군 중장 출신 미우라 고로[三浦梧樓]가 후임 공사로 부임한다. 가와카미는 그에게 조선 국왕의 완강한 주장을 꺾는 특별한 임무를 부여했다. 왕비를 살해하여 비상사태 속에 일본군이 대거 서울로 들어가 친일 정권을 세워 소기의 목적을 달성하라는 것이었다.

지금까지 왕비 시해는 서울 거주 일본 민간인 '장사'들이 저지른 것으로 알려졌다. 《한성신보》 기자들을 비롯해 남산 일대 거류지 일본인 장정 46명이 주범이라고 했다. 사건 후 빗발치는 구미 열강 여러 나라의 비난에 못 이겨 이들은 히로시마 감옥으로 송치되었다. 김문자는 대본영 산하 군사재판에 육군 장교 8명이 따로 재판을 받은 사실을 찾아내 이들이 변복하고 46명의 민간인을 지휘한

청일전쟁 초기의 히로시마 대본영[た広島大本営].

사실을 밝혔다. 재판은 무죄 석방을 내리는 형식적 절차였다.

　1896년 1월 14일 오전 9시 히로시마 제5사단 사령부 내 군법회의 법정에 선 8인은 조선 주재 일본공사관 소속 무관 구스노세 유키히코[楠瀬幸彦] 중좌(중령), 후비後備 보병 독립 제18대대장 겸 경성수비대장 바야바라 쓰토무[馬屋原務本] 소좌, 같은 대대 소속 6개 중대의 중대장 대위 6명 등이었다. 제18대대는 한성(서울) 장악 임무 수행 부대였다. 8인 가운데 최상위인 구스노세 중좌 직함에는 '조선국 군부 고문'이 따로 붙어있었다. 김홍집 내각의 군사문제 조종책을 의미한다. 대본영의 가와카미는 육군 중장 출신 미우라 고로를 조선 공사로 임명하여 왕비 살해 '작전'을 현지에서 지휘하게 하였다. 대본영의 참모본부장, 조선 주재 공사, 8인의 장교, 46인 장정이 수행하는 군사작전이었다.

일본공사관 소속 무관으로 해군 소좌 니이로 도키스케[新納時亮] 한 사람이 더 있었다. 그는 행동대가 궁궐로 들어갈 때 대본영의 해군 중장 이토 스케유키[伊東祐亨] 참모차장에게 "지금 훈련대가 대원군을 메고 소리 지르며 대궐로 들어갔다"고 전보를 쳤다. 작전 실행에 관한 '최초의 보고'였다. 이토 중장은 연합함대 사령관으로 청국 북양함대를 항복시킨 공로로 대본영의 참모차장이 되었다. 해군도 동참한 모양새다.

앞서, 이노우에 공사는 부임 초기 1894년 12월 22일 국왕 알현 때 조선 병사 가운데 우수한 자들을 뽑아 '훈련대'를 신설하여 근위병으로 삼기를 제안했다. 국왕 고종은 근위대란 미명으로 자신을 포로로 삼으려는 속뜻으로 읽고 처음부터 강하게 반대했다. 그러나 이노우에 공사는 공사관 소속 무관들을 김홍집 내각의 '군부 고문'으로 배치하여 간섭의 통로를 만들었다. 이듬해 1월 훈련대가 발족할 때 국왕 측은 충직한 홍계훈을 훈련대장으로 임명하였으나 일본공사관의 조종을 다 막지 못했다. 군국기무처에서 김홍집 수하로 일본공사관 앞잡이 노릇을 한 우범선이 제2대 대대장이 되어 수하를 동원해 '왕비 살해' 작전의 일익을 담당했다.

대본영으로부터 특수 임무를 받고 부임한 미우라 공사는 왕비 살해를 대원군이 주도하는 것으로 각본을 짰다. 공사관 소속의 부副 무관으로 조선 정부의 '군부 고문'을 겸한 오카모토 류노스케[岡本柳之助]를 대원군 동원책으로 삼았다. 오카모토는 조선과의 국교 수립 초기에 대원군을 찾아 면식을 익힌 '낭인'이었다. 이노우에 공사는 훈련대 설립을 구상하면서 오카모토를 조선 정부 '군부 고문'으로 임명했다. 그도 육군 소좌 출신이었다. 1895년 당시 조선 정부 군부에는 일본인 '고문'이 셋이나 되었다.

디데이 10월 8일 0시 오카모토는 마포에 있는 아소정我笑亭에 칩거 중인 대원군을 대면하고 있었다. 온갖 감언이설로 대원군이 나서주기를 간청했다. 50여 명의 행동대가 경복궁으로 진입하는 데 "대원군 납시오"의 호령이 필요했다. 미우라 공사와 대원군 사이에 통치권 부여 사전 약속이 있었다는 설이 있으나 김문자는 믿기 어렵다고 했다. 대원군으로서는 지난해 7월 27일 오토리 공사가 자신에게 '내정개혁' 참여를 권해놓고 군국기무처 설립 뒤 오히려 은퇴를 종용한 일을 생각하면 응하고 싶지 않았다. 그러나 1년 전 '김학우 살해 사건'에 연루되어 아직 유배 중인 장손 이준용 생각이 머릿속을 떠나지 않았다. 대원군은 2시간 이상 망설이던 끝에 우범선의 훈련대 병사들이 준비해 대기 중인 가마에 올랐다.

대원군을 앞세운 오카모토 일행은 새벽 4시 전후 서대문에 도착했다. 거기서 만나기로 한 '장사' 패 일부가 도착하지 않아 30여 분 소모한 뒤 광화문으로 향했다. 건청궁에서 새벽 4시까지 임무를 끝내고 행동대는 어둠 속으로 사라지는 것이 원래 계획이었다. 그러나 5시 30분 광화문을 통과한 뒤 훈련대장 홍계희의 시위대 병력 일부를 만나 이를 처치하고 건청궁으로 향했을 때는 이미 아침 7시가 다 되고 있었다. 왕비를 어렵게 찾아 살해했을 때 일본인의 만행이라는 정체가 백일하에 드러났다. 건청궁 내 숙소를 둔 미국인 장군 다이와 러시아 건축가 세데딘사바틴 두 사람은 며칠 뒤 외국 신문에 자신들이 본대로 밝혀 일본은 국제적 비난 속에 휩싸였다. 김문자는 작전 계획의 지연 결과를 대원군의 본의 아닌 '공로'로 평했다.

왕비 시해 사건 후 다시 들어선 김홍집 내각은 10월 10일 국왕 몰래 '폐비 조서'를 내리고 3개월 동안 시해 사실을 숨겼다. 왕은 이 듬해 2월 11일 새벽 건청궁을 빠져나와 러시아 공사관으로 옮겨 가서 '폐비 조서'가 거짓임을 만천하에 알렸다. 김홍집, 정병하 등은 거리에서 노한 군중에 맞아 죽고 김홍집 내각의 핵심 노릇을 한 유 길준은 일본으로 도망갔다. 유길준은 미국인 은사 모스에게 시해 당한 왕비를 "세계에서 가장 나쁜 여성"이라고 혹평하면서 실각을 변명했다. '장사' 패로 활약한 《한성신보》 기쿠치 겐조[池菊謙讓]는 1910년 10월 《대원군 전》을 지어 우리는 조선의 '진정한 호걸' 대원 군을 도왔을 뿐이라고 발뺌했다. 국가 범죄 '왕비 시해' 사건의 은 폐 작전이 《한성신보》의 본사 격인 《고쿠민[國民] 신문》을 중심으로 따로 은밀히 진행되고 있었다.

(2024년 3월 23일 중앙선데이)

이태진 교수의 한국 현대사 특강

18

왕비 사진을
궁녀로 둔갑시킨 사연

왕비 민 씨(명성황후)를 시해한 일본인들은 살해 현장에서 확인용으로 사용한 사진에 '궁녀'란 이름을 붙여 유포하였다. '궁녀' 프레임은 오늘에 이르기까지 왕비 사진 진위 논쟁을 불러일으켜 백가쟁명 속에 왕비 사진 부재론까지 등장시켰다. 왜 그랬는지 따져보자.

1892년 11월 프랑스계 미국인 기자 드 거빌(A.B. de Guerville)이 조선에 입국했다. 1893년 시카고에서 열릴 만국박람회 홍보대사 자격이었다. 기자는 미국 공사관을 통해 건청궁(경복궁 내)에서 왕과 세자를 알현하고 왕비가 참석한 가운데 홍보 영상물을 돌렸다. 귀국 뒤 프랑스의 유명 사진 잡지 《피가로 일루스트레》 1893년 9월 호에 알현과 방영의 이모저모를 담은 〈조선의 이 왕가(Yi, Roi de Coree)〉란 글을 실었다.

드 거빌은 '매직 랜턴(환등기)'으로 200매나 되는 장면을 스크린에 비췄다. 워싱턴의 백악관, 시카고의 20층 빌딩, 나이아가라 폭포, 철도 시설, 그리고 박람회장의 큰 건물들이 차례로 나왔다. 왕비는 관례대로 주렴 뒤에 앉았다. 첫 사진이 비치자 그쪽에서 술렁대는 기척이 있더니 두 번째 영상이 비치자 왕비는 참지 못하고 앞으로 나와 스크린에 다가가 두 손으로 화면을 어루만졌다. 왕비는 통역을 불러 카메라와 사진에 대해 "수천 가지 질문"을 쏟았다. 근대 문

명의 '마술 등불'이 조선의 왕비를 사로
잡았다. 건청궁에는 미국 에디슨 조명회
사와 계약하여 1887년 전등이 켜졌으나
환등기에 비치는 미국 풍경은 처음이었
다.

드 거빌은 왕실 사람들에 호평을 아
끼지 않았다. 왕은 하얀 얼굴에 총명과
친절이 풍기고, 모든 정사를 직접 처리
해 훌륭하고 부지런한 임금으로 정평이
나 있다고 했다. 이 대목에서 왕의 야행
성 업무 스타일이 나온다. 왕은 암살을
두려워해 대신들과 가장 열심히 일하는
시간은 저녁 6시부터 아침 6시까지, 낮
에는 휴식을 취한다고 했다. 최근 총선
후보 김 모씨가 역사적 인물들을 성적인

〈사진 1〉 드 거빌의 〈조선의 이 왕가〉 기사와
함께 실린 고종과 세자의 사진. (《피가로 일루
스트레》, 1893년 9월 호)

뒷담 소재로 삼으며 고종을 능멸하는 '밤 파티'를 주장했는데, 가
당치 않은 주장임을 이 미국인 기자의 증언이 대변해 준다.

드 거빌은 또한 왕비는 매우 총명하고 키가 작고 예쁘게 생겼다
고 했다. 그녀는 아주 총명해 보여 왕의 국정을 돕고 있다는 소문
을 기억나게 한다고 적었다. 드 거빌의 글에 왕과 세자가 함께 한
사진(사진 1)과 왕비 사진(사진 2) 둘이 실렸다. 각각 "이 씨, 왕과 세
자(Yi, Roi de Corée et Son Fils)", "민 씨, 왕비 (Min, Reine de Corée)"
라는 캡션이 붙었다. 왕은 앞서도 사진기 앞에 선 적이 있지만, 왕
비는 처음이었다. 조선왕조는 역대 왕의 모습을 어진御眞에 담았으

ATTENDANT ON THE KING OF COREA.

〈사진 2〉 드 거빌의 〈조선의 이 왕가〉 기사
와 함께 실린 왕비 사진. (《피가로 일루스트
레》, 1893년 9월 호)

그림1 《고쿠민 신문》 1894년 7월 31일 자.

나 왕비에게는 이 전통이 적용되지 않았다. 최초의 왕비 모습 공개
였다. 문명의 충격이 가져온 변혁이었다.

 1894년 7월 31일 자 일본 도쿄 발행《고쿠민[國民] 신문》에 여관
女官 곧 '궁녀'란 캡션이 붙은 삽화가 실렸다.(《그림 1》) 신문 창간자
도쿠토미 소호[德富蘇峰]는 원래 자유 민권운동가였다. 1890년 메
이지의 〈교육칙어〉 반포로 천황제 국가주의가 대세를 바뀌자 이에
맞추어 이 신문으로 국수주의 조장에 일익을 담당했다. 외무성 재
정 지원을 받아 서울에 지사 격으로 《한성신보》를 창설하기도 했
다. 이 신문사 기자들이 왕비 시해에 가담한 것은 잘 알려진 사실이
다. 청일전쟁이 터진 뒤 6일째 되는 날에 실린 삽화 '궁녀'와 관련되

〈사진 3〉 '왕비의 상궁'이라는 캡션이 붙은 사진.(《디모리스트 패밀리 매거진》, 1894년 11월 호)

〈사진 4〉 제조상궁.(이규헌, 《사진으로 보는 근대 한국》, 1986)

는 기사는 지면 어디에도 찾아볼 수 없다. 편집 사고일까? 보고 그린 원화 사진을 추적해볼 일이다.

뉴욕 발행 《디모리스트 패밀리 매거진》 1894년 11월 호 표지에 "대기 중인 왕비의 상궁 (The Queen's Chief Lady in Waiting)" 사진이 실렸다.(〈사진 3〉) 위 '궁녀' 삽화 등장 후, 3개월이 지난 때다. 미국인 저널리스트 프랭크 G. 카펜터가 이해 여름 일본을 거쳐 전장 터가 된 서울에 와서 왕과 세자를 인터뷰한 기사에 연계된 사진이다. 사진의 주인공 모습은 삽화 '궁녀'(그림 1)와 차림이 비슷해 그 원화일 소지가 있다. 신분을 궁녀 중 최상위 '상궁'으로 바꾸고 "대기 중"이란 수식어를 붙인 것이 뭔가 수상하다. 상궁의 실제 모습은 〈사진 4〉와 같다. 앞의 '궁녀' '상궁'과는 분위기가 사뭇 다르다. 시중드는 궁녀가 의자에 앉은 것이 가당치 않아선지 "대기 중"이란 수식어를 붙였다.

위 〈사진 3〉에서 주목할 것은 머리 장식 떠구지가 〈사진 4〉의 궁녀의 것보다 훨씬 크고 품위가 있어 보이는 점이다. 떠구지 아래 가로질러 보이는 쌍 비녀도 주목할 것이다. 쌍 비녀는 조선 천지에 왕비 외에는 누구도 사용할 수 없는 장식이다. 1894년 12월 22일 이노우에 가오루 공사가 왕을 알현한 장면 그림에도 동석한 왕비는 떠구지를 쓰고 비녀 둘을 꽂았다.(155쪽 그림 참조) '상궁'이 아니라 왕비 사진이 확실하다.

같은 왕비 사진으로 〈사진 2〉와 〈사진 3〉의 관계는 어떤가? 〈사진 2〉는 편복 차림, 〈사진 3〉은 예복 차림으로 구분할 수 있다. 얼굴 모습이 어딘가 달라 보이는 것은 얼굴화장 때문이란 해석이 나와 있다. 2007년 7월 24일 《연합뉴스》는 미국 LA에서 영국인 수집가 테리 베넷(Terry Bennet) 씨 소장 조선 왕실 인물 사진 4점 공개를 보도했다. 앞 드 거빌 기자 글에 실린 〈사진 1〉과 〈사진 2〉에 대원군 사진 2점이 보태진 4점이다. 〈사진 2〉에는 독일어로 "살해된 왕비(Die Ermordet Königen)"란 설명이 필기체로 쓰여 있다.

초상화 전문가 조선미 교수는 〈사진 2〉의 얼굴 화장과 머리 장식의 떨잠을 주목했다. 얼굴 모습에서 먼 산을 그리듯 치켜 그린 눈썹 화장 기법은 원산대遠山黛로서 귀한 신분의 여성만이 할 수 있는 것, 그리고 머리 떨잠은 상궁 정도 신분은 할 수 없는 것이라고 했다.(《조선일보》 신형준 기자 블로그) 〈사진 2〉와 〈사진 3〉의 하반신

174

자세가 비슷한 것도 놓치지 말아야 한
다. 왕비 사진 논쟁에서 어떤 이는 왕비
가 어찌 다리를 벌릴 수 있느냐고 우겼
다. 반대로 봐야 할 문제이다. 〈그림 1〉
의 왕이나 대원군의 여러 사진에서 보듯
이 왕실 사람은 한결같이 다리를 모으
지 않는 자세다.

　〈사진 5〉는 10년 뒤 1904년 이탈리
아 외교관 카르로 로제티의 《한국과 한
국인》에 실린 것으로 "예복 차림의 궁중
귀부인(Una Dama Di Palazzo In Abito Di
Corte)"이란 설명이 붙었다. 문제의 〈사
진 3〉은 이 사진의 배경을 지워 변조한
것이다. 이 사진의 배경은 '궁녀' 또는

〈사진 5〉 '예복 차림의 궁중 귀부인'이란 캡션
이 붙은 사진.(카를로 로세티, 《한국과 한국
인》, 1904)

'상궁'이 있을 공간이 결코 아니다. '궁녀' 사진으로 만들려면 품격이
넘치는 그 배경을 지워야 했다. 〈사진 4〉 촬영자는 시계열로 보아
청일전쟁 개전 전후에 왕실을 방문한 프랭크 G. 카펜터뿐이다.

　프랭크 카펜터의 기사는 일본 측의 영향이 물씬 풍긴다. 전쟁 홍
보 잡지의 대표격인 《풍속화보》(東陽堂) 10월 28일 자 제1회 《일청
전쟁도회圖繪》 임시증간호'에 실린 여러 편의 글들은 청국의 그늘에
서 학정을 일삼는 왕비 민 씨 세력의 제거 필요성을 누누이 강조한
다. 왕비 민 씨가 김옥균 살해의 주체이고 동학농민군 봉기 원인이
라고 했다. 카펜터의 논조는 이를 베끼다시피 한 느낌이다. 뭔가 잘
못 듣고 민 씨 세도가 조선왕조 개창 때부터 시작했다고 적기도 했

다. 도쿄에서 외국 기자 단속 교육을 받고 왔다고밖에 볼 수 없는 내용이다. 2년 전의 드 거빌의 글과는 판이하다.

1894년 7월 23일 0시부터 시작된 일본군의 '경복궁 침입'은 '동아시아 혼란의 원흉'으로 오해한 왕비를 살해하기 위한 작전은 아니었을까? 궁궐의 전신電信 시설 장악뿐 아니라 청과 결전을 벌이기 직전에 청의 영향 아래 수구의 핵심인 왕비부터 처단하려 했던 것은 아닐까? 살해 음모에 깊이 관여한 《고쿠민 신문》은 작전의 실패로 관련 기사가 불발한 상태에서 준비해 둔 '궁녀' 삽화만 불식 간에 내보내는 '편집 사고'를 낸 것이 아닐까? 7월 23일 야반 일본군이 궁 안에서 왕비를 찾아냈을 때 왕비는 왕 곁에 함께 있었다. 손을 댈 수 없는 상;황이었다.

왕비 사진은 1895년 10월 8일 아침 8명의 장교가 인솔하는 46명 장사가 건청궁에서 왕비를 시해할 때 실제로 확인용으로 사용되었다. 《고쿠민 신문》이 오보로 낸 '궁녀' 프레임은 러일전쟁 후 진실처럼 굳혀졌다. 저들은 시해 후 왕비 사진이 한국인의 항일 투쟁의 핵심 기재가 될 것을 우려하였다. 명백한 반인륜의 2차 가해 행위다. 왕비 사진 진위 논쟁은 그 프레임에 갇힌 소모적 행위로 느껴져 비감하다.

(2024년 4월 6일 중앙선데이)

제6부

'국민' 창출과
대한제국 수립

최초의 한글 신문 《독립신문》 창간호
초기 몇 호는 《독닙신문》으로 표기했다.

19

동학군,
"악한 신하 타도가 목적"
왕을 적으로 보지 않았다

청일전쟁 때 동학농민군의 항쟁은 "또 하나의 전쟁"으로 불릴 만큼 치열했다. 지금까지 그 항쟁은 안으로 양반 중심 사회체제, 밖으로 외국 자본주의 침략에 대한 것으로 규정해 왔다. 좌파적 표현을 빌리면 "반침략 반봉건을 전제로 결집하여 반제국주의 반反 개화파적 견지에서 혁명적으로 전쟁을 확대 발전시켜 간 것"이었다. 좌·우 어느 쪽이나 관군이 일본군과 합세하여 농민군을 진압한 점을 강조했다. 1997년 나카쓰카 아키라 교수가 "은폐된 역사"로서 일본군의 〈조선왕궁 점령〉 사건(1894.7.23)을 밝히기 전에 확립된 일반적인 해석이다. 2015년 조재곤 박사는 나카쓰카 교수의 '발견' 곧 〈일본군 왕궁 점령〉 사건이 준 사회적 충격에 관한 조선 내외의 기록을 조사하여 학계에 보고하였다. 여기서 조사된 결과는 지금까지 동학농민군 항쟁에 대한 인식과 크게 다르다. 이를 참작하여 실황을 살펴본다.

1894년 7월 23일 야반 일본군의 궁궐 침범 소동 소리에 왕과 왕비는 거처인 건청궁에서 나와 근정전 쪽 함화당으로 나와 머물렀다. 일본군이 닥쳐 호위 병력의 무장을 해제하려 하자 임금은 앞으로 나서 내 병사에 손대지 말라고 호령했다. 너희 공사관에 우리 대신이 갔으니 물러나라고 호통쳤다. 나카쓰카 교수는 자신이 처음

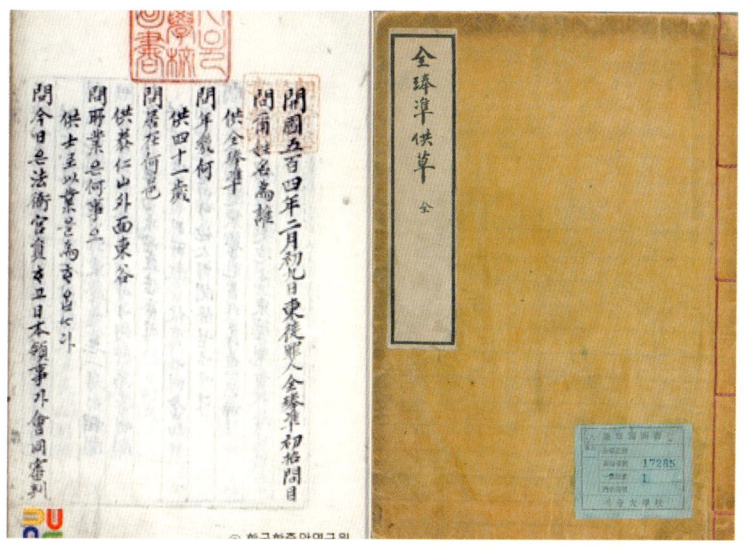

법정 심문 기록 《전봉준 공초》의 표지와 1면(1895.법부). 서울대학교 규장각 한국학연구원 소장.

발견한 '은폐된 원고'에서 이 부분을 읽고 '무능한 군주' 고종이란 인식을 거두었다고 했다.

이틀 뒤 7월 25일 청일전쟁 개전과 동시에 일본군은 부산, 인천, 원산, 진남포 등지에 상륙하여 전국을 공포 속에 몰아넣었다. 일본 군 측 기록은 "일본군의 살기로 조선인들은 산과 섬으로 피난하는 행렬이 이어지고 있다"고 하고. 우리 측 기록도 "명문대가 가족들이 모두 피란하여 도성을 빠져나가 민심이 들끓었다"고 하였다. 러시 아 공사 베버는 '7월 사태'로 서울은 철시撤市와 물품 품귀가 빚어 지고 있다고 했다. 당시의 식자들은 임진왜란을 방불케 하는 이 상 황을 '갑오왜란'이라고 불렀다. 최근 '청일전쟁' 대신 이 단어를 직접 서명으로 붙인 연구서도 나오고 있다.

유림을 대표하는 최익현은 '갑오년 오시마[大鳥, 여단장]의 난'은 독립을 앞세운 강탈이라고 비난했다. 9월부터 안동, 상원, 춘천 등지 유림이 의병을 일으키기 시작했다. 그러나 300년 전 임진왜란 때와 달리 평민 백성들은 양반 유생들의 지휘를 받는 존재가 아니었다. 동학농민군 스스로 항일투쟁의 역사를 만들어 나갔다. 1894년 5월 1차 봉기 때 전봉준의 동학농민군이 낸 〈무장茂長 포고문〉은 "지금 우리 임금께서는 어질고 효성스러우며 (우리에 대해) 자애롭고 사랑하는 마음을 가지셨으며, 신통력 있는 명확함과 성스러운 명석함을 지니셨다"고 하였다. 우리는 녹봉과 지위를 도둑질하며 전하의 총명을 가리는 악한 신하들을 타도하는 것이 목적이라고 했다. 왕은 사대부 양반의 우두머리로 타도의 대상이라는 좌파의 계급 사관 통설과는 크게 다른 인식이다. 조선 후기 영·정조 이래 조선의 '소민 (평민)'은 왕의 비호 아래 '대민(사대부)'과 동등한 나라 주인의식을 가지는 존재로 바뀌고 있었다. 〈무장 포고문〉의 국왕에 대한 신뢰는 이의 소중한 결실이다. 고종은 어려운 가운데서도 선대 왕들의 '소민 보호' 노선을 지켰다. 1893년 동학교도 보은 집회 때 한 신하가 '토벌'을 주장하자 고종은 "동학교도도 내 백성인데 어찌 토벌한다는 말인가"라고 힐책했다.

동학농민군의 2차 봉기는 전적으로 일본군의 '왕궁 점령'에 대한 항거였다. 그 소식이 전해지자 전라도 동학농민군은 바로 움직였다. 7월 말부터 전라도의 일부 집강소는 다시 일어나 한성으로 가서 왕을 지키고 일본군과 일본 거류민을 축출해야 한다는 의론을 일으켰다. 호남 유생 황현은 《오하기문梧下記聞》에 전봉준 지도부

경복궁을 장악하고 광화문을 지키는 일본군. (《경성부사京城府史》 4권, 1936·일문)

의 동향을 다음과 같이 적었다.

"7월 보름(음력) 즈음 전봉준과 김개남 등이 남원에서 집회를 주관하여 수만 명이 집결한 가운데 전봉준이 각 읍에 지휘부로 도소都所를 설립하고 집강執綱을 뽑아 수령의 일을 대행하라고 명령하였다. 또 전라 감사 김학진의 군관 송인회가 와서 감영의 뜻을 전달하자 나라의 어려움을 함께 처리하자고 약속했다"고 했다. 동학농민군 조직은 조선 후기 농업경제 발전과 함께 발달한 농촌 공동체 위에 서 있었다. 협업을 중시한 공동체 의식은 탐관오리 수탈에 분노했지 왕을 적으로 보는 계급의식에 빠져 있지 않았다. 유림세력이 상대적으로 약한 호남에서 농민 공동체는 동리마다 모정茅亭

회의를 통해 자율성을 더 발휘했다.

11월 19일(음력 10월 22일) 전봉준의 전라도 농민군은 공주 우금치 전투에서 격전 끝에 패한다. 이후 전봉준은 남쪽으로 이동해 일본군의 '모조리 섬멸 작전'에 밀려 내려온 충청도 농민군과 합세하여 싸우다 12월 28일(음력 12월 2일) 순창에서 일본군에 체포되어 서울로 압송된다. 그리고 해를 넘겨 1895년 1월 2일 서울 일본 공사관에 도착해 4차에 걸친 심문을 받는다. 이 심문에서 그는 왕궁 점령 사건이 2차 봉기의 원인임을 아래와 같이 거듭 밝혔다.

8월 17일(양력) 궁궐 침범 소식과 관련해 무주 집강소 앞으로 통문을 보내 왜구가 국왕을 욕보였으니 우리는 마땅히 목숨을 걸고 의義로서 싸우기를 결심했다. 그러나 자칫 그 화가 종사(왕실)에 미칠지 몰라 물러나 시세를 관망하기로 한 뒤, 9월 말 '평양전투' 뒤 지도부가 다시 의논을 내기 시작해 10월 하순 충청도 동학농민군의 거사를 보고 11월 초 삼례역에 4천여 명이 모인 뒤 북상하여 제2차 봉기를 시작했다고 했다. 우금치 패퇴 후인 12월 8일(양력) 정부군, 지방 감영 병사 및 이서吏胥, 상인 등에게 보내는 〈고시〉에서는 '개화 간당'이 일본 군부와 결탁한 것을 비난했다. 우금치 전투에서 마주한 관군에 대한 비난이었다. 전봉준은 그 관군이 국왕이 아니라 김홍집의 '개화 간당'이 보낸 것으로 지적했다.

일본군 인천 병참 부대의 《진중일지》는 9월 23일 본국 대본영으로부터 동학농민군 지도자를 잡아 포박하라는 명령을 받은 뒤 바로 충주 지역 가흥 병참대로 가서 국왕이 보낸 선무사宣撫使를 만난 사실을 다음과 같이 적었다. 선무사 자신은 농민군 수령들에게 온건한 행동을 선유宣諭하고 있으니 일본군은 이들에 대한 군사행

약 2개월 머문 일본공사관에서 나올 때 찍힌 '녹두' 전봉준. 다리 부상으로 담가에 실렸다. 일본 종군 사진사(村上天眞)가 전봉준의 허락을 받고 찍었다고 한다. 오른 쪽 하단에 "동학수괴 전봉준"이란 캡션이 보인다. 호송하는 조선 순사 2인에게서 '범인' 전봉준에 대한 경계심을 찾아볼 수 없다. 김문자, 《조선왕비살해와 일본인》, 2011.

동을 멈추라고 했다. 《일지》는 선무사의 배후에 충청도 동학농민군 조직이 있는 것 같다고 의심하는 의견을 붙였다.

　동학농민군에게 국왕이 밀지를 보낸 것도 주목할 사실이다. 〈왕궁 점령〉 뒤, 오시마 여단의 정예 이치노헤[一戸] 대대(일명 전신선 옹호대)가 경복궁 앞 조선 전보총국 일원에 상주하였다. 이를 뚫고 왕의 밀지가 밖으로 나갔다. 이용호, 송정섭, 윤갑병, 이건영 등 밀사 이름이 조선, 일본 양측 기록에 남아 있다. 왕이 궁 안에 갇히다시피 한 상황 때문인지 대원군이 동학농민군에 봉기를 종용했다는 기록도 보인다. 《고종실록》에 밀사를 문제시한 기록은 모두 총리대신 김홍집의 의정부가 낸 것으로 확인된다. 시기도 이노우에 가오루 공사가 부임한 11월이다. 일본 공사관의 앞잡이 노릇을 한 총리대신 김홍집이 이노우에 공사의 항의성 단속을 대행한 것이 분명하다. 동학농민군은 스스로 '보국안민'의 주체를 자부한 만큼 왕의 밀지가 없어도 적극적으로 나섰을 것이다. 위와 아래가 하나가 된 나라 지키기 항쟁이었다.

전봉준의 신병은 2월 27일 조선 정부 법무아문으로 넘겨진다. 하루 전 2월 26일 고종은 국한문 혼용체의 〈교육조칙詔勅〉을 반포한다. 앞에서도 나왔듯이 덕·체·지 3양養의 실용 신교육으로 "나라의 분개를 싸워 씻을, 나라의 모멸을 막을, 나라의 정치 제도를 닦아나갈" 국민을 창출하겠다는 결의에 찬 선언이었다.(이 책 〈16. 갑오개혁의 탈을 쓴 일제 군사 침략의 광란〉 참조) 동학농민군의 피나는 항쟁에 대한 군주의 엄숙한 보답 표시가 분명하다. 소학교, 사범학교, 외국어학교, 기술학교 등의 설립 〈조서〉가 뒤를 이어 백성이 국민으로 거듭나는 역사가 되었다. 그러나 고종 정부는 전봉준 등의 목숨을 보전해 주지 못했다. 전봉준 석방은 일본군의 재차 군사행동의 빌미를 줄 위험성이 높았다. 8개월 뒤 왕실이 일본군에 한반도에서 완전 철수할 것을 요구하자 왕비 시해의 보복을 받지 않았던가? 4월 23일 전봉준 등 농민군 지도자 5명은 법무아문 임시 재판소에서 사형 선고를 받고 당일 집행되어 형장의 이슬이 되었다.

(2024년 2월 24일 중앙선데이)

20

국민 독본으로 창간한 《독립신문》, 서재필 창간이 아니었다

1896년 4월 7일 한글 신문 《독립신문》이 이 땅에 등장했다. 유감스럽게도 이 귀중한 신문 창간의 경위가 여태 바르게 정리돼 있지 않다. 서재필 박사가 창간한 민간 신문이란 통설이 옳지 않다는 말이다. 《독립신문》 복각본(1996, LG상남언론재단)에 실린 해설 글의 제목도 〈민간 신문의 효시 독립신문〉으로 되어 있다. 《독립신문》에는 발행인이나 사주 표시가 없다. "건양 원년 4월 7일 농상공부 인가"가 유일한 신문 소개 공식 표시다.

《독립신문》은 초기에 3일에 한 번씩 4면으로 발행되었다. 1면 〈논설〉, 2면 〈관보〉(중앙 정부 소식)와 〈잡보〉(지방 관부 소식), 3면 〈광고〉, 4면 영문 〈The Independent〉로 구성되었다. 서재필은 1면의 〈논설〉, 영어 지면은 육영공원 교사 출신 호머 헐버트가 각각 주관한 것은 확실하다. 2면의 중앙·지방의 행정 관련 소식은 정부가 일반독자인 국민과 소통하려는 의지로밖에 볼 수 없는 편성이다. '민간 신문의 효시'가 아니라 '정부와 국민 간의 소통'에 방점을 찍어야 할 신문이다.

창간자로 알려진 서재필의 귀국부터 살펴보자. 1884년 '갑신정변' 실패 후 일본에 머물던 서광범, 서재필, 박영효 3인은 김옥균의 행동에 실망하고 미국으로 건너간다. 10년 뒤 1894년 3월(양력) 홍종우가 김옥균을 처단하자 4월에 국왕은 다른 갑신정변 연루자들에 '대사령'을 내렸다. 박영효 33세, 서광범 35세, 서재필 30세 때였다. 일본에 와 있던 박영효가 8월에 먼저 귀국하고 서광범이 뒤따라 입국했다. 서재필은 의사란 직업 때문인지 귀국하지

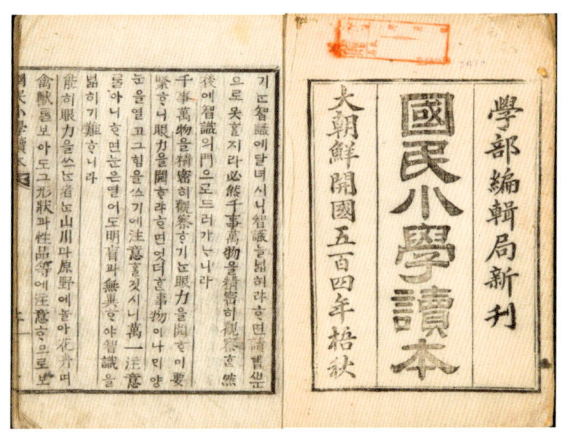

최초의 국한문 교과서 《국민소학독본》속 표지와 〈제2과 광지식〉. 서울대학교 규장각 한국학연구원 소장.

않았다. 박영효, 서광범은 귀국 후 12월 '홍범 14조' 내각에 각각 내부, 법부 대신으로 기용되어 일본공사관의 압박과 씨름하는 국왕을 도왔다.(이 책 〈16. 갑오개혁의 탈을 쓴 일제 군사 침략의 광란〉 참조)

　1895년 상반기 박영효, 서광범 두 사람은 초대 주미공사를 역임한 박정양과 함께 국왕의 친미 외교, 자주 지향 개혁을 도왔다. 일본이 청일전쟁 승리를 배경으로 조선을 보호국으로 만들려는 계획을 막아내고 '교육입국'의 근대화 방향 정립에 공을 세웠다. 4월 '시모노세키 조약' 제1조가 "조선국의 완전무결한 독립"을 명기하자 군주는 여세를 몰아 왕실 부마이자 내부대신인 박영효에게 창덕궁 연경당 일원에서 '독립제'를 열게 했다. 조선의 독립국 지위를 국내외에 기정사실로 못 박기 위한 행사였다. 각국 외교관을 비롯해 신사 기업인들이 3천여 명 참여해 성황을 이루었다.

　그러나 쉽게 물러날 일본이 아니었다. 7월 초 일본공사관 측의

《독립신문》 창간 무렵의 주역 3인인 윤치호, 서재필, 호머 헐버트.

반격이 시작되어 박영효는 모국을 떠나야 했다. 한 일본 낭인이 박영효가 '폐비 역모'를 꾸미고 있다는 허언을 모 대감에게 흘린 것이 바로 왕의 귀에 들어갔다. 왕은 일본 측의 반격이라고 직감한 듯 서광범의 법부에 엄한 조사를 명하였다. 체포령이나 연루자 색출은 따로 지시하지 않았다. 박영효는 일본공사관 수비병의 호위를 받으면서 인천으로 빠져나가는 촌극이 벌어졌다.

박영효는 11월에 워싱턴 DC에 도착해 서재필을 만나 귀국을 종용했다. 박은 출국 전(1895년) 5월에 자신이 서재필을 외무협판(차관)으로 발령해 둔 사실을 서재필에게 알리고 속히 귀국해서 왕을 돕기를 권하였다. 4월에 친일 총리대신 김홍집이 물러나고 학부대신 박정양이 총리대신이 되어 서로 손발을 맞추던 때 협판 3인이 동시에 임명되었다. 5월 10일 자로 내각 총서總書 유길준이 내부, 총리대신 비서관 윤치호가 학부, 9품 서재필이 외무협판으로 함께 임명되었다. 서재필은 궐석 발령으로 품계만 표시되었다. 3인은 모두 일본과 미국을 견문하거나 그곳의 대학을 다닌 엘리트들이었다.

특히 학부협판 윤치호는 미국 에모리대학을 졸업하고 상하이 중서
中西 학원에서 가르치다가 1895년 초에 귀국해 박정양 총리의 비서
관을 거쳐 학부협판이 되었다. 이 특별한 인사 발령을 받은 세 사
람은 이후 모두 《독립신문》 창간 막전막후 인물이 된다.

1895년 12월 하순 서울에 도착한 서재필은 친일파 세상으로 바
뀐 정국에 당황하여 미국으로 되돌아가려고까지 생각했다. 10월 8
일의 왕비 시해 사건, 김홍집 친일 괴뢰 내각 등장, 11월 28일 친
러·친미 성향 인사들이 건청궁에 갇히다시피 한 왕을 구출하려다
실패한 '춘생문 사건' 등으로 정국은 살벌했다. 윤치호는 '춘생문
사건'에 가담했다가 실패한 뒤 자신의 영문 일기에 서울에서 미국
인이 간행하는 신문이 있으면 상황 타개에 도움이 되겠다고 적었
다. 미국 국적의 서재필을 염두에 둔 생각이었을 것이다. 유길준은
그새 완연한 친일파가 되어 김홍집 내각의 내부대신으로 올라 있었
다. 7월에 내부협판을 사임하고 일본으로 가 《서유견문》을 출간하
고 돌아와 친일 내각의 내부대신이 되었다.

내부대신 유길준은 미국에서 귀국한 서재필에 접근하여 신문 창
간을 종용했다. 서재필은 쉬이 응하지 않았다. 윤치호는 유길준을
찾아가 귀국한 서재필에게 월급 300원元(100달러)을 제안한 까닭을
추궁했다. 당시 일본의 《고쿠민[國民] 신문》의 자회사로 서울에서
창간된 일본 신문 《한성신보》는 1, 2면이 한글판이었다. 유길준은
이를 분리해 독립된 신문으로 창간하여 서재필에게 맡길 생각이었
다고 답했다. 일본 외무성의 재정 지원을 받아 한글 신문을 창간하
려 했으니 철저한 친일행각이었다.

1896년 1월 8일 군주 고종은 신무문 밖 관병식觀兵式에 서재필

배재학당 건물. 《독립신문》은 이 건물 지하의 삼문출판사에서 제작되었다.

을 불러 외국 사신들 통역을 맡게 했다. 서재필로서는 귀국 후 처음 임금에게 인사를 올리는 자리였다. 한 달여 뒤, 2월 11일 왕은 건청궁을 빠져나와 러시아 공사관으로 이주 移駐(옮겨가 머묾)하였다(아관파천). 바로 다음 날 왕은 윤치호를 특별히 학부협판으로 임명하면서 대신 직까지 서리하게 했다. 왕비 시해 사건 뒤 김홍집 친일 내각 아래서 중단된 교육정책을 부활하기 위한 특별 조치였다. 왕은 그때까지 어렵게 이뤘던 교육정책의 성과를 포기할 수 없었다. '학교 설립과 인재 양성에 관한 조칙'(2월 26일), 덕·체·지 3양 교육을 통한 국민 창출 목표의 〈교육조칙〉(2월 23일), '학부 관제령'(3월 25일), '한성사범학교 관제령'(4월), 〈소학교 설치령〉(7월) 등 어느 하나도 포기할 수 없었다.

1895년 상반기 개혁은 왕과 정부가 내리는 모든 공문은 국한문 혼용체를 사용한다는 '문자 혁명' 위에 진행되었다. 1895년 7월 윤치호의 학부 편집국이 낸 《국민소학독본》은 국한문 혼용의 첫 교과서였다. 제1과 〈대조선국〉은 아세아주의 한 왕국, 세계 만국의 허다한 독립국 가운데 하나로 만국이 수호 통상하여 부강을 다투는 때에 이 나라에 사는 신민臣民의 최급무는 학업에 힘쓰는 것이라고 하였다. 제2과 〈광지식廣知識〉은 "사람마다 각자 분발하여 농공상의 업을 노력함에는 지식이 중요하니 지식을 넓히려면 독서뿐이라"고 하였다. '아관파천' 뒤 두 달 만에 정부가 순 한글 신문을 서둘러 낸 것은 '지식 넓히기(광지식)'에 이바지하기 위해서였다. 《독립신문》 1면 〈논설〉은 구미의 선진 문명 소개 글이 태반으로 신지식 공급원이었다.

1896년 4월 7일에 창간된 《독립신문》은 곧 《국민소학독본》의 '지식 넓히기' 과제에 경·향의 정부 소식을 국민에게 알리는 지면을 제공한 체제였다. 고종이 러시아 공사관 '이주'로 왕권을 회복하자마자 윤치호를 학부총책으로 특명한 것은 '국민' 창출에 필수 도구인 《독립신문》 창간을 위한 것이었다. 그것은 곧 1년 6개월 뒤의 신국민국가 대한제국 출범을 위한 준비의 하나였다.

학부총책 윤치호 못지않게 육영공원 교사 출신 호머 헐버트의 기여도 컸다. 《국민소학독본》 총 41과 곳곳에 피력된 세계 인문지리 지식은 그의 《ᄉ민필지》(1889)를 빼놓고 생각할 수 없다. 19세기 후반 미국 중등교육에 등장한 덕·체·지 3양 교육에 관한 정보를 군주에게 제공한 것도 그였다. 1893년 이래 배재학당 교수가 되어 학내 시설 삼문三文 출판사 총책으로 《독립신문》 인쇄를 학생들과 함께 수행한 것도 그였다. '삼문'은 한글·한자·영문 셋으로 세 가지 활자를 갖춘 출판사였다.

서재필은 창간호의 첫 〈논설〉에 "우리는 조선 대군주 폐하와 조선 정부와 조선 인민을 위하는 사람들"이라고 밝히면서 "논설을 끝내기 전에 우리가 대군주 폐하께 송덕하고 만세를 부르나이다"고 맺었다. 민씨 세도 정치론으로 조선 국권 탈취를 노린 일본 제국의 조선 군주 지우기 정책이 군주가 직접 지휘한 이 중대한 역사를 읽어내지 못하게 만들었다. 일제 치하에서 서재필은 본의 아니게 민씨세도 반대편의 표상 인물로 미화되어 엉뚱하게도 《독립신문》의 창간자가 되어 있었다.

21

경운궁을 중심으로 한
방사상 도로 체계,
당시 도쿄에서도 못한 일

한성부는 조선왕조 500년 도읍지다. 북쪽 수려한 산 아래 경복궁, 창덕궁, 창경궁, 경희궁 등 궁궐들이 자리 잡았다. 임금은 남쪽을 바라보면서 백성을 다스린다고 해서 궁궐을 모두 북쪽에 배치했다. 도심 가운데 자리한 덕수궁만 예외다. 덕수궁의 본래 이름은 경운궁慶運宮. 덕수궁은 퇴위한 왕이나 황제가 거하는 궁을 뜻하는 보통명사다. 1907년 7월 통감 이토 히로부미가 고종황제가 헤이그 평화회의에 특사를 보냈다고 강제로 퇴위시키면서 경운궁을 덕수궁으로 고쳐 불렀다. 고종은 언제, 왜 도심에 경운궁을 짓게 했던가?

1896년 2월 11일 고종은 일본군이 장악한 경복궁(건청궁)에서 빠져나와 러시아 공사관으로 갔다(아관파천). 일본이 청과의 전쟁을 끝낸 뒤 왕비를 살해하고 김홍집 괴뢰 내각을 세워 왕을 포로처럼 궁 안에 가두었다. 왕으로서는 이곳을 벗어나지 않으면 김홍집 내각 체제를 인정하는 꼴이 될 지경이었다. 러시아 공사관 행은 나라의 명운을 건 결단이었다.

고종은 러시아 공사관에 머물면서 나라를 새로 일으킬 결심으로 도심에 경운궁을 새로 짓게 했다. 1897년 2월 20일, 왕의 거처 함녕전咸寧殿이 먼저 지어져 서둘러 이곳으로 환궁했다. 1년 9일 만이었다. 일본공사관의 사주를 받은 자들이 러시아 공사관 앞에서 속히 환궁하시라면서 벌이는 데모도 보기 싫어 서두른 환궁이었다. 경운궁 신축은 한성부를 현대 도시로 바꾸는 '서울 도시 개조사업'의 일환이었다. 초대 주미공사 박정양을 따라 주미 공사관에서 7년을 근무하고 1894년 봄에 귀국한 이채연李采淵에게 그 대업이 맡겨졌다.

한성부윤 이채연과 서양인 고문들. 오른쪽이 탁지부 고문 맥레비 브라운.

이채연은 경상좌도 칠곡군 돌밭 광주廣州 이씨 집안의 서자 출신이었다. 서울로 올라와 제중원에서 영어 학습 과정을 수료하고 '번역관'으로 초대 주미공사 박정양을 수행했다. 고종시대 서얼 차별 폐지의 이른 수혜자였다. 1887년 8월 이상재, 이하영 등과 박정양 공사를 수행하고 미국으로 갔다. 그는 공사관 근무 중에 워싱턴 DC의 시정 공부를 했다. 1893년 시카고 만국박람회에 정부가 참가를 결정하고 '미국박람회 출품사무대원出品事務大員' 정원경을 보냈을 때, 현지에서 그를 도와 박람회를 성공적으로 마친 뒤 귀국했다. 1894년 5월 본국 정부의 '참의 교섭 통상사무'란 직책을 받았다.

새 직임을 받은 지 한 달도 되지 않은 6월 초 청·일 양국 군이 동학농민군 진압을 구실로 동시 출병하여 일본군 8천여 명이 서울로 진입했다. 7월 23일 '경복궁 침입' 사건에 이어 25일에 청일전쟁이 일어나고 일본공사관은 농민 봉기 방지 구실로 '내정개혁'을 요

도시 개조 사업 전 임시 건물(假家)이 도로를 침범한 광경. 멀리 인왕산, 가운데 종묘를 기준
으로 보아 종로 4, 5가 일대이다.

구했다. 일본공사관이 개혁기구로 세운 군국기무처가 그해 12월(양
력) 폐지되고 '홍범 14조' 내각이 구성될 때 이채연은 농상협판(차관)
을 임명받았다. 전날의 상관 박정양이 학무대신, 갑신정변 연루자
로 '대사령'을 받고 귀국한 박영효가 내무대신, 서광범이 법무대신
을 각각 임명받았다. 이채연을 포함해 4인은 모두 워싱턴 DC에서
친교를 나눈 사이였다. 이듬해 3월 이채연은 농상대신의 사무를 대
리할 정도로 능력을 인정받았다. 농업과 상공업을 신식으로 바꾸
는 시도는 미국을 본 그라야 감당할 수 있었다.

고종은 1년간 러시아 공사관에서 숨어 지내지 않았다. 2월 11일
러시아 공사관 도착 다음 날 윤치호를 특별히 학부협판으로 임명
하면서 대신 직까지 수행하게 했다. 왕은 1년 전 1895년 상반기 박
정양-박영효 협력 체제 때 〈교육조칙〉을 반포하여 "나라의 분개를

도시 개조 사업에서 임시 건물을 철거하여 도로 원상을 회복해 넓어진 종로 1,2가 일대. 전봇대가 세워지고 전차가 보인다. 멀리 보이는 산은 동대문 쪽의 낙산이다.

싸워 씻을, 나라의 모욕을 막을, 나라의 정치 제도를 닦아나갈" 국민 창출을 선언하였다. 앞에서도 언급했듯이 미국 중등교육의 지표이던 덕·체·지 3양養의 교육 강령이 이 나라의 교육 지표가 되었다. 그 실현을 위해 '학교 설립과 인재 양성에 관한 조칙'(2월) '한성사범학교 관제령'(4월) '소학교 설치령'(7월) 등을 반포하여 신교육 체제 확립에 박차를 가했다.(이 책 19, 20장 참조)

그러나 그해 10월 8일 왕비 시해 사건으로 일본공사관이 김홍집 내각을 앞잡이로 삼으면서 모든 것이 중단되었다. 고종이 러시아 공사관에 오자마자 윤치호를 학부총책으로 특명한 것은 전날의 정책들을 복구하기 위해서였다. 7월에 농상협판 이채연에게도 '경인 철도사무'를 특임하였다. 미국인 모스(Morse, J.R.)에게 경인 철도 부설권을 주어 철도를 처음 놓는 일의 정부 측 관리 총책이었다. 미국

설립 중의 한성전기회사. 왕실에서 자금을 내서 설립한 회사여서 궁안의 자격루의 현대판으로 시계탑이 만들어지고 있다. 최신 전기 시설과 소 등짐 행렬이 대조적이다. 한전 아트센터 전기박물관 제공.

자본 도입으로 일본의 침략 정책을 견제하는 뜻을 담은 사업이었다. 러시아 공사관 1년 체류 중에 고종은 쉬지 않고 외국을 경험한 유능한 신하들을 요직에 배치해 근대화를 도모하였다.

1896년 9월 30일 〈내부령〉 제9호는 황토현(현 광화문 네거리 근처)에서 흥인지문(동대문)까지(현 종로에 해당하는 구역), 광통교에서 숭례문까지(현 남대문로에 해당하는 구역) 도로를 침범한 모든 가가假家를 철거하게 하였다. 왕조 초기 도읍을 처음 정할 때 넓게 잡은 도로의 폭 원상(50여 ~7, 80척)을 회복하게 하는 조치였다. 1주일 뒤인 10월 6일 자로 농상협판 이채연이 한성판윤이 되었다. 고종은 이채연을 '서울 도시 개조사업'의 총책으로 택했다.

1898년 1월 고종은 내탕금 20만 원을 출자하여 한성전기회사를 설립하여 한성판윤 이채연이 사장을 겸하게 하였다. 서울의 모

서울 시가를 달린 일반 승객용 전차. 운전자가 근무복을 차려입었다. 보스트윅 후손 기증 사진, 한전 아트센터 전기박물관 제공.

든 전기 시설을 주관하는 회사였다. 미국계 콜브란—보스트윅사가 기술 제휴 회사로 이 건물에 입주했다. 종로와 남대문로를 크게 확장하고 그 위로 전차가 달렸다. 동대문 바깥에 최신 독일제 발전기를 시설하고 종로와 남대문로를 달리는 전차는 서대문 바깥 경성 철도정거장(현 경찰청 자리)에서 만나게 했다. 이에 못지않게 중요한 것은 도심에 새로 지은 경운궁의 동쪽 문 앞을 방사상 도로체계(Radial Road System)의 결절점으로 설계한 점이다. 황토현을 헐어내경복궁 앞 육조거리가 경운궁 쪽으로 직통하게 하고 서소문로를새로 내 기존의 도로들과 합쳐 6거리 체계가 되게 했다.

새로 지은 경운궁은 중화전中和殿을 중심으로 서편은 서양식 건물, 동쪽은 한식 건물들을 배치했다. 동쪽으로 정관헌靜觀軒 하나가 서양식이나 이것은 함령전 뒤뜰 부속 건물이었다. 동·서양의 문

1935년 경성(서울) 모습. 덕수궁(사진 아랫부분)에서부터 방사상으로 뻗은 도로체계가 확연하다. [森秀雄, 《뻗어가는 경성전기》, 1935]

화를 함께 아우른다는 뜻인가? 경복궁을 비롯한 이전의 왕궁들은 대개 대문이 남쪽에 세워졌다. 광화문, 돈화문, 흥화문 등이 그랬다. 새로 지은 경운궁도 남향의 인화문이 있었으나 동쪽의 대안문 大安門(현 대한문)이 사실상의 대문 역할을 했다. 동쪽이 곧 방사상 도로 결절점이므로 이쪽이 대문 구실을 했다. 대안문 앞 광장은 왕의 행차 준비나 왕에게 집단 진언을 하고자 하는 사람들이 모이는 광장이 되었다. 그 광장 앞 멀리 황제의 나라 상징인 원구단圜丘壇이 높이 솟았다. 경운궁을 중심으로 한 '서울도시 개조사업'은 조선이 대한제국으로 새로 출발하는 준비였다.

방사상 도로체계는 파리의 개선문 건립 때 처음 등장했다. 나폴레옹 3세가 주도한 파리개조사업(1853~1870)에서 조르주 유젠 오스만(Baron Georges-Eugène Haussmann, 1809~1891) 시장이 그의 뜻을

새로 건축한 경운궁(현 덕수궁). 가운데 중화전이 이 사진에서는 경복궁 근정전처럼 2층이다.
1904년 5월 화재를 당한 뒤 통감부 치하에서 복구하면서 단층이 되었다.

받들어 중세 도시의 좁은 도로체계에 활력을 불어넣기 위해 개선문
을 방사상 도로체계의 중심으로 삼았다. 미국의 워싱턴 DC 또한
새 수도로 정해지면서 1800년 프랑스계 엔지니어 피에르 샤를 랑
팡(Pierre Charles L'Enfant, 1754~1825)이 의회와 '대통령 하우스' 두
지점에 방사상 도로체계를 넣는 설계도를 작성했다. 그러나 재정문
제로 차일피일 미뤄져 이채연의 공사관 근무 때도 진행 중이었다.

이채연은 미국 수도에 방사상 도로체계가 도입되는 과정을 지
켜보고 귀국한 뒤 그것을 500년 도읍 한성부를 첨단도시로 바꾸
는 모델로 삼았다. 다행히 경운궁을 새 도시 설계의 구심으로 삼는
작업은 옛 구조를 크게 손상하지 않았다. 종로나 남대문로에 즐비
한 상가는 왕조 초기에 모두 나라에서 지어준 것이므로 토지 수용
비가 거의 들지 않았다. 일본의 도쿄가 1880년대 후반 독일 건축

가 빌헬름 베크만(Wilhelm Böckmann, 1832~1902)을 초빙해 방사상 도로체계를 도입하려다 매입 대상 땅값이 너무 비싸서 포기하고 만 것과 대조적이었다. 도쿄의 전차는 비슷한 이유로 서울보다 3년이 늦었다.

필자가 1994년 10월 '서울 정도 600년' 국제학술회의 때 '서울 도시 개조사업'을 처음 발표했다. 다음 순서의 영국 레체스터 대학교의 안소니 서트리프(Anthony Sutcliffe, 1942~2011) 교수는 1890년대 후반 서울에 방사상 도로체계가 도입된 것에 대해 놀라워하는 발언으로 발표를 시작했다. 그는 방사상 도로체계 연구의 세계적 권위로 이 회의에 초빙되었었다.

(2024년 5월 11일 중앙선데이)

22

명성황후 국장,
황후 추존으로
한을 달래다

2010년 8월 동북아역사재단 주최 국제학술회의 "한국 강제 병합 100년의 역사와 과제"가 서울에서 열렸다. 한·미·일·중 4국의 교수 19명이 참석한 큰 규모 행사였다. 회의가 끝난 뒤 만찬 자리로 이동하는 길에 오사카 경제법과대학의 무샤코지 긴히테(武者小路公秀, 1929-2022) 교수가 필자에게 이런 얘기를 들려주었다. 아버지(무샤코지 긴토모)가 제국 시대 외교관으로 유럽에서 근무하다가 프랑스 여성과 결혼했는데 그 어머니가 자기에게 어릴 때부터 너희 나라는 이웃 나라 왕비를 살해했으니 사죄하는 마음으로 살아야 한다고 일러준 것을 잊지 않고 있다고 했다.

1895년 10월 8일 왕비 시해 사건은 세계를 놀라게 했다. 러시아 황제 니콜라이 2세도 서울 주재 베베르 공사의 보고를 받고 경악하였다. 사건 반년 뒤 고종이 러시아 공사관으로 이주移駐하는 데는 황제와 공사의 도움이 컸다. 국내에서도 시해 사실이 알려지면서 곳곳에서 의병이 일어났다. 1896년 3월 9일 황해도 안악군 치하포 여점旅店에서 김창수 곧 뒷날의 김구가 이곳에 투숙 중인 일본군 중위 스치다 조스케[土田讓亮]를 발견하고 국모의 원수를 갚는 대의로 그를 주먹으로 때려죽이는 사건이 발생했다.(치아포 사건) 김창수는 일본공사관의 항의로 3개월 뒤 황해도 해주부에서 체포되어 인천항 감리서 재판소로 신병이 넘겨져 사형 선고를 받았으나 다행히 법부가 이를 고종에게 보고하여 사형을 면했다.

국내외 여론이 이처럼 격한 것으로 알려진 데 비해 군주 고종이 이 비극적 상황을 어떻게 극복했는지는 잘 밝혀져 있지 않다. 그간 학계의 연구자들이 중요한 부면을 여럿 밝혔으나 시해에서 국장까지 2년여에 걸친 기간의 정황에 대한 정리는 제대로 이뤄지지 못한 상태로 남았다. 국장은 예제禮制 가운데서도 전문적인 지식이 필요한 가장 엄중한 영역으로 연구 성과가 희소한 편이다. 조선시대 예제 연구에 열중해 영조, 정조의 국장에 관한 저서를 낸 여류 역사학자

러시아 공사관 현관에 선 상복 차림의 고종황제·태자와 베베르 공사. 러시아 고려인 역사학자 벨라 박 지음, 최덕규·김종현 옮김 《러시아 외교관과 조선》(2020) 표지. 러시아에서 발견된 사진으로 국내 최초로 공개되었다.

이현진 교수가 2022년 명성황후의 국장 과정을 세밀하게 분석한 《조선과 대한제국 의례의 경계》를 학계에 내놓았다. 이 성과로 왕비의 국장 과정이 자세히 밝혀짐으로써 같은 기간에 군주가 수행한 중요한 국정과의 관계도 새롭게 파악할 수 있게 되었다.

조선시대 국장은 대체로 왕, 왕비가 승하하면 3~4개월 안에 발인이 이루어졌다. 조선 후기 영조의 국장은 1776년 3월 5일 승하에서 7월 26일 발인까지 3개월 반 만에 이루어졌다. 정조의 국장은 산릉이 화성(수원)이라서 승하에서 발인까지 5개월 걸렸다. 이에 반해 명성황후는 1895년 10월 8일(양력, 이하 같음) 시해에서 1897년

경운궁 (현 덕수궁) 대안문 앞 광장에서 황제 행차를 준비하는 광경. 버튼 홈즈, 《The Burton Holmes Lectures》 Vol. X, 1901, The Little-Preston.

11월 21일 발인까지 달수로 27개월, 햇수로 3년이 걸렸다. 이현진의 연구에 따르면 황후의 국장 준비는 세 차례 변동을 겪었다.

10월 8일 아침에 일본 자객들이 난동하여 시해 사건이 일어났으나 일본공사관의 지시에 따라 김홍집 내각은 이를 비밀에 부친 가운데 군주 몰래 폐비 조칙까지 내렸다. 12월 1일에서야 시해 사실을 밝힌 뒤 국장 준비가 일본공사관 입김 속에 시작되었다. 시신을 모시는 빈전이 경복궁 태원전에 마련되고 12월 20일 동구릉 안으로 산릉 자리를 정하고 이듬해(1896) 4월 7일 발인하기로 정했다. 4개월 정도 일정이었다.

1896년 1월 1일 김홍집 내각은 양력 사용과 함께 개국 연호 대신 '건양建陽' 연호를 쓰기로 했다. 일본공사관의 요구였다. 1월에 들어서서 국장과 관련한 일들은 겉으로 더 빠르게 진행되었다. 군주 고종이 김홍집 내각의 방침을 수용하는 모양새였다. 고종은 겉으

명성황후 국장이 끝나고 혼백을 모셔 경운궁으로 돌아온 광경.

로는 따르고 있었으나 속은 달랐다. 왕비의 국장마저 저들에 의해 농락당하는 것을 용납할 수 없었다. 군주는 2월 11일 새벽 몰래 건청궁(경복궁)에서 나와 러시아 공사관으로 갔다. 정국이 뒤바뀌자 내각 총리대신으로 국장을 주도하던 김홍집이 거리에서 노한 군중에 맞아 죽었다.

고종은 러시아 공사관에서 상복을 입고 국장 준비를 직접 주도하였다. 이전과는 전혀 다른 양상이었다. 군주는 이 시기에 타국 공사관에 있으면서도 중요한 국정을 여럿 추진했다. 4월 7일《독립신문》창간에 이어 관민 협력 근대화 추진 단체 독립협회 결성을 지원하였다. 협회가 독립문 건립을 위해 모금 운동을 벌일 때 세자의 이름으로 1천 원을 기부하였다. 모금액 전체의 3분의 1에 해당하는 액수였다. 8월 10일 경운궁(월산대군 사저, 현 덕수궁 자리) 확장 건축을 지시하는 조칙을 낸 뒤 8월 23일 경복궁에 있던 왕후의 빈전殯

치아포 사건의 주인공인 백범 김구는 환국 후 1946년 7월 24일 생명의 은인이자 대한제국 국가 원수 고종황제와 명성황후의 합장 황릉인 금곡의 홍릉을 찾아 예를 올렸다. 사진에 제관과 경관들과 함께 섰다. (도진순, 《쉽게 읽는 백범일지》, 돌베개, 2015).

殿을 이리로 옮겨왔다.

8월 30일 내부대신은 종로와 남대문로를 침범한 가가를 모두 철거하는 명령을 내리고 한성 판윤 이채연은 이에 근거해 '서울 도시 개조 사업'을 착수했다. 11월 21일 독립협회가 영은문 자리에 독립문 기공식을 거행하였다. 한성부의 모습을 크게 바꾸는 두 사업은 국장 준비와 긴밀한 관계 속에 진행되었다.

1897년 1월 3일 청량리를 산릉 자리로 확정했다. 이즈음 러시아 공사관에서 속히 나오시라는 소리가 높았다. 그러나 군주의 신변은 아직도 안전하지 않았다. 이해 2월 1일에 발각된 '이창렬·김낙영의 흉모 사건'은 일본공사관 측의 위협이 아직도 작동하고 있었던 것을 증명한다. 대신들을 살해하고 대군주 폐하를 모시고 러시아 공사관을 나올 때 러시아 군대나 다른 누가 이를 가로막을 경우를 대비해 외국인(일본인) 자객 50명을 고용하여 방어하면서 가까운 경운궁으로 일단 갔다가 어가를 협박하여 경복궁으로 돌아가도록 한다는 음모 내용이 《고종실록》에 실려 있다.

2월 20일 군주 고종이 마침내 러시아 공사관을 나와 경운궁으로 왔다. 1년 8일 만의 환궁이었다. 그간 경운궁 공사가 진척되어 임금의 거처인 함녕전咸寧殿이 준공되면서 환궁이 서둘러졌다. 새 궁에도 전기가 시설되었다. 8월 14일 '광무光武' 연호를 쓰기로 하고 10월 3일 황제를 칭할 것을 선포하였다. 신하들의 거듭하는 요청을 받아들이는 형식을 취했다. 10월 12일 자시(밤 11시~1시)에 군주와 태자가 원구단에서 천지에 고하는 제사를 올린 뒤 군주는 황제로 등극하고 왕후 민 씨와 태자의 호칭을 황후, 황태자로 바꾸었다. 국장 의식은 황후의 예로 바꾸어 전면적으로 조정했다. 세 번째 변동이었다. 이로부터 1개월여가 지나는 11월 20일 독립문이 1년 만에 준공되었다. 바로 그다음 날 황후의 국장이 거행되었다.

추운 겨울인데도 황제는 신하들의 만류를 뿌리치고 황태자를 데리고 청량리 산릉(홍릉)으로 가서 11월 22일 자로 하관 행사를 직접 주재하고 돌아왔다. 대여를 메는 여사군輿士軍은 1운運 마다 200명, 5교대로 총 1천 명이 동원되었다. 경운궁을 나선 대여는 도시 개조 사업으로 넓어진 종로 거리를 지나 흥인지문(동대문)을 거쳐 청량리로 향했다. 고종은 국체를 황제의 나라로 격상하고 서울을 현대 도시로 새롭게 단장한 가운데 황후를 보내고자 27개월이란 긴 시간 상복을 입고 있었던 셈이다.

《고종실록》에 황제가 직접 지은 황후의 〈행록行錄〉이 실려 있다.

황제가 황후를 위해 쓴 애도의 글은 인류 역사상 달리 찾기 어려울 것이다. 그 요지를 옮겨 본다.

　　황후는 어려서부터 배움이 많아 선량하고 간사한 것을 판별하고 옳고 그른 것을 밝혀내는 것이 마치 못을 자르고 쇠를 쪼개듯 하였다. 슬기로운 지혜는 타고난 천성이어서 사물의 기미를 알아차리는 것이 신과 같았다. 타국과 교섭하는 문제에 관해 황후가 낸 의견은 나중에 실제 돌아가는 형세 그대로가 되어 마치 부신符信 두 쪽이 하나로 맞추어지는 것 같았다. 황후의 심원한 생각과 미래를 요량하는 것은 탁월하여 다른 사람이 미치기 어려운 것이었다.

　　황후는 나에게 대간大奸은 요순도 미리 알기 어려운 것으로 간사가 의심되었는데도 그대로 두면 뒷날의 화를 키우는 것이 된다고 했다. 내가 황후의 말이 옳다는 것을 알면서도 일찍 용단을 내려 김홍집 유길준 조희연 정병하 네 역적을 제때 처단하지 않아서 끝내 저들이 외국 군사를 불러들여 천하 만고에 없는 큰 변란을 당하고 말았다. 아~ 짐이 황후를 저버렸다. 짐은 황후의 몸을 궁 안에서 지키지 못하였다. 아~ 내가 황후를 저버렸다. 지금을 슬퍼하면서 지난 일을 생각하니 회한이 그칠 줄 모른다.

　　황제는 통곡하고 있었다. 황제의 회상 속 어디에도 황후가 국정을 농단한 것과 같은 흔적은 찾아볼 수 없다. 황후는 어디까지나 충실한 내조자였다.

23

농지정리사업으로
상승한 국민소득,
대한제국을 밝게 비췄다

1897년 10월 11일 고종은 영의정 심순택 등 대신들을 부른 자리에서 내일 원구단 첫 제사를 지내는데 국호 문제를 의논하자고 했다. 심순택은 조선이란 이름은 '기자조선' 책봉 때 생긴 것이므로 천명이 새로워진 지금은 새 국호를 정하는 것이 마땅하다고 했다. 다른 대신들도 이견이 없었다. 이에 고종은 우리나라는 곧 삼한三韓의 땅으로 천명을 받아 하나로 통합되었으니 국호를 '대한'으로 정하자고 했다. 상고 때부터 우리를 부르는 호칭으로 '조선' 외에 '한韓'이 있었으니 이를 택해 '대한大韓'으로 하자고 한 것이다.

이튿날 임금은 경운궁(현 덕수궁)에서 원구단(현 웨스틴 조선 호텔 자리)으로 가서 천지에 고하는 제사를 올렸다. 세자가 함께 참배했다. 의식이 끝나자 심순택이 백관을 거느리고 임금에게 황제의 자리에 오르시라고 아뢰었다. 신하들의 부축을 받으며 단壇에 올라 금으로 장식한 의자에 앉았다. 심순택이 12가지 문장文章이 그려진 곤룡포를 입히고 면류관을 씌워 드렸다. 이어 옥새를 올리니 임금이 두세 번 사양하다가 받아들고 황제의 자리에 앉았다. 왕후 민 씨(고인)를 황후, 왕세자를 황태자로 각각 책봉하였다. 백관들이 엎드려 두 번 절하고(국궁), 세 번 발 구르며 기뻐 춤추고(삼무도三舞蹈), 세 번 머리를 땅에 대 절하는(삼고두三叩頭) 예를 올렸다. 이어 만세

1897년 10월 원구단이 세워졌을 때 모습. 6각 지붕의 건물이 원구단이다. 지금은
왼쪽 3층 건물 황궁우(위폐 안치소)만 남았다.

를 세 번 외쳤다. 한나라 무제가 숭산嵩山에 올라 제사 지낼 때 처
음 생긴 "산호만세山呼萬世(산이 만세 불렀다)! 산호만세! 재再 산호만
세!"를 외쳤다.(무제가 입산하자 숭산이 만세를 불렀다는 고사) 천세千歲
가 아니라 만세 소리가 이 땅에 처음 울려 퍼졌다.

황제의 연호는 광무光武로 정했다. 광무는 '빛(光) 곧 영예를 잇는
다(武)'는 뜻이다. 건무建武란 연호를 쓴 한나라 광무제를 떠올리게
하는 작호. 한나라는 기원전 202년에 건국하여 기원후 220년까
지 422년간 존속한 중국 역사상 최장수 왕조. 기원후 8년에 왕
망이 황제 위를 찬탈하여 23년까지 15년간 왕조의 이름이 신新으
로 바뀌었으나 광무제가 이를 꺾고 다시 후한으로 고쳐 이었다. 고
종은 개국 후 505년이나 되는 조선을 대한제국으로 바꾸면서 중국
최장수 왕조의 전·후한의 역사를 떠올렸던 것이 분명하다. 조선이
대한으로 거듭나는 역사를 중국의 전·후한사에 견주어 실패하지
않는 역사를 기대하면서 광무란 연호를 쓰기로 했다.

조선총독부가 철도호텔을 짓기 위해 원구단을 해체하는 광경.

1899년(광무 3) 1월 대청흠차출사대신大淸欽差出使大臣 서수붕徐壽朋이 한성(서울)에 왔다. 대한제국 외부대신 박제순이 그를 맞아 1월 27일부터 9월까지 8차에 걸쳐 두 나라의 통상을 의제로 회담하였다. 9월 11일 두 사람은 양국 황제가 파견한 특파전권대사의 자격으로 12개 조로 합의한 〈한청 통상조약〉에 서명하였다. 우리나라가 중국과 대등한 자격으로 처음 국교가 이루어진 역사적 순간이다. 대한제국의 탄생, 결코 '이불 속에서 만세 부르기'가 아니었다.

광무제 고종은 청국과의 회담이 마무리되기 20여 일 전 8월 17일 자로 〈대한국제〉를 반포하였다. 제1조 대한국大韓國은 세계만국에 공인된 자주독립한 제국이라고 하고, 제2조는 제국의 정치는 500년간 전래 되었듯이 만세가 되어도 불변할 전제정치라고 하고, 제3조는 대한국 대황제가 무한한 군권君權을 가지는 것은 만국공법(국제법)에 이르는 정체政體 세우기라고 했다. 끝 제9조에는 조약체결권과 선전·강화가 황제의 권한인 것을 명시했다. 오래전 학계

1914년 철도호텔이 준공된 모습. 뒤쪽 황궁우(皇穹宇:신위 모시는 곳)만 남았다. 왕이 청나라 사신을 만나던 남별궁을 헐고 세운 원구단 자리에 일본 고관 숙소 호텔이 지어졌다.

일각에서는 제2조와 제3조의 '전제정치' 규정을 두고 조선왕조로의 회귀라고 하여 대한제국의 근대성을 부정하는 해석을 내 정설 행세를 했다. 이웃 일본 제국의 헌법과 비교해도 동의하기 어려운 해석이다. 1889년에 반포된 일본 제국 헌법 제1장 제1조는 "대일본 제국은 만세일계萬世一系의 천황이 통치한다"고 하고, 제3조는 천황은 신성하여 침해될 수 없다고 하여 신민臣民의 절대 충성을 요구했다. 이를 두고 메이지 일본이 근대국가가 아니라고 해석하는 사람은 아무도 없다.

〈대한국제〉는 국제 사회에 자주 독립국을 선언하는 것을 목적으로 6개 조에 걸쳐 국제법의 관련 규정을 인용하였다. 대한제국은 황제와 사회단체가 각기 추천하는 의원議員 각 25명, 총 50명으로 구성되는 중추원을 두었다. 정부 의정 대신 회의에서 의결한 사항은 모두 황제와 중추원으로 동시에 보내 동의를 구하는 견제 체재가 갖춰 있었다. 대한제국은 결코 황제 1인의 전제국가가 아니었다.

'광무양전사업' 발의자 해학 이기李沂. 고성 이씨 문헌공 종중 홈페이지.

경제가 문제다. 대한제국은 과연 근대국가다운 경제기반을 확립했던가? 1894년 봄 김제의 가난한 선비 해학海鶴 이기李沂는 고부의 농민군 지도자 전봉준을 찾았다. 그는 군중을 이끌고 서울로 쳐들어가 국왕 주변의 간사한 무리를 제거하고 왕을 받들어 국헌國憲을 새롭게 하자고 제의하였다. 저 유명한 5월의 〈무장 포고문〉과 같은 '근왕勤王' 의식을 담은 발언이다. 전봉준은 그에게 남원 김개남의 동의를 얻자고 했다. 이기는 김개남을 찾아갔으나 면담을 거절당하고 피해를 당할 위협까지 받아 돌아와 버렸다. 이기는 유형원, 정약용 등의 실학을 공부한 선비로서 당시 46세, 전봉준보다 7세 연장이었다. 그는 동학농민운동의 현장을 보면서 농민 생활을 안정시키고 일본군의 침략을 물리치기 위해선 토지개혁이 급선무라고 판단하였다. 이듬해 서울로 와서 자신이 지은 토지개혁안 〈전제망언田制妄言〉을 탁지부 대신 어윤중에게 전했다.

국왕 고종은 농민 소유의 토지를 새로 측량하여 소유권을 법적으로 공인해 자영농의 사회 기반 확립을 제안하는 이기의 개혁안을 받아들였다. 그러나 왕비 시해 사건이 일어나 국정이 마비되어 시행은 뒤로 미뤄졌다. 1897년 10월 대한제국 출범 이듬해 6월 측량 담당 관서로 양지아문量地衙門을 설치하고 이기를 양지아문 위원으로

미국인 측량 기사 크럼이 서울에서 측량하는 장면. 《The Burton Holmes Lectures》 Vol X,

임명하여 실행에 참여시켰다. 그가 새로 제출한 〈토지 측량에 관한 청의서〉는 농지와 가옥 측량 조사뿐만 아니라 지질, 산림과 천택川澤, 수풀과 해변, 도로에 이르기까지 전국의 모든 토지를 측량대상으로 삼아 외국인의 점유를 막자고 했다. 일본인의 토지 침탈을 우려한 제안이었다. 양지아문 설립 다음 달 7월에는 측량 기사 양성을 위해 미국인 기사 크럼(Raymond E. Leo Krumm)을 초빙하고, 1901년에는 측량된 토지의 소유권 문서로 지계地契 발행을 전담하는 지계아문을 설립해 사업에 박차를 가했다. 신식 측량은 1897년 '서울도시개조사업' 때 한 차례 도입되었으나 이때 크게 보강되었다.

앞서 살폈듯이 고종은 1895년 2월 26일 전봉준이 일본공사관에서 풀려난 하루 전 〈교육조칙〉을 반포하였다. 덕·체·지 3양을 강령으로 하는 새 실용 교육은 "나라의 분개를 싸워 씻을", "나라의 모멸을 막을", "나라의 정치 제도를 닦아나갈" 사람으로 국민 창출을 목표로 하였다. (이 책 〈19. 동학군, "악한 신하 타도가 목적" 왕을 적으

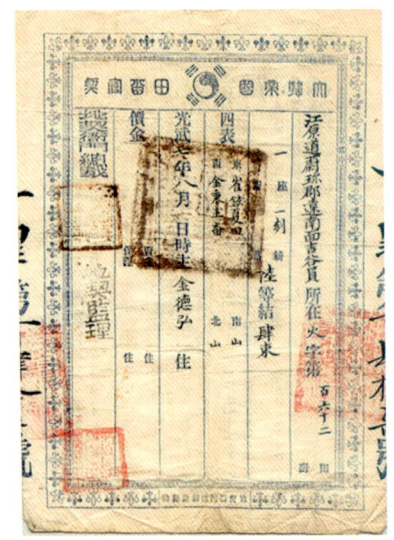

양전 후, 광무 7년(1903) 8월 6일 자로 발급된 지계. '전답관계田畓官契'가 정식 호칭이다.

로 보지 않았다〉 참조) 이 〈교육조칙〉의 반포 직후 같은 동학군 지도자가 올린 농민 경제기반 안정을 위한 양전사업 건의를 국왕이 선뜻 받아들인 것은 주목할 사실이다. 1894년 후반기 동학농민군이 5만 명의 죽음을 무릅쓰고 일본군과 결사 항전한 것에 대해 무한한 신뢰를 보내는 국왕의 결단으로 보지 않을 수 없다.

'광무양전사업"은 1904년 2월 러일전쟁이 일어나기 전까지 순항하여 자영농 안정과 국가 세수稅收 증대의 효과를 동시에 가져왔다. 이윤상의 연구(1997)에 따르면 대한제국 연간 예산 총액은 1897년-4,190,429원元, 1899년-6,471,132원, 1903년-10,765,491원, 1905년 19,113,625원으로 증가 일로였다. 1903년부터 1천만 원을

동아시아 주요 국가 1인당 GDP(2012).(1990년의 국제 평균 달러 가격(Geary-Khamis dollar)

	1700	1820	1850	1870	1911	1912	1913	1914	1915	1916
한국		600		604	815	843	869	902	1,048	1,018
중국	600	600	600	530			552			
일본	570	669	679	737	1,356	1,384	1,387	1,387	1,430	1,630
인도	550	533	533	533	691	689	673	673	691	710
인니	580	612	637	578	839	838	874	874	866	870
필리핀		584		624	913	911	938	938	875	1,003
타이		570		608			841	841		

넘어선 것은 '광무양전사업" 성과 외에 달리 상정할 근거가 없다.

황태연(2017)은 OECD 경제통계 책임자 앵거스 매디슨이 2012년 산출한 동아시아 주요 국가 1인당 국민소득(GDP) 통계에서 광무 연간부터 국민소득이 상승한 계산을 주목해 소개했다. 이를 제시하면 다음과 같다. 1870년 604달러(일본: 737달러), 1911년 815달러(일본: 1,356달러), 1915년 1,048달러(일본: 1,430달러), 1916년 1,018달러(일본: 1,630달러). 황태연은 한국인 소득은 1915년까지 '광무양전사업' 성과로 1,048달러까지 상승하다가 1916년부터 조선총독부 침탈정책으로 하강하기 시작한 것으로 봤다. 조선총독부는 1910년 9월 출범과 동시에 '광무양전사업' 해체 목적으로 '토지조사사업'을 시행해 1918년에 끝냈다. 대한제국은 근대국가를 만들지 못해 망한 것이 아니라 일본이 그 성과를 빼앗아 국권을 잃은 것이 역사의 진실이다.

(2024년 7월 31일 중앙선데이)

제 6 부 · 국민 창출과 대한제국 수립

제 7 부

침략자에 대한
규탄과 시위

1906년 전후 삼흥학교 교장 시절의 안중근.

24

"슬프다,
섬 오랑캐가 팔도를 삼켰다"
고종은 글로 울었다

지도자, 그것도 국가 원수라면 눈물을 보이지 말아야 한다. 심성 도야를 앞세운 유교 왕정에서는 더욱 그렇다. 필자는 고종시대를 공부하면서 군주 고종의 절규와 통곡을 세 번 만났다. 일본과 관계 속에서 끝내 참지 못한 통곡들이었다.

첫째는 갑신정변 때 일이다. 《고종실록》은 이 사건에 관해 다음과 같은 기사를 싣고 있다. (1)1884년(고종 21) 10월 17일(음력) 밤 우정국 낙성식 연회에서 우영사右營使 민영익이 흉도들이 휘두른 칼에 크게 자상을 입었다. 가해 측의 김옥균 홍영식 박영효 서광범 서재필 등은 창덕궁 궐내 왕의 침전으로 가서 변고를 알리고 이웃 경우궁景祐宮(현 현대그룹 사옥 자리)으로 거처를 옮기셔야 한다고 했다. 일본 공사 다케조에 신이치로도 김옥균의 연락을 받고 호위를 이유로 병사를 거느리고 이곳으로 왔다. (2)이튿날 경우궁에서 김옥균 등이 사관생도와 장사들을 시켜 좌영사 이조연 등 대신 6명과 내시 유재현을 (대문 쪽) 앞 건물(前堂)에서 대신들이 들어오는 대로 목을 쳐 죽였다. 임금께서 "연거푸 죽이지 말라! 죽이지 말라!"라고 외쳤다.

좌영사 이조연, 후영사 윤태준, 전영사 한규직, 좌찬성 민태호, 지중추부사 조영하, 해방총관 민영목 등 6인은 거짓 왕명을 받고

경우궁. 창덕궁 옆 현 현대건설 자리에 있었으나 일제 강점기에 효자동으로 옮겨져 이른바 7
궁의 하나가 되었다.

입궐하다가 살해되었다. 1874년 고종은 친정에 나설 때부터 친위
군 양성에 뜻을 두어 무위소武衛所를 세웠다. 무위소 군사들에 대
한 우대는 기존 5군영 군사들에 박탈감을 주어 1882년 6월 대원군
이 그들을 충동하여 군란을 일으키고 무위소는 혁파했다. 고종은
그 뒤 갑신정변 두 달 전에 중앙 군영 전체를 재편성하여 4영營 체
제로 만들었다. 4영 책임자 가운데 3명이 피살되고 1명이 죽을 뻔
했다.

  지중추부사 조영하는 신정왕후 조대비의 조카로 조대비가 고종
을 왕위계승자로 지명한 뜻을 받들어 조정에서 후견인 역할을 했
다. 좌찬성 민태호, 해방총관 민영목 등은 우영사 민영익과 함께
왕비 민 씨 측 사람들이다. 고종은 임오군란 후 왕권의 안정을 위

해 왕비 집안 출신들도 중용하여 조대비 측 인사들과 연대토록 하였다. 어느 쪽이나 1880년 12월 통리기무아문 설립 후 외국과의 교섭 업무 요직 담당자들이었다. 김옥균은 이들을 제거하려 하였고, 일본공사관 측은 1개 중대 병력을 동원해 그를 도왔다. 무슨 목적일까? 갑신정변이 '개화파'와 '수구파'의 대립이란 설명은 1910년 강제 병합 뒤에 일본 측이 만들어 낸 것으로 따를 수 없다. 피해자 모두 '개화' 업무에 종사하였으니 '수구파'로 몰 수는 없다.

김옥균은 1882년 6월 임오군란 때 청나라 군대가 훈련원(현 동대문운동장)에 주둔한 것을 보고 일본 공사 다케조에를 찾아가 병력을 지원해주면 이들을 내쫓는 정변을 일으키겠다고 했다. 다케조에 공사는 한마디로 거절했다. 1882년 현재 일본은 청국과 겨룰 군사력을 가지고 있지 못했다. 김옥균은 1881년부터 일본을 왕래하면서 일본 지원을 받는 개화에 관심을 가졌다. 고종 정부가 비중을 둔 청국의 양무운동 모델의 근대화 사업이나, 1882년 임오군란의 원인이 된 미국과의 수호 통상조약 체결 및 미국을 다녀오는 보빙사행에는 참여하지 못했다. 김옥균은 일본 쪽에 서 있었다. 철종 부마 박영효는 1883년 수신사 왕래 경력으로 김옥균의 제안에 동조했다가 뒷날 크게 후회했다. 보빙 부사로 미국을 다녀온 홍영식은 정변 종반 국왕 호위 쪽으로 태도를 바꾸었으나 혼란 중에 사망했다. 1884년 현재 정부의 주 외교 노선 바깥에 있었던 김옥균은 군란으로 어지러워진 정국에서 일본의 도움으로 정권을 잡아보려는 야망에 차 있었다.

일본의 최고위 정치 지도자(참의參議) 이토 히로부미는 1883년 미국 정부가 조선 보빙사를 극진히 우대한다는 보고를 받고 조선 주재 다케조에 공사를 소환했다. 지령을 받고 다시 임지로 돌아온 다케조에 공사는 김옥균에게 지금 전날 말한 대로 정변을 일으키면 병력 지원을 해주겠다고 약속했다. 이토 히로부미는 미국이 조선에 우호국으로 자리 잡으면 저들의 '주변국 선점 정책'을 조선에 실현하는 데 장애가 될 것을 우려해 특별한 지시를 내렸다.(이 책 〈12. "조선이 미국과 친해져선 안 돼!" 청·일의 조선 개국 정책 방해〉 참조) 친청에서 친미로 전환하는 고종 정부의 외교정책 중심인물들을 제거하여 대미 외교에 타격을 가하고자 김옥균을 이용하기로 했던 것이다. 일본은 1개 중대 병력 지원으로 목적을 달성 한 뒤 3일 만에 미련 없이 서울을 빠져나갔다. 김옥균 일당은 철저하게 일본에 이용당하였고 고종은 눈앞에서 6대신을 살해한 김옥균을 끝까지 용서할 수 없었다.

두 번째 통한은 명성황후 국장 관련 기록에서 만났다. 1895년 10월 8일 일본 군인들과 낭인 패가 왕비를 시해했다. 고종은 1897년 10월 12일 대한제국 출범 후 왕비를 황후로 책봉하여 그 격에 맞추어 국장을 거행했다. 《고종실록》은 국장 부분 기록(11월 20일조)에 황제가 직접 지은 황후의 〈행록行錄〉을 실었다. 앞에서 한 차례 옮겼으나 '통곡'의 부분을 다시 읽어 본다.

"황후는 나에게 대간大奸은 요순도 미리 알기 어려운 것으로 간사한 짓은 의심이 날 때 바로 처리하지 않으면 뒷날의 화를 키우는 것이 된다고 했다. 내가 황후의 말이 옳다는 것을 알면서도 일찍 용단을 내려 김홍집 유길준 조희연 정병하 네 역적을 제때 처단하지 않아서 끝내 저들이 외국 군사를 불러들여 천하 만고에 없는 큰 변란을 당하고 말았다. 아ㅡ, 짐이 황후를 저버렸다. 짐은 황후

〈일편단충〉 1885년 12월 21일(음력) 명성황후가 써서 3명의 환관에게 내린 유묵. 고종황제가 황후의 〈행록〉에 황후의 간사 분별과 시비 분별의 판단력은 "마치 못과 쇠를 쪼개는 듯" 하였다는 묘사를 연상케 하는 분위기다. 임오군란과 갑신정변 때 환관들의 노고에 대한 감사 뜻을 담았다. 1963년 고서점 통문관에 나온 1점을 현재 이화여자대학교 박물관이 소장

의 몸을 궁 안에서 지키지 못했다. 아―, 내가 황후를 저버렸다. 지금 슬퍼하면서 지난 일을 생각하니 회한이 그치지 않는다."고 적었다. 가슴을 쥐어짜는 듯한 처절한 통곡의 소리다.

세 번째는 1909년 3월 15일 고종이 태황제로서 내린 국권 이양 칙유勅諭이다. 고종황제는 1905년 11월 〈보호조약〉을 강제당한 뒤 그 불법성을 국제 사회에 알리고자 1907년 6월 헤이그 만국평화회의에 3특사를 파견했다. 이 사실이 알려지자 통감 이토는 고종황제를 강제로 퇴위시켰고, 이후 전국 곳곳에서 의병이 일어났다. 통감 이토는 유화정책으로 신 황제(순종)를 앞세워 기차로 지방 행차 곧 순행巡幸을 시행해 봤다. 그러나 기차가 머무는 곳마다 황제를 맞이하는 수만, 십만을 헤아리는 인파를 보고 자신의 보호국 정책이 실패한 것을 자인했다. 2월 10일, 순행 종료 1주 만에 이토는 통감 사임을 결심하고 일본으로 귀국했다. 그동안 '병합'을 주장해온 군부에 한국 통치권을 넘기기 위해서였다.

그가 서울을 떠난 지 한 달여 만인 3월 15일 고종은 태황제의 이름으로 〈서북 간도와 부근 각지 민인民人이 있는 곳에 내림〉이란

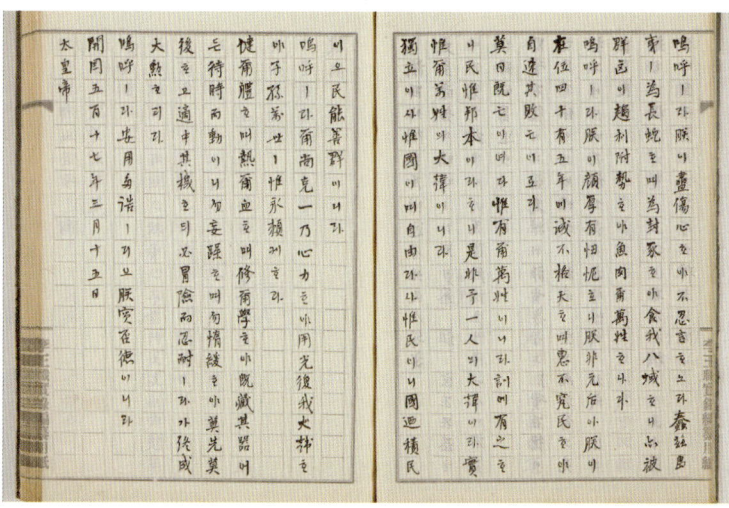

1909년 3월 15일 태황제 고종이 서북간도 부근 인민에게 내린 칙유. (국한문 혼용). 원본은 1910년 5월 12일 통감부에 압수되고 이왕직에서 〈실록편찬목록〉 용지에 그 내용을 옮겨 썼다. 한국학중앙연구원 장서각 도서 《궁중비서(宮中秘書)》 중 하나.

글을 포고했다. 굳이 서북 간도로 밝힌 것은 이리로 망명할 뜻을 둔 때문인 듯하다. 고종은 이 글에서 "슬프다!"라는 말을 세 번 앞 세웠다.

> 슬프다! 짐이 지워진 짐을 이겨내지 못하고 이렇게 낭떠러지에 떨어졌다. 나 한 사람의 죄로 후회해도 다할 수가 없다. 짐이 참으로 부덕하니 너희 만성萬姓이 누가 나를 믿고 따르겠는가? ― 슬프다! 짐의 상심이 심하여 차마 말을 못 하겠다. 꿈틀거리던 섬 오랑캐가 긴 뱀이 되고 큰 멧돼지가 되어 우리 팔도를 삼키고 또 흉도가 이들에 붙어 너희 만성을 짓밟고 으깨어 절단하였다. 슬프다! 짐의 얼굴이 두껍고 겸연쩍다. 짐이 제왕이 아니던가. … 망했다고 말하지 말자. 너희 만성이 있느니라. … 이

나라는 나 한 사람의 대한이 아니라 너희 만성의 대한이다. 독립이라야 나라[國]며, 자유라야 민民이다. 나라는 곧 민이 쌓인 것이며 민은 선한 무리[善群]다. 오호라! 너희는 지금 하나가 되어 심력을 우리 대한 광복에 써서 자손 만세가 영원히 의지토록 하라. 너희 몸을 튼튼히 하고, 너희 피를 뜨겁게 하고, 너희 배움을 닦아 그 그릇이 차거든 때를 기다려 움직이라. 함부로 덤비지 말고, 게을리 늘어지지 말며, 너무 나서지도 뒤지지도 말고, 기회를 적중시키되 반드시 도전하면서 … 마지막에 큰 공훈을 세워라. 오호라! 어찌 내가 너희를 일깨운다는 말을 할 수 있겠는가. 짐은 참으로 부덕하다.

개국 517년 3월 15일 태황제

(현대문으로 옮김)

국가원수로서 국권 상실의 모든 책임을 스스로 지면서 여러분이 국민으로서 덕·체·지의 3양養 교육을 닦아 국권을 되찾아 달라는 간절한 호소다. 대한제국은 이로써 이미 '대한민국'이 되고 있었으며 그 '국민'은 1919년 1월 태황제가 일본 수뇌부에 의해 독살되자 3월 1일 국장 예행의 날에 전 국민이 독립 만세운동을 벌여 태황제의 영령을 위로했다.

(2024년 8월 20일 중앙선데이)

25

'지식인' 안중근,
한·중·일 넘어
세계평화의 길 제시했다

20세기 초 동아시아의 대석학 량치차오[梁啓超, 1873~1929]는 〈추풍단등곡秋風斷藤曲〉을 지어 안중근의 하얼빈 의거를 찬양했다. 차가운 가을바람이 단단한 등나무[이등 곧 이토를 뜻함]를 쪼갰다는 뜻의 제목이다. 찬 기운이 도는 요즘, 10월 26일이 그 의거 날이다. 114년의 세월이 흘렀다.

안중근(1879~1910)은 의거 당시 만 30세였다. 공자는 《논어》에서 15세에 학문에 뜻을 두고 20세 약관에 열심히 공부하고 30세에 뜻을 세운다[立志]고 했다. 공자의 기준으로 봐도 안중근은 조숙이 차고 넘치는 인물이다. 앞서 살폈던, 일본 제국의 장래를 결정짓는 〈유수록幽囚錄〉을 남기고 죽은 일본의 요시다 쇼인[吉田松陰, 1830~1859]도 도쿠가와 막부 타도를 외치다가 29세에 형장의 이슬로 사라졌다. 요즈음 기준으로는 취업 문제로 고민하는 연령대인데 그들은 국가 대사로 목숨을 바쳤다. 〈유수록〉은 섬나라 일본이 구미 열강의 식민지가 되지 않기 위해 서구의 우수한 기술을 속히 배워 그들보다 먼저 주변국을 차지해야 한다는 침략주의 사상을 담아 본받을 만한 것이 못 된다. 이와 달리 안중근의 미완성 〈동양 평화론〉은 한·중·일이 함께 사는 길을 찾는 평화공존 사상이다.

필자는 언젠가부터 안중근은 지식인으로 조명해야 한다는 생각

안중근에게 교육 사업을 권유한 황해도 교구 소속의 르각 신부. 장죽을 물고 신도들과 함께 있는 장면이 인상적이다.

에 사로잡혔다. 안중근은 요시다 쇼인이 죽은 지 20년 뒤 황해도 신천에서 태어났다. 무술 익히기를 즐기던 그는 1897년 19세에 아버지를 따라 천주교 신자가 되었다. 두 해 전 1895년 2월 군주가 내린 〈교육조칙詔勅〉이 준 자극도 컸다. 나라의 분개를 싸워 씻을, 나라의 모멸을 막을, 나라의 정치를 닦아나갈 '국민' 창출을 위해 덕·체·지 3양養의 신교육을 시작한다는 선언이었다. 영국의 존로크가 내세운 근대 교육론이 이 땅의 교육 강령으로 채택되었다. 청일전쟁의 엉뚱한 침략을 당하면서 겪은 고초를 극복하기 위한 심기일전의 선언이었다.

죠셉 빌렘 신부. 안중근은 자서전 《안응칠 역사》 끝에 빌렘 신부 서재에 고금의 서양 서적이 많다고 적었다.

이 무렵 약관의 나이에 접어든 안중근은 《독립신문》(1896. 4. 7 창간)과 신서적들에 다가갔다. 세례를 집전해 준 빌렘 신부의 서재에는 서양 서적들이 가득했다. 안중근은 그 책들을 읽기 위해 프랑스어를 공부했다. 24세가 되던 1904년에 서울로 올라와 명동 성당의 뮈텔 신부를 찾아 대학 설립을 요청했다. 뮈텔 신부는 한국에는 아직 대학이 필요치 않다고 말하자 안중근은 천주는 모시되 서양인은 못 믿겠다고 분노했다.

1905년 11월 〈보호조약〉이 강제되자 안중근은 국권 회복 투쟁 기지를 찾아 중국 상하이로 갔다. 거기서 우연히 홍콩을 다녀오는 황해도 교구 소속 르각 신부를 만난다. 신부는 안중근이 상하이에 온 사연을 듣고 우리 알자스-로렌 사람들이 프로이센 사람들의 침략을 받았을 때 뒷날을 기약하면서 밖으로 많이 나온 것을 후회한다고 하면서, 지금 네가 할 일은 돌아가서 교육 운동을 하는 것이라고 말했다. 안중근은 진남포로 돌아와 삼흥三興 학교를 세웠다. 사흥士興-민흥民興-국흥國興, 즉 지식인이 많아지면 국민이 일어나고 나라가 흥한다는 뜻이다.

1907년 2월 일제가 대한제국 정부에 씌운 빚 갚기 운동이 대구에서 시작해 전국으로 요원의 불길처럼 퍼졌다. 나라가 억울하게 진 빚을 갚는 것은 국민의 의무라고 했다. 의무를 앞세운 국민 탄생, 서구 역사에서도 보기 어려운 장면이다. 안중근은 국채보상운동 평안도 진남포 지역 책임자로 뛰었다. 그해 7월에 통감 이토 히로부미가 광무 황제를 강제로 퇴위시키자 안중근은 해외 무장 투쟁의 길에 나선다. 그는 열차로 부산으로 가서 거기서 배를 타고 원산을 거쳐 러시아령 블라디보스토크로 갔다. 그곳 대동공보사大東共報社에 본부를 둔 대한의군大韓義軍을 찾았다. 의군은 국군을 뜻하는 의병의 새 명칭이다. 그는 연해주 곳곳에 나와 살던 동포들을 찾아 무장·교육 투쟁을 독려했다. 150여 명의 부대를 이끌고 두만강을 건너 일본군과 교전을 벌이기도 하였다.

1909년 10월 초 블라디보스토크의 대한의군 본부는 한국 통감을 지낸 이토 히로부미가 하얼빈으로 온다는 신문 보도를 보고 그를 처단하기 위해 특파대를 구성한다. 안중근은 자원하여 특파대 대장이 되어 3명의 대원을 지휘하여 10월 26일 오전 하얼빈 철도정거장에서 이토 히로부미 처단에 극적으로 성공한다. 그가 쥔 브라우닝 권총을 빠져나간 총탄 3발이 이토 히로부미의 가슴과 복부에 명중하고 다른 3발은 그를 수행하던 일본 관헌의 몸에 박히거나 스쳤다. 내가 쏜 저 늙은이가 이토 히로부미가 아닐지 모른다는 순간적 의구심으로 그를 따르던 관헌들을 겨냥했다. 권총을 바닥에 내려놓고 '꼬레아 우라'(대한 만세)를 세 번 외쳤을 때 1발이 아직 남아 있었다.

안중근은 일본 검찰과 경찰로부터 각 10여 차례 신문을 받는다. 일본 정부는 수사 초동 단계에 그의 형량(극형)을 미리 정해놓고 관동도독부 법관들을 다그쳤다. 뤼순 법원은 1910년 2월 4일에 7일 공판 개시를 공고했다. 3일 앞둔 개정開廷 공고는 예가 없다. 법정

저격 직후 러시아 헌병대에서 사진으로 찍힌 안중근의 모습. 일본 국회도서관 헌정자료실 시치조 기요이 컬렉션.

은 국선 변호사만 허용한다고 하여 안중근 측은 변호의 길이 차단됐다. 대동공보사 측이 구성한 국제변호인단은 방청석에서 공판을 지켜봐야만 했다.

필자는 《안중근 선생 공판기》(1946)를 읽으면서 안중근 연구를 시작했다. 그때 '지식인 안중근'을 처음 발견했다. 그는 법관들을 향해 이렇게 4번이나 외쳤다. "나는 대한의군 참모 중장으로 적장을 처단한 것이니 나에게 적용할 법은 오로지 1899년 헤이그 평화회의에서 채택한 〈육전陸戰 포로에 관한 법〉이다." 당시 이 국제법을 아는 사람이 몇이나 되었을까? 2월 14일 1주일 만에 열린 여섯 번째 공판에서 그는 사형 선고를 받는다.

사형 선고 뒤 행적도 의연하기 그지없다. 그는 곧 법원장 면담을 신청해 2월 17일 대면이 이루어진다. 한국어 통역 담당 일본인 경찰이 대화를 받아 적어 남긴 〈청취서〉란 자료가 전한다. 안중근은 히라이시 우진토[平石氏人] 법원장을 만나자 내가 목숨을 구하기 위해 상고하는 일은 없었을 것이라고 했다. 상고하는 순간 일제 침략 체제를 인정하는 것이 되므로 나는 그렇게 할 수 없다고 했다. 안중근은 이토 히로부미의 〈동양평화론〉은 거짓이라고 비판했다. 일본이 앞장서 러시아의 동양 진출을 막는 것이 동양 평화의 길이라고 선전

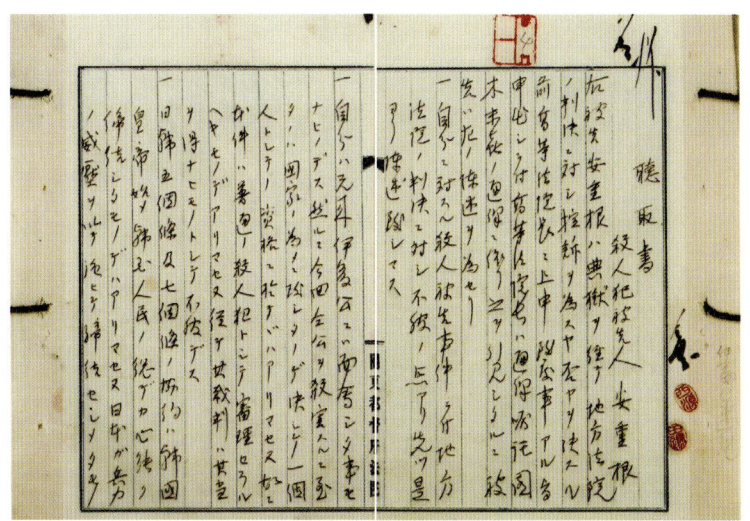

관동도독부 고등법원 서기 타케우치 시즈에[竹内靜衛]가 받아쓴 《청취서聽取書》, 한국역사연구원 편, 《그들이 기록한 안중근 하얼빈 의거》, 2021. 미완고 '동양평화론'의 요지가 담겨 있다.

하여 러일전쟁에서 한국인과 중국인들이 일본을 돕기도 했는데, 전쟁이 끝난 뒤 일본은 한국의 주권을 빼앗고 만주 진출을 노리고 있으니 이토를 어떻게 그냥 둘 수 있느냐고 했다.

이어서 내가 생각하는 진정한 동양 평화 구상은 다르다고 했다. 법원장은 그것이 무엇이냐고 물었다. 그는 이미 안중근을 흠모하고 있었다. 안중근은 한·중·일 3국이 서양 세력을 막으려면 뤼순에 3국 공동 군단을 세우고 또 공용화폐를 발행하는 은행을 설립해 경제력을 함께 키워야 한다고 했다. 군단 소속의 3국 젊은이들은 서로의 이해를 위해 상대국 언어를 익혀야 한다고 했다. 1919년 미국 지식인들이 윌슨 대통령의 뜻을 받들어 국제연맹을 탄생시키기 9년 전의 일이다. 공용화폐 발행 착상은 그때 세계 어느 누구도

하지 못한 것이다. 어찌 극동의 30세 청년의 가슴에 이런 뜨거운 평화 사상이 싹텄을까? 한민족 특유의 평화 DNA라고 하려니 부끄러움이 앞선다.

일본 호세이대학의 마키노 에이지[牧野英二] 교수는 아무래도 안중근이 빌렘 신부 서재에서 프랑스어 번역본 칸트의 《영구평화론》을 읽은 것 같다고 했다. 마키노 교수는 일본 칸트 철학회 회장을 역임한 칸트 전공 권위자이다. 이 말을 듣고 나의 '지식인 안중근' 코드에 '평화공존 사상의 선구'라는 수식어가 붙었다. 안중근은 사형이 집행될 때까지 50여 일간 매일 한두 편의 유묵을 써서 자신의 신념을 후세에 남겼다.

동아시아 대 석학 량치차오는 자신이 1910년 창간한 《코욱퐁포[國風報]》 2월 28일 자 제2호 〈세계기사〉 난에 '안중근 사형'을 아래와 같이 소개했다.

사형 선고를 받고서도 안색이 흔들리지 않고 평시처럼 의기양양하다. 국치를 한 번 씻었으니 기꺼이 죽겠다고 말했다. 오호라 참으로 열사로다!

(2023년 10월 21일 중앙선데이)

26

천도교의 근왕勤王 국민사상,
3·1 독립만세운동
이끌다

1904년 2월 6일 일본이 일으킨 러일전쟁은 한국인들에게 큰 충격이었다. 10년 전 청일전쟁 때보다 몇 배나 되는 병력(109만 중 전쟁 투입 30~50만)과 남·서해를 누비는 대형 군함의 위용은 충격 그 자체였다. 대한제국은 제3국인데도 전쟁터가 되고 사전에 포고한 전시 중립국 선언은 침략군의 군화에 짓밟혀 무용했다. 무법천지가 따로 없었다. 어떻게 이 국난을 극복할 것인가.

일본 제국은 1905년 5월 전승 후 전시 병력을 한반도에 잔류시켜 그 무력으로 보호조약을 강제하고 대한제국의 국권을 빼앗았다. 고종은 국가 원수로서 1906년 6월 헤이그 만국평화회의에 특사를 보내 조약의 불법 강제를 폭로하면서 국제 사회에 도움을 구했다. 그러나 만국평화회의는 아직 특정한 국가의 불법행위를 통제하기에는 한계가 많았다. 일본 제국의 침략 극복 문제는 고스란히 한민족 자신의 몫이었다. 여러 형태의 노력 가운데 동학·천도교가 국가원수 고종에게 보인 무언의 협력 관계는 근대 국민국가 국민 성장의 모습으로 주목할 만하다.

서울에 진입한 일본군은 황제의 최측근 이용익, 길영수, 이학균, 현상건 등을 수배했다. 길·현·이 3인은 산둥반도 취푸로 피하였으나 이용익은 일본군에 잡혔다. 일본군은 그를 군함에 태워 일본으

이태진 교수의 한국 현대사 특강

서울 박동(현 수송동) 소재의 보성전문학교 건물. 조선총독부 치하에서 황실 설립 유래를 보이지 않기 위해서인지 학교 간판에 '사립'을 강조했다. 3·1 독립선언서를 인쇄한 보성사普成社 간판도 보인다.

로 데려가서 '만유漫遊'란 이름으로 이곳저곳 둘러보게 했다. 이용익은 교육시설을 선호하여 살펴보고 12월에 귀국하였다.

그가 돌아오기 두 달 전 황제는 '황실 특파유학생' 50명을 선발해 일본으로 보냈다. 일본의 행패가 온 나라를 뒤덮고 있는 현실에 분노하면서 오늘의 일본의 실상을 살펴 배울 것은 배워 내일을 대비하자는 취지였다. 귀국한 이용익은 황제에게 고등 교육기관의 증설을 건의하였다. 황제와 이용익의 뜻은 공교롭게 다같이 교육 육성 하나였다. 황제가 이용익의 건의를 받아들여 세운 보성학교는 우리나라 최초의 대학이 되었고, 황실 특파유학생 50명 중 최남선, 최린, 조용은(조소앙), 한상원 등은 15년 뒤 3·1독립만세운동을 주도하는 인물이 되었다.

황실 문장 오얏꽃을 사용한 보성전문학교
의 교표. 《고려대학교 70년지》, 1975.

1895년 2월 〈교육조칙〉 반포 후 법관양
성소, 의학교, 외국어학교, 광산학교 등 기
술 교육을 위한 전문학교를 세웠으나 여러
전공 분야를 가르치는 대학이라고 할만한
것은 없었다. 1905년 5월 개교한 보성학교
는 법률·이재(경제)·농학·상학·공학 등 5
개 전문학과를 두고 50~80명을 뽑아 가르
쳤다. 대학으로 손색이 없었다. 도서관과 출
판사를 시설하고 1906년 9월에는 산하에
중학교도 개설했다. 다만 일본 측의 황실
에 대한 심한 견제로 이용익을 설립자로 내세워야 했다. 모든 비용
이 황실에서 나왔으나 사립학교가 되어야 했다. 고종은 황실 사람
들에게도 학교를 세우게 하고 각 고을에 소학교 설립 모금을 위한
종잣돈으로 소액의 하사금을 내려보내기도 했다.

이용익은 1906년 다른 밀명으로 유럽으로 갔다가 블라디보스토
크의 독립운동 세력 근거지를 방문한 뒤 얼마 되지 않아 거기서 사
망하였다. 보성학교는 손자 이종호에게 맡겨져 운영되다가 1910년
12월 천도교 대 교주 손병희가 인수했다. 황제가 특별한 뜻으로 세
운 대학을 천도교가 인수한 것은 예삿일이 아니었다.

손병희는 1894년 후반기 동학농민군 항쟁 때 북접北接(충청도) 소
속으로 남접의 전봉준과 함께 일본군과 김홍집 괴뢰 내각이 보낸
관군 등과 맞서 싸우다 패하여 원산, 관서 지방으로 피신했다. 그
는 무너진 교단 재건과 포교 활동에 매진하여 제2대 교주 최시형의
신임을 받아 1897년 제3대 교주가 되었다. 이듬해 최시형이 처형된

뒤 교주 역할을 행하면서 교단의 전통적 운영방식에 한계를 느끼고 1901년 일본으로 건너갔다. 거기서 오세창, 권동진, 박영효, 조희연 등 동지들을 만나 교류하면서 동학을 근대적 종교 조직으로 개편하는 방안을 연구했다.

1904년 2월 러일전쟁이 일어나자 손병희는 이를 교단 재건의 기회로 삼아 진보회進步會를 결성하여 '단발 흑의 운동'을 벌였다. 국내의 이용구가 나서 교도들이 "상투를

1904년 10월 도쿄에서 손병희가 동지들과 함께. 독립기념관 한국독립운동연구소 홈페이지. 앞줄 왼쪽 박인호(제4대 교구), 오른쪽 손병희. 뒷줄 왼쪽 권동진, 오른쪽 오세창.

자르고 검은 옷을 입고" 민족 개화를 표방하는 운동을 벌이게 했다. 20만 명의 동학도들이 참여하여 단합을 과시했다. 그러나 이용구가 일진회를 만들어 일본에 부역함으로써 운동은 중단되고 말았다.

1905년 12월 1일 자 《제국신문》 1면 머리에 손병희가 천도교 '천도주天道主' 자격으로 특별한 광고를 냈다. 천도교는 내년 2월부터 교당을 짓는다는 광고였다. 동학이 천도교로 이름을 바꾼 첫 대외 공고였다. 손병희는 광고에서 모든 종교는 자유 신앙인 것이 만국 통례이며, 교당을 짓는 것도 자유라고 하였다. 우리는 이제 종교단체의 일반 예를 따르니 탄압을 가하지 말라는 일본측에 대한 선언

1905년 12월 손병희가 귀국에 앞서 국내 신문에 교당을 짓겠다고 광고하고 지은 최초의 천도교 중앙총부 (종로구 경운동). 공훈전자사료관. 1906년 5월 20일 기공.

이었다. 천도교는 근대적 종교의식으로 주문呪文, 청수淸水, 시일時日(매주 일요일 집회), 성미誠米(식량의 10분의 1을 아껴 교회에 내기), 기도 등 다섯 가지 의식을 정해 신도들이 지키도록 했다. 천도교는 갈수록 신도가 늘어 1910년대에 300만을 헤아렸다. 성미 제도는 교단의 재정을 반석 위에 올려놓았다. 천도교는 나라 안에서 가장 튼실한 조직이 되었다.

손병희는 1906년 1월 귀국 후 1895년 2월 고종이 내린 〈교육조칙〉의 목표에 이바지하려는 듯 민중 계몽과 교육 사업에 전념했다. 나라 주인이 된 서민 대중이 주인 역할을 제대로 할 수 있도록 교

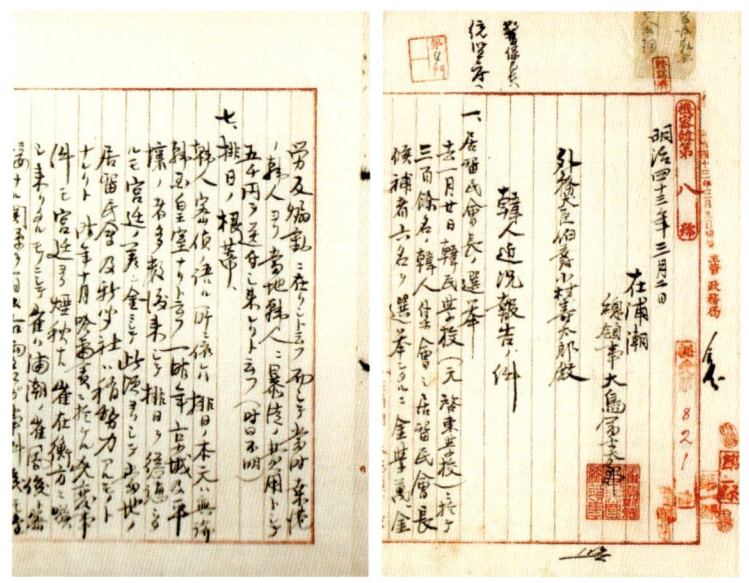

블라디보스토크 주재 오시마 총영사가 고무라 외무대신에게 보낸 '한인 근황의 보고'(1910.3.2.)의 7항 '배일의 뿌리'는 "한인 밀정의 보고에 따르면 배일의 근원은 한국 황실이며 작년 10월 하얼빈 흉변도 궁정으로부터 지시가 와서 일어난 것"이라고 하였다. 한국역사연구원편 《그들이 기록한 안중근 하얼빈 의거》, 2021, 태학사 44~45쪽.

육과 문화 사업에 매진하였다. 1904년 진보회 강령의 1항은 "황실을 존중하고 독립 기초를 공고히 할 것"이라고 하였다. 동학 교단이 1894년 봉기 때 보였던 근왕勤王 정신을 버리지 않는다는 다짐이었다. 손병희는 《대한민보》, '대한제국 민력회民力會' 등 '민民'을 앞세운 문화 운동을 주관하거나 지원했다.

1916년 조선 총독 데라우치 마사다케는 본국 총리대신으로 영전했다. 그는 총리로서 미국 윌슨 대통령의 특별한 동향에 관한 보고에 접했다. 1915년부터 세계대전이 끝나면 식민지 약소국을 모두 해방하는 계획을 세우고 있다는 것이었다. 윌슨 대통령의 계획은 1918년 1월 연두 교서에서 '민족자결주의'로 표명되었다. 미국에서 오는 정보에 접할 때마다 총리 데라우치 머릿속에는 '이 태왕(고종)'이 1907년 6월 헤이그 만국평화회의 때처럼 파리 강화회의에 특사를 보내 일본의 만행을 폭로하고 독립을 요청하는 장면이 떠올랐다. 1909년 10월 26일 이토 히로부미 '암살사건' 때 육군 대신으로 보고받았던 기밀 정보도 생각이 났다. 조선인 밀정을 한인 사회에 투입해 얻은 특급 정보는 서울의 황제가 사건의 핵심 배후라고 했다. 데라우치는 후임 총독 하세가와 요시미치에게 만약 '이 태왕'에게 수상한 움직임이 보이면 독살하라고 지시했다. 1919년 1월 21일 아침 '이 태왕'은 온몸이 붓고 입안과 식도가 타서 검은색이 된 상태로 발견되었다. 윤치호가 일기(영문)에 남긴 증언이다.

고종 황제 국장을 계기로 일어난 3·1 독립 만세운동은 학생들이 시위를 맡고 천도교, 기독교, 불교 등 종교단체가 선언서를 준비했다. 천도교 15인 기독교 16인 불교 2인 등 33인이 민족대표로 이름을 올렸다. 천도교 대표 15인 가운데 권병덕, 나용환, 나인협, 박준승, 손병희, 이종훈, 박예환, 홍기조, 홍병기 등 9인은 1894년 가을, 2차 항일 봉기 때 농민군을 지휘한 접주 출신이었다.(유바다, 〈동학농민혁명의 3.1운동으로의 계승〉《전북사학》 56, 2019) 동학교도와 군주 사이에 오간 무언의 신뢰와 성원은 25년 세월에도 변함이 없었다.

1922년 손병희가 사망하면서 천도교는 교단 운영에 위기를 맞았다. 최린 등 일본 유학 출신들이 '타협적' 문화 운동을 벌이면서 동학 출신들은 일선에서 밀렸다. 손병희로부터 4대 교주로 지명받았던 박인호를 중심으로 동학 출신들이 뭉쳐 신·구파의 대립이 일어났다. 동학 계통의 구파는 1926년 순종 황제 국장을 계기로 일어난 6·10 만세운동, 1927년의 신간회 운동 등에 적극적으로 가담했다. 천도교의 항일 운동은 황실의 의친왕과 협력하면서 1929년 구파의 청년동맹 조직 운동이 사전에 발각될 때까지 계속되었다. 그 후 일제의 탄압이 심해지면서 구파를 지지하던 많은 신도는 보천교 등 이른바 '유사 종교'(조선총동북의 조사 명칭) 형태로 민간 속에 잠입하여 항일 투쟁을 이어갔다.

　　근대 국민국가는 오늘의 대한민국처럼 선출제 국가원수를 중심으로 이뤄지는 형태만 존재하는 것이 아니다. 전통적인 왕정을 입헌 군주제로 바꾸어 성립한 경우도 많다. 대한제국은 곧 후자의 하나로 동학·천도교는 시종 근왕 정신으로 대일 항쟁을 벌여 당당한 국민의 모습을 보였다. 계급투쟁 사관으로는 읽어낼 수 없는 귀중한 역사다.

(2024년 9월 7일 중앙선데이)

27

순종 황제,
과연 통감 이토의
꼭두각시였나?

(1) 1909년 1월 남순에서 일어난 일

2017년 대구광역시는 달성공원 앞에 7억을 들여 대한제국의 마지막 황제 순종의 동상을 세웠다. 높이 5.5미터의 만만하지 않은 크기다. 그런데 부근에 아파트 단지가 들어서 교통량이 늘어나면서 동상에 대한 불평이 커졌다. 일본에 나라를 빼앗긴 대한제국의 마지막 황제, 뭐 동상까지 세우느냐는 비판이 일었다. 2024년 홍준표 시장은 동상을 밑둥치서 잘라내 들어냈다. 대신 동대구역 앞에 박정희 대통령 동상을 세웠다. 2017년 건립 당시 이곳 시민단체와 교수들 가운데 동상 건립을 '친일 미화' '역사 왜곡'이라고 비판하는 소리가 있었다. 이것이 홍 시장의 동상 철거 명분이 되었다. 순종 황제는 통감 이토 히로부미가 하자는 대로 한 꼭두각시에 불과했다는 것이 그들의 견해였다. 순종, 과연 그런 인물이었던가?

1909년 1월 1일 순종 황제는 창덕궁 인정전에서 대한제국 고위 각료와 통감부 요인들의 하례를 받는다. 사흘 뒤 1월 4일 황제가 국내를 직접 돌아보겠다는 조서詔書가 내려졌다. 1907년 7월 고종 황제가 강제 퇴위당한 뒤 곳곳에서 의병들이 출몰하고 있는 상황에서 황제의 전국 행차 발표는 누구도 예상치 못했다.

통감 이토 히로부미는 1907년 6월 고종황제가 벌인 헤이그 만국 평화회의 3특사 사건으로 모욕감을 크게 느꼈다. 한국을 보호국으

1907년 7월 전라남도 의병들이 고종 황제 강제 퇴위에 항의하여 일어났다가 포로가 되어 일본 측의 회유를 받는 광경. 목포 유달산 기슭 일본 영사관이 위로 보인다. 《남한폭도대토벌기념사진첩》(일문) 1910, 임시한국파견대조제(調製),

로 만든 자신의 업적을 국제사회를 상대로 불법 부당한 행위로 폭로하였으니 그로서는 용납할 수 없는 일이었다. 이토 히로부미는 본국 정부에 한국 황제의 퇴위를 건의하고 이를 강행하였다. 황실은 양위의 절차에 쉬이 응하지 않으면서 최소한의 저항을 이어 갔다. 이에 통감 이토는 군대해산, 새 연호의 발표, 신 황제의 창덕궁으로 강제 이어移御 등의 압박을 가했다. 황제로 추대된 황태자는 부득이 8월 24일 즉위식을 올렸다. 그러나 직무에는 쉬이 나서지 않았다. 임금이 새로 즉위하면 종묘의 역대 신위 앞에 서고誓告하는 절차를 거쳐야 양위가 이루어진다. 신, 구 황제는 이 절차를 가질 낌새를 보이지 않았다. 통감 이토는 영친왕을 일본으로 데려가는 것으로 다시 압박을 가했다. 11월 15일 부황父皇 고종이 종묘를 다녀온 뒤 아들이 거처하는 창덕궁을 들렀다. 이제 너가 황제의 위에 오르라는 말을 전하고 돌아갔다. 사흘 뒤 11월 18일 순종이 신 황제로서 종묘로 가서 서고 의례를 올렸다. 이날부터 신 황제의 정무 결재가 이루어지기 시작했다.

황실이 당하는 비극을 국민은 좌시하지 않았다. 해산당한 군인을 비롯해 전국 각지에서 대소 신민臣民이 의병을 일으켜 싸웠다. 일본육군 통계에 따르면 1908년 한 해의 한국 의병과의 교전 횟수는 무려 1,976회, 참전 의병 수는 82,767명이나 되었다.(森山茂德, 《일한병합》, 吉川弘文館, 1992) 통감 이토는 이 저항을 누를 목적으로 황제의 지방 행차를 제안하였다. 황제가 내린 조칙에도 "지방의 소란"이 안정되지 못한 점을 지적했다. 이토는 자신이 황제를 잘 모시고 있다는 것을 직접 보여주어 저항 의식을 꺾어볼 속셈이었다. 이토로서는 본국으로부터 이미 1개 사단 병력의 증파가 이루어진 처지에 더 이상의 증파 요청은 본국 정적들에게 비판의 구실을 줄 것이 뻔했다.

황제의 순행巡幸 일정은 대한제국 정부와 통감부 공동 행사로 발표되었다. 1월 7일부터 12일까지 5박 6일간 대구, 부산, 마산 등지에서 숙박한다고 했다. 철도를 이용한 행차로 남순(南巡) 또는 동순東巡으로 불렸다. 역대 임금의 지방 행차는 정조가 아버지 사도세자의 묘원을 화성華城(현 수원)에 옮겨 모시고 몇 차례 이곳을 다녀온 것이 가장 큰 규모였다. 임금이 경상도 남쪽 끝까지 가는 것은 전에 없던 일이다. 필자는 이 행차가 《황성신문》에 자세히 보도된 사실을 발견하고 해당 기사들을 이용해 자초지종을 정리하였다.(이태진, 2016, 《일본의 한국병합 강제 연구―조약 강제와 저항의 역사―》 제5장 1-4, 293~313면) 주요 내용을 옮겨 순행의 실제 모습을 살펴보

대구역 앞의 녹문 아치와 인파. 《황성신문》의 보도 환영인파 2천을 훨씬 능가해 보인다.

기로 한다.

　1월 7일 상오 8시 10분 열차가 남대문 정거장을 출발하여 오후 3시 25분 대구에 도착했다. 통감부는 일진회, 대한협회 등 친일 단체를 동원해 이 회원들이 일본인들과 함께 환영 대열에 서 있었다. 그러나 수가 많지 않아 공사립 학교 생도를 비롯한 한국인 인파에 묻히다시피 했다. 정거장에는 대형 녹문綠門(대나무로 기둥을 세우고 소나무 가지를 싸서 만든 축하 행사의 문)을 세우고 태극기가 나부끼는 가운데 사람들이 연도에 나와 만세를 불렀다. 집마다 태극기를 게 양하고 야간에는 폭죽이 하늘로 솟아 날고 제등 행렬이 밤을 수놓 았다. 《황성신문》에 따르면 환영인파를 대구 첫 기착 때 2천, 부산 에서는 "각 관 사립학교 학도와 일본학도, 내외국 인민 남녀가 항 구를 메웠다"라고 하고, 마산에서는 3만이라고 적었다. 통감 이토는 첫날부터 환영 인파에 놀라 과민한 반응을 보였다. 대전에서 잠시 정차했을 때, 운해雲海와 같은 인파 앞에 이토는 칼을 손에 집고서 "내가 이토 히로부미다. 나를 죽이고 싶은 자가 있는가?"라고 허세를 부렸다. 황제는 대구 관찰사부觀察使府에서 하룻밤 묵으면서 전통적인 의식대로 70세, 80세의 고령자와 절부節婦들을 만나 은금恩金을 내렸다.

1월 8일 부산으로 가던 중 일본 메이지 천황이 융희(순종) 황제에게 보내는 전보가 날아왔다. 추운 날씨의 순행을 칭송하면서 일본 함대가 부산으로 가도록 했으니, 부산에서 꼭 기함旗艦에 행차해 달라는 초청장이었다. 일본 해군 함대의 위력을 한국 황제에 과시하려는 통감 이토의 사전 공작이었다. 부산에 도착하자 항구에 정박한 일본 군함 6척이 황제를 맞이하는 예포[皇禮砲]를 쏘았다. 황제는 하오에 동래 부윤부府尹府를 시찰하고 한·일 관민과 유지의 환영을 받는 가운데 통감 이토가 약 40분 연설하였다. 통감부 산하의 일본 이사청理事廳에서 하룻밤을 지냈다.

9일 상오 10시에 황제는 통감 이토를 대동한 가운데 기함 아쓰마[吾妻]로 가서 함상에서 오찬회를 가졌다. 일본 측의 환영연이었다. 한국 측에서는 대신 3인, 시종 3인만이 참석하였다. 그런데 이때 눈물겨운 광경이 벌어졌다. 관, 사립학교 생도들이 작은 증기선을 나눠 타고 줄지어 황제가 오른 기함 쪽으로 향했다. 《매천야록》은 이 광경을 다음과 같이 적었다. 황제가 일본 기함으로 향하자, 항구 사람들이 5~6척의 배를 타고 황제를 호위하면서 큰 소리로 "폐하가 만약 일본으로 가시면[東渡] 신들은 일제히 바다에 뛰어들어 죽겠습니다. 우리는 차마 임금이 포로가 되는 것은 보지 못하

부산 시가의 환영 인파. 건물로 보아 일본인 거주지로 보인다.

겠습니다."라고 외쳤다. 12시 30분 황제 일행은 기함에서 내려 일본 상공회의소를 방문하여 진열 상품을 관람하고 즉시 행재소로 돌아왔다. 우리나라 사람과 일본인에게 각 1,900원, 2,800원을 하사하였다.

10일 오전 9시 15분 황제가 탄 기차는 마산으로 향하여 1시 30분에 도착하였다. 한·일 양국 관민官民과 소학교 생도 3만이 모여 만세를 연호하였다. 여기서도 황례포로 환영받고 제1함대의 기함 가도리[香取艦] 호를 친히 순시하였다. 11일에는 항구에 나가서 어선의 어망을 직접 살피고 효자 열녀, 실업인들을 만나고 오후 3시 부산 행재소(부윤부)로 돌아왔다.

12일 부산을 떠나 상경하면서 대구에 도착하여 달성공원을 순찰하고 여기서 벌어지는 각 학교 운동회를 직접 관람하였다. 달성, 봉원鳳元 등 여러 학교가 함께 하는 운동회였다. 여기에 모인 서울 남쪽 지역 각도 관찰사들을 만나고 교육과 실업 장려금으로 7,000원을 내려주고 지방의 남녀 노인 826명을 불러서 접견하였다.

13일 기차를 타고 대구역을 출발하여 대전역에 이르러 잠깐 머물렀다. 충청남·북도 관찰사와 관리 30여 명, 연로자 1,036명, 효자 열녀 등 13명을 만나고 실용의 풍습과 이용후생에 노력하여 나라의 근본을 튼튼히 하자고 당부하였다. 옛 관복을 입은 4인의 전직 관리들의 알현을 받으면서 황제는 그 옷을 벗고 사상을 일신一新하라고 타이르기도 했다.

하오 3시 40분 순행 열차가 남대문 정거장에 도착하였다. 관·사립 학도와 각 사회 대표, 일반 인민 등이 마중 나오고 구세군이 나팔을 불어 애국가를 부르면서 행진하였다. 황제는 행재소에서 매일 덕수궁의 아버지에게 안부 전보를 보냈지만, 서울에 돌아와서도 덕수궁을 들려서 창덕궁으로 갔다.

순행에서 주목할 점은 황제가 지나는 고을에 역대 충신을 모시는 사당이 있으면 그곳에 관리를 보내 제사를 올리게 한 행사였다. 전통적인 관례였으나, 이번 순행에서는 노량진을 지날 때 사육신의 민절사愍節祠의 사육신을 비롯해 경주의 왕릉 세 곳, 김해의 수로왕과 김유신 사당 등 27곳에 현지 관리를 보내 제사를 올리게 하였다. 특히 임진왜란 영웅으로 아산의 충무공 이순신, 동래부의 충렬공 송상현과 충장공 정발 사당에 제사를 올리게 했다.

남순 5박 6일간의 일정에서 순종 황제가 통감 이토 히로부미의 조종을 받은 행적을 찾아보기는 어렵다. 해당 부서의 세심한 배려로 황제가 주도하는 행사로서 면모에 부족함이 없었다. 오히려 통

부산의 숙소인 일본 이사청 입구

감 이토가 자신의 의도와 다른 상황이 연출되어 허세를 부리는 촌극이 벌어지는 상황이었다. 황제는 대구에서 두 번 숙박했다. 특히 돌아오는 길 방문에서는 소학교 운동회를 친히 관람하고 교육과 실업 장려금으로 7,000원을 하사하였다. 다른 곳과 다른 특별한 은사의 표시는 2년 전 1907년 2월 나라가 부당하게 진 빚을 갚는 국채보상운동을 창도한 고장에 대한 배려는 아니었을까? 이토 히로부미의 꼭두각시 노릇과는 너무나 거리가 먼 순행이었다.

(2) 1909년 1, 2월 서순에서 일어난 일

────────◦──────◦────────

1월 26일 자 《관보》는 보름 전의 부산 일대를 다녀온 남순에 이어 평양 쪽 서순西巡 일정을 발표하였다. 1월 27일 오전 8시 남대문 정거장을 출발하여 2월 3일 서울로 돌아오는 8박 9일간의 일정이었다. 평양–의주–정주–평양–황주–개성 등지를 정박 또는 경유하는 여행이었다. 이번 행차는 순수巡狩라는 표현도 함께 썼다. 남순 때처럼 지나는 곳에 역사적 인물과 충신 사당에 관리를 보내 제사를 올렸다. 서순 지역은 역사적으로 비중이 큰 인물들이 많았다. 단군, 기자, 동명왕의 유적, 광개토대왕, 강감찬의 격전지, 태조 고황제高皇帝(이성계)가 대병을 거느리고 건넌 위화도 등지가 기다리고 있었다.

1월 27일 오후 3시 40분 평양에 열차가 도착하였을 때 수많은 사람이 기다리고 있었다. 각 군의 관·사립 학도 수만 명이 정거장 바깥 관찰사도觀察使道까지 줄지어 황제의 대가(大駕)에 경례를 표하면서 만세를 연호하였다. 《황성신문》은 각급 학도와 유생, 남녀 부로父老, 각 단체와 실업가 등을 합쳐 환영 인파가 "10만을 내려가지 않는다"라고 보도하였다. 《매천야록》도 남순 때보다 더 성대하였다고 적었다. 환영 녹문綠門은 10여 좌나 세워졌고, "대황제 만세"라고 크게 쓴 현수막도 걸렸다.

통감부 측에서는 남순 때 경험을 토대로 한국인 일변도 행사가

1월 27일 오후 평양 정거장에 도착한 황제 일행.

되지 않게 평양 이사청理事廳(통감부의 지역 하부 단위) 관리들이 나섰
으나 효과가 신통치 않았다. 통감 이토는 자신의 존재가 황제 환영
열기에 묻히지 않도록 하고자 황제가 열차에서 내려 마차를 타고
기념사진을 촬영할 때 옆자리에 올라앉기도 했다.

　민족 역사의 고장 평양에 임하는 황제의 태도는 진지했다. 황제
는 단군의 묘가 강동군 어느 면리面里에 있는지를 신하들에게 물었
다. 아무도 답하지 못하자 황제는 지난날 강동江東의 한 신사紳士
가 단군 묘 봉능奉陵 하기를 상소한 사실을 상기시키고 그 초본을
구하라고 지시했다. 1902년 평양을 서경으로 승격하여 행궁으로
지은 풍경궁豐慶宮과 태극전 수리를 지시하고 기자능箕子陵은 돌아
올 때 보겠다고 하였다. 의주에서는 국경 수비의 상징 건물인 통군
정統軍亭에 임어할 뜻을 미리 밝혔다. 순수란 명칭을 함께 사용한

1909년 서북지역을 순행한 순종황제가 양책역(신의주)에 도착하기 전 환영 인파가 모여있는 모습. 수많은 태극기가 눈길을 끈다.

까닭을 알 수 있는 대목이다.

1월 28일 평양을 떠나 정주에 잠시 정차하였다. 5~6인의 구 관리들의 알현을 받으면서 그들이 대전에서처럼 옛 복장 차림인 것에 대해 그 옷을 벗고 문화 진보를 도모하라고 일렀다. 오후 2시 45분 신의주에 도착했다. 이곳은 러일전쟁을 계기로 일본인들이 세운 신도시였다. 황제를 환영하는 행사는 모두 의주에서 가지는 것으로 일정이 잡혀 있었다. 신의주에서 의주까지 40리. 이튿날 10시 마차로 출발하여 12시 30분에 의주에 도착했다. 중도에 위화도를 건너다보면서 관리를 보내 봉심奉審하고 오도록 했다. 의주에는 녹문이 이곳저곳에 서 있고 남문에서 관아 용만관龍灣館까지 관·사립학교 학도들과 일반 시민들이 좌우로 줄지어서 만세를 연호하였다. 영하 9도의 추운 날씨였으나 인파는 1만 5천 명을 헤아렸다.

신의주역에서 마차로 의주로 향하는 행렬.

황제는 이날 통군정統軍亭으로 가서 압록강을 내려다보면서 임진왜
란을 비롯한 수많은 외침을 회상하였다.

하오 4시경 의주부 유생들과 부로父老 남녀를 불러 민간의 어려
움을 물었다. 가산 군수는 그곳에 봉안해 온 선조 대왕의 어필첩御
筆帖과 인검仁劍을 가져와 보였다. 이곳에서도 통감 이토는 질세라
한일 양국의 친밀한 관계의 뜻을 연설하였다. 이날 황제는 영조 대
왕이 선조 대왕의 고초를 회상하는 어필을 보내 보관하고 있는 취
승당聚勝堂에서 여러 신하에게 술을 내렸다. 선조가 파천 중에 내외
장수들의 알현을 받던 곳으로 황제로서는 오늘 날의 고초로 보아
가장 큰 의미를 부여할 곳이었다. 의주부의 하루는 이번 순행의 하
이라이트였다.

학부대신은 사전에 통감부의 뜻을 받아 한·일 양국의 국기를 엇

의주 행궁 의순관과 용만관. 왼쪽 중하단 일대. 임진왜란 때 선조와 조정이 사용한 곳이다.

갈리게 함께 게양하라는 훈령을 내렸다. 그러나 신의주, 선천, 정주 등지 정거장에 나온 학도들은 일본 국기를 가진 자가 드물었다. 1월 30일 황제 일행은 돌아가는 여정에 나섰다. 마차를 타고 의주를 출발하여 신의주에 도착해 하루를 보냈다. 31일 오전 9시 신의주에서 출발하여 선천 역에 도착하여 잠깐 머물고, 정주역에 다시 멈췄다. 이곳 전, 현직 군수를 비롯해 32명의 유지를 만나 "거화무실拒華務實 이용후생利用厚生 이고방본以固邦本"이란 친필 칙어를 내렸다. 이어 이곳의 저명한 교육가 이승훈을 찾아 직접 만나고 모두 그를 따르라고 당부하였다. 그 자리에서 단발하는 이가 나올 정도로 군신 간의 의리가 충만한 분위기였다. 이에 통감 이토가 다시 나서 나이 많은 어른들은 오래 사시어 한국이 흥왕함을 직접 보아달라고 연설하였다.

의주 읍성 북쪽 장대(將臺) 통군정을 내려오는 순종 황제 일행.

　안주를 지날 때, 신 안주 정거장에 "이토 통감 각하 환영기歡迎旗"라고 대서특필한 깃발이 높이 걸린 것이 보였다. 안주 공립보통학교에서 만든 것으로 통감부 고등관이 기념으로 이를 거두어 가져갔다. 하오 4시 50분 평양 정거장에 기차가 도착하였다. 이날 황제는 단군 사당 숭령전, 기자 사당 숭인전에 평남 관찰사, 기자릉, 동명왕릉, 을지문덕 묘소에 각각 지방관을 보내 제사를 올리게 했다. 강동 단군묘에 대한 후속 조치로 이곳에 매년 나무를 심고 관리할 절목節目을 마련하여 거행하게 하였다.

　2월 1일 하루는 평양에 머물면서 평남 관찰사, 경기 관찰사, 황해도 관찰사 등을 접견하고 행재소 뒤 만수대에 올라 대동강 풍경을 관람하였다. 2월 2일 오전 9시 30분 평양 정거장을 출발하여 오전 10시 35분 황주 정거장에 잠시 머물렀다. 황제가 황해도 관찰

1월 31일 돌아오는 철도 여정에서 잠시 머문 선천역. 부근 고을에서 모인 환영 인파.

사에게 추운 계절에 부로父老들이 정거장에 나와 봉영하는 것을 하지 말 것을 미리 지시하여 환영 인파는 없었다. 관찰사와 황주 군수 등 관리 25인, 그리고 부로 몇을 만나는 것으로 그쳤다. 오전 11시 35분 황주를 출발하여 오후 3시 50분에 개성에 도착하였다.

개성의 환영은 성대하였다. "한·일 양국이 일반 학도와 내외국 각 단체와 일반 신사 및 인민 남녀 등"이 정거장에서 행재소(개성부)까지 연로 좌우에 늘어서 만세를 부른 인파가 10만 명에 달했다. 그러나 황제의 개성 일정은 통감부의 뜻에 따라 최소화했다. 하오 7시에 군민 및 일본 거류민이 합동하여 공립보통학교에서 연회를 열고, 각부 대신 이하 칙임관과 통감 이하 고등관을 초청하여 접대하는 행사가 열렸다. 같은 시각 '국내·외' 학도 2천여 명이 단체로 각기 한·일 양국 국기를 들고 행재소 앞에서 만세를 불렀다. 외국

1월 31일 정주역에 보인 옛 관복 차림의 구관들.

학도란 외국 선교사가 세운 학교 학생을 뜻한다. 통감부 측은 불상사를 경계하는 분위기였다.

마지막 2월 3일 상오 8시에 전날 서울에서 내려온 의친왕義親王과 영선군永宣君 이준용 등이 황제를 알현하였다. 상오 10시에 경기도 지방관들의 알현을 받은 뒤 만월대로 갔다. 원래 개성 일정에는 태조의 어진을 모신 목청전穆淸殿을 다녀오는 것이 최우선이었는데 시간 촉박을 이유로 장예원 경을 대신 보내 봉심하게 하고 태조의 잠저인 경덕궁敬德宮만 다녀왔다. 오후 1시 개성 정거장을 출발하여 오후 3시 10분에 남대문 정거장에 도착하였다. 황제가 마차를 타고 의장병이 앞뒤를 배위하고 대소 관리와 각 학교 학도와 각 사회 신사와 장안을 가득 채운[滿城] 인민이 좌우에 늘어선 가운데 '즉시' 창덕궁으로 환어還御하였다.

1월 31일 돌아오는 길에 순종황제와 통감 이토 히로부미.

　《황성신문》의 서순 보도는 2월 5일 자로 마감하였다. 그런데 이 날 지면에 특별한 기사가 실렸다. '이토 통감 귀조歸朝하는 시기'란 제목으로 "통감이 오는 10일경에 귀조歸朝(본국 조정으로 돌아감) 차 출발하여 오이소大磯에서 며칠 머물다가 15일경에 도쿄에 도착할 예정이라"라고 보도하였다. 오이소는 도쿄 근처 그의 별장이 있는 곳이다. 통감 이토는 서순을 마치고 돌아오는 길에 귀국을 결심하고 있었다. 두 차례 순행 길에 황제를 맞이하는 수많은 인파를 보고 그는 자신의 '보호국화' 정책이 실패한 것을 스스로 인정하였다. 전부터 병합을 주장해 온 군부파 곧 야마가타 아리토모[山縣有朋], 데라우치 마사다케[寺內正毅] 등에 한국 통치를 넘길 결심을 한 것이다.

　통감 이토 히로부미는 4월에 천황을 알현하고 6월 부통감 소

2월 2일 오후 개성역에 도착한 황제 일행.

네 아라스키[曾彌荒助]가 후임 통감이 되었다. 그러나 소네가 곧 위암으로 사망하여 1910년 3월 육군대신 데라우치 마사다케가 제3대 통감으로 임명받았다. 통감 데라우치는 서울로 부임하기도 전에 창덕궁 돈화문 안쪽에 경찰서를 설립하여 황제의 외부와의 접촉 차단을 지시했다. 남순, 서순에서 확인된 황제에 대한 신민의 유대 결속 의지를 없애는 것이 한국 통치의 급선무로 판단한 조치였다. 순종 황제는 이후 낙선재樂善齋에서 기거하면서 희정당熙政堂 한 곳에서 조선 총독부가 허용한 인사만을 접견할 수 있었다. 사실상 연금이었다. 1926년 4월 25일 52세로 생을 마치고, 6월 10일 국장이 치루어졌다. 이때 일어난 '6·10 만세 사건'은 남순, 서순 때 연도에서 울려 퍼진 만세 소리 바로 그것이었다.

순종황제는 1926년 4월 25일 붕서하기 직전에 옆을 지키던 조정구(趙政九, 신정왕후 조대비의 후손)에게 다음과 같은 유언 조칙을 남겼다. 1910년 8월 29일 자 '병합'을 알리는 칙유는 내가 내린 것이 아니란 사실을 밝히면서 광복에 노력하기를 간곡히 부탁했다.

한 목숨을 겨우 보존한 짐은
병합 인준의 사건을 파기하기 위하여 조칙詔勅 하노니
지난날의 병합 인준은 강린强隣(일본을 가리킴)이
역신의 무리(이완용 등을 가리킴; 필자)와 더불어
제멋대로 해서 제멋대로 선포한 것이요 다 나의 한 바가 아니라.
나를 유폐하고 나를 협박하여
내가 명백하게 말을 할 수 없게 한 것으로 내가 한 것이 아니니
고금에 어찌 이런 도리가 있으랴

나 - 구차히 살며 죽지 못한 지가 지금에 17년이라
종사宗社의 죄인이 되고 2천만 생민의 죄인이 되었으니,
한 목숨이 꺼지지 않는 한 잠시도 이를 잊을 수 없는지라.
유폐되어 말할 自由가 없이 지금에까지 이르렀으니
지금 한 병이 침중하니 한마디를 하지 않고 죽으면
짐이 죽어서도 눈을 감지 못하리라.

지금 나 - 경(조정구를 가리킴, 인용자)에게 위탁하노니
경은 이 조칙을 중외中外에 선포하여

내가 최애 최경하는 백성으로 하여금 병합이 내가 한 것이 아닌 것을
분명하게 알게 하면 이전의 이른바 병합 인준과 나라를 내준 조칙은
스스로 파기에 돌아가고 말 것이리라.

여러분들이여 노력하여 광복光復하라.
짐의 혼백이 명명冥冥한 가운데 여러분을 도우리라.

조정구趙鼎九에게 조칙을 나리심[詔付].

1926년 7월8일 자《신한민보新韓民報》에 실림

《신한민보》에 실린 유조

제8부

'근대'가 있는
현대사를 향하여

대한민국 임시정부 첫 청사
상해시 하비로 321호. 뒷쪽에 태극기가
나부낀다. 현재 존재하지 않는다.

28

세계 경제 10위·
민주화·산업화,
하루아침에 이뤄지지 않았다

1987년 민주화 선언, 그 후 2019년 세계 경제 10위 권 진입은 우리의 각고의 노력 결실로서 민족사의 금자탑이라고 자랑할 만하다. 식민통치 경험 나라로서 10위권 진입은 예가 없다니 더욱 그러하다. 그러면 과연 언제 씨앗이 뿌려진 성과일까? 지금까지의 고찰을 통해 근대 국민국가 역사의 흐름을 짚어 이에 대한 답을 구해보기로 한다.

앞에서 여러 차례 언급하였듯이 고종은 청일전쟁 종반이던 1895년 2월 26일(양력) 〈교육조칙〉을 반포하였다. "나라의 분개를 싸워 씻을", "나라의 모멸을 막을", "나라의 정치 제도를 닦아나갈" 사람으로서 교육을 통한 국민 창출의 의지를 밝혔다. 이후 6월까지 내려진 개혁 관련 교서들은 위 〈조칙〉을 포함하여 모두 국한문國漢文 혼용체였다. 서민 대중이 읽을 수 있도록 한문 형식을 버렸다. 1896년 4월 창간의 한글 전용 《독립신문》 또한 국민이 될 서민 대중의 지식 정보 습득을 위한 것이었다. 서재필 개인 신문사가 아니라 군주가 국민 창출을 목표로, 순한글신문을 창간하게 하고, 이어서 관·민 협동 단체로 독립협회를 세워 기관지로 삼았다.

〈조칙〉은 놀랍게도 덕德·체體·지智의 3양三養을 신교육의 강령으로 내세웠다. 17세기 영국의 존 로크(John Locke)가 젠트리 자제

교육을 위해 제창한 교육론이 이 땅의 교육 강령으로 채택되었다니 놀랍지 않은가? 18세기 이래 미국에서 3양 교육이 중등교육의 방침으로 실천에 옮겨져 널리 보급되었다. 1886년 설립 육영공원에 초빙된 미국인 교사 호머 헐버트(Homer Bezaleel Hulbert)는 3양교육론 전달에 특별한 공로가 있었다. 아버지 켈빈 헐버트가 《교육의 독창성(Distinctive idea in Education)》에서 존 로크의 교육론을 일반 시민 교육론으로 재해석했다. 그는 하나님이 모든 사람에게 부여한 체·덕·지의 능력을 개발하는 것이 교육의 사명이라고 했다. 호머 헐버트는 한글을 높게 평가하여 스스로 한글을 익혀 《독립신문》 창간에 직접 참여하고 제자 주시경을 이에 참여시키기도 했다. 고종은 〈교육조칙〉 반포에 이어 신식 교육을 위해 한성사범학교, 소학교, 각국 외국어학교 설립을 뒤잇게 했다. 《독립신문》은 서민 대중이 신지식을 습득하여 국민의 도리를 각성하게 하는 새로운 지식의 샘으로 기능했다. 호머 헐버트의 《亽민필지士民必知》(1889)는 이 신문에 광고로 자주 실렸다. 조선의 선비와 평민이 모두 알아야 할 서양에 관한 지식을 담은 우리나라 최초의 인문지리 책자였다.

거의 10년이 지난 1907년 2월, 일제의 경제 침탈 속에 국채보상운동國債報償運動이 일어났다. 그때 이를 지원한 《대한매일》이나 《황성신문》은 나라가 부당하게 진 빚을 갚는 것은 '국민의 의무'라고 외쳤고, 운동 본부의 이름 또한 '의무사義務社'라고 지었다. 의무를 앞세운 국민 탄생의 역사는 세계 역사상 예를 찾기 어렵다. 1895년 2월 〈교육조칙〉 발표 이후 130년의 세월이 흐른 지금이다. 세계 경제 10위 진입을 비롯한 민족사의 성과도 이제 그 130년 간의 각고의 노력, 투쟁과 연관지어 보는 성숙한 역사인식을 가질 때가 되었다.

대한제국이 경제 분야에서 이룬 업적으로 광무光武 연간에 토지를 새로 측량[量田]하고 토지 소유 문서 [地契]를 발급해 준 사업의 성과를 드는 것에 이의를 제기하는 연구자는 없다. 신식 측량 기술로 농지의 경계를 명확히 하고 토지 소유를 보증하는 문권을 발급했으니 농정 근대화의 기초가 된 것이 틀림없다. 주목할 것은 이 사업이 〈교육조칙〉이 반포된 바로 그해에 검토되기 시작한 사실이다. 동학농민군 운동의 지도자 출신인 이기李沂가 건의한 것을 정부가 바로 수용했다. 그러나 실제 착수는 외세의 개입으로 3년 남짓 늦어졌다.

1895년 후반기 일본 제국은 조선의 자주 개혁에 반발하여 왕비시해 사건을 일으켜 이를 일본군이 대거 서울로 진입하는 구실로 삼아 친일 내각을 내세우고 군주를 경복궁 안에 가두다시피 하였다. 4개월 뒤에서야 왕은 궁을 빠져나와 러시아 공사관으로 옮겨 여기서 개혁 정치를 복원하고 1897년 10월에 대한제국을 출범시켰다. 광무 연간의 양전사업은 1898년 6월 양지아문의 설립으로 본격화되었다.

신식 측량 기술로 진행된 양전사업은 1906년 통감부가 들어서기 전까지 거의 10년 동안 전국 농지 3분의 2를 정비하는 성과를 거두었다. 2년 터울을 두고 뒤따라 지권地券을 발급하여 소유권(또는 경작권)을 보장하였다. 이러한 근대적 농정 기반이 생산력과 세수의 증대를 가져온 것은 말할 것도 없다. 대한제국 시기의 국가 예산에 관한 한 연구는 1897년 4백여만 원이던 예산액이 1905년에 근 2천만 원으로 급증한 것을 밝혔다. 당시 농업이 차지하는 높은 비중으로 보아 이 예산 증가가 지세 수입 증가로 얻어진 결과라는 것은 의심의 여지가 없다. 1905년 〈보호조약〉 강제 이후, 일본의 국권 침탈이 없었다면 대한제국의 경제는 번성 일로의 길을 걸었을 것을 인식하게 하는 통계이다. 어쩌면 이것은 이후 130년 동안의 민족 역량 측정의 첫번째 층위일지 모른다.

1905년 러일전쟁 승리를 배경으로 일제가 무력으로 국권을 빼앗으면서 대한제국의 경제는 저들의 각종 재원의 조달 도구로 전락하였다. 1907년 일제의 국권 침탈에 맞서 싸우다가 황제 자리에서 밀려난 고종은 1909년 3월 15일에 태황제太皇帝로서 의미심장한 칙유를 내렸다. "대한은 나 한 사람의 것이 아니라 여러분의 것"이라고 주권 이양을 선언하였다. 그리고 "민은 자유라야 하며, 나라는 독립국이어야" 한다고 천명하면서 여러분이 교육을 통해 자유민으로 힘을 키워 훗날 광복에 성공해 달라고 당부했다. 서민 대중 모두가 '국민'으로 성숙해갈 것에서 민족의 광복을 기대하는 황제의 서원誓願이었다. 황제가 민족의 장래를 자유민주주의 창달에서 기대한 것은 그 시점의 동아시아 지도자 누구에게서도 쉬이 발견할 수 없는 정치 지도 이념이다.

1919년 고종황제의 죽음을 계기로 3·1 독립만세운동이 일어나고 그 만세 함성의 힘으로 그해 4월 상해 임시정부가 섰다. 이때 대한제국을 승계하는 '민국民國'으로서 '대한민국'이라는 국호가 탄생하였다. 1909년 3월 15일 〈서북간도 및 부근 인민에게 내리는 칙유〉를 통해 밝힌 태황제(고종)의 주권 이양 선언이 주권 상실 10년 속에 현실이 되었다. 대한민국 임시정부의 〈임시헌법〉은 민주 공화제를 표방하고 대한제국 영토 승계와 구 황실의 우대를 명문화하

279

였다.

　그러나 일본의 식민지가 된 본토 국민의 삶은 날이 갈수록 피폐해졌다. 제2차 세계대전에서 연합국으로 참전한 미국의 프랭클린 루스벨트 대통령은 1943년 카이로 회담에서 일제 치하의 한국인을 "노예와 같은 상태"라고 표현하였다. 그는 전쟁이 끝난 뒤 한국인의 이런 처지를 해소하는 방안으로 미 국무부가 농지개혁안을 준비하게 하였다. 프랭클린은 철저한 반식민주의자인 동시에 자유민주주의 수호자로서 전후 해방된 한국의 농민들을 자영농으로 자립시켜 사회주의 국가로 전락하는 것을 막고자 하였다. 1945년 4월에 그는 결과를 보지 못하고 사망하였지만, 미 국무부가 준비한 농지개혁안은 미 군정으로 넘겨졌다. 그리고 여기서 한국인들의 의견 수렴 과정을 거쳐 1948년 8월 15일에 새로 출범한 이승만 정부에 넘겨졌다. 프랭클린 루스벨트 대통령의 호의는 곧 40여 년 전 대한제국이 양전 사업으로 확보한 자영농 사회가 일제강점 아래 '노예와 같은 상태'로 전락할 것을 다시 일으키는 의미를 가지는 것이었다.

　대한민국 이승만 정부는 제헌국회 심의를 거쳐 〈농지개혁법〉을 확정하여 1950년 4월 3일에 공표하였다. 경작 농민이 10년 동안 소출의 30%를 국가에 조세로 내면 소유권을 가진다는 내용이었다. 2개월 뒤 6월 25일 북조선의 남침 때까지 〈농지개혁법〉은 한두 지역에서밖에 시행되지 못했으나 그 내용은 온 농민이 숙지하는 사항이었다. 북조선은 남침하여 점령한 지역에서 북한식 농지개혁을 시행하였다. 경작 농민은 소출의 40%를 국가에 내는 조건이었으며, 그래도 개인 소유권은 보장되지 않았다. 남쪽 농민 다수는 지난 4월에 발표된 대한민국 〈농지개혁법〉과 비교하면서 이에 현혹되지 않았다. 미국 정부는 이승만 정부가 9·28 수복 후, 농지 개혁의 전국 시행을 연기할 기색을 보이자 즉각 시행을 강권하여 1952년 전시 중에 〈농지개혁법〉 시행은 끝을 보았다. 이것이 대한민국 자유민주주의 수호의 기초가 된 것은 말할 것도 없다. 반세기 전 대한제국 정부가 기도했던 자영농 사회 확립이 드디어 확고한 현실이 되었다.

1961년 5·16 군사 정변으로 출범한 박정희 정권의 공업화 정책은 대한민국 경제가 새로운 단계로 진입하는 계기가 되었다. 17년 동안의 장기 집권 체제 아래 4차에 걸친 '경제 개발 5개년 계획'의 추진, 뒤이은 신군부의 두 차례의 '경제사회발전 5개년 계획'의 시행 끝에 1987년 민주화 선언을 거쳐 세계 10대 경제 대국으로의 진입을 바라보게 되었다. 산업화의 성공은 자영농 창출의 농업경제가 선행하지 않고서는 이루기 어려운 것이었다. 바꾸어 말하면 1950년대 농지개혁의 성공이 없었다면 1960년대 이후 산업화 정책은 꿈꾸지 못할 일이었다. 인구의 절대 다수인 농민의 최소한의 자영농적 안정이 없다면 중국 인민공화국처럼 사회주의 혁명이 더 설득력을 가져 산업화(공업화)는 누구도 꿈꾸기 어려운 것이었다. 1970년대 라틴 아메리카의 혁명 운동이 성공하지 못한 것도 절대 빈곤에 허덕이는 농민층의 자영농화가 이루어지지 못한 탓이었다. 박정희 정권이 한걸음 더 나아가 농업 정책에서 경지 정리를 통한 벼농사 장려와 반기계영농 추진으로 도시로 빠져나가는 농업 노동력의 손실에 대비하는 높은 기획성을 발휘할 수 있었다. 그것도 돌이켜보면 자영농 사회가 앞서 실현되어 있지 않았다면 이루어지기 어려운 일이었다.

학계 일각에서 대한제국의 국제國制가 황제皇帝 전제정치를 표방했다고 해서 근대성을 인정하지 않는 견해가 그간 대한제국에 대한 평가를 소극적이게 만들었다. 그런 소극적인 견해는 1895년 2월의 〈교육조칙〉을 눈앞에 두고도 읽지 못하게 했다. 근대 국가의 국민은 엄연히 그때부터 성장하기 시작한 사실도 읽지 못하게 했다. 그 국민이 국권상실 속에 항일투쟁의 원동력이 되고 광복 후 자영농에게 사회 재건 기회가 주어졌을 때 그 주체가 된 사실도 바로 읽을 수 없게 했다. 근현대사 흐름에 대한 이런 바람직한 이해가 결여된 상태에서 우리는 순간의 특정한 지도자 공로 평가를 놓고 찬반의 씨름만 했던 것은 아닌가? 깊이 되돌아 성찰을 거듭해야 할 과제가 아닐 수 없다.

(2023년 2월 25일 중앙선데이)

29

식민지 근대화론,
대한제국 자력 근대화
성과 부정

필자는 근래 현대사를 공부하면서 우리 현대사의 많은 부분이 '근대'와 연결되지 못한 실정인 것을 보고 놀랐다. 요즈음 언론에 오르내리는 '식민지 근대화론' '뉴라이트' 문제도 실은 근대를 어떻게 보느냐는 현대사적 현상으로 봐야 마땅하다.

'식민지 근대화론'은 한국사의 근대인 고종시대의 근대화를 인정하지 않는 역사인식이다. 근대화는 어디까지나 일제 치하에서 이뤄졌다는 사론이다. 이 시대의 국가 원수 고종에 대한 공공연한 매도도 같은 노선이다. 고종시대에 자력 근대화 성과가 인정되었다면 '식민지 근대화론'은 성립할 수 없다. 고종시대 근대화 성과로 중요한 것은 본 연재에서 자주 언급했으므로 다시 사례를 들어 논할 필요는 없다. 현안 중심으로 당부를 살펴보자.

최근 식민지 시기 '국적' 문제가 불거졌다. 식민지 근대화론 쪽에서는 이 시기 나라가 일본 제국에 합쳐졌으므로 우리 국적은 당연히 일본이 되어야 한다고 주장한다. 반대편에서는 당연시하기까지 하는 그 태도에 분노한다. 과연 일본 제국은 조선인을 일본인으로 간주했을까?

1909년 통감부는 조선에 민적법民籍法을 시행한다. 민적법이란 주민등록 시스템으로 메이지 시대 일본에 두 가지 분류가 있었다.

(1)인민의 신분과 속적屬籍(황족, 화족華族, 사족, 평민)을 함께 부르는 총칭 (2)경찰 행정에서 사용하는 국적과 호적의 총칭. 1909년 시행의 〈조선민적법〉은 후자로 1915년 개정 때까지 경찰이 업무를 주관했다. 대한제국의 호적은 과세와 과역課役 목적으로 작성되었다. 통감부 휘하 경찰은 이 호적을 일본식 민적으로 간주해 사찰용査察用으로 사용했다. 1915년 총독부는 민적 업무를 사법 쪽으로 옮겨 행정조직의 면장面長 소관으로 바꾸었다. 이때는 조선의 동화同化를 내세워 일본식의 '이에家'를 도입하여 일본과의 통일성을 기하려 했다. 그러나 행정 당국은 시행에서 조선의 호적 관습을 허용하여 조선인 식별용으로 남겼다.(이영미, 《동양문화연구》 6, 2004: 吉川美華, 2008, 《동양문화연구》 11. 일문) (1)의 '속적'을 조선에 적용하지 않는 한 조선인은 일본인이 될 수 없었다. 조선인은 일본으로의 귀화가 금지되었다.

1910년 8월 강제 병합 과정에서도 비슷한 일이 있었다. 대 아시아주의 운동을 편 일본의 민간(낭인) 단체는 '합방'이란 용어를 썼다. 이 용어는 나라를 합한다는 뜻으로, 오스트리아·헝가리 제국처럼 대한제국의 몫이 살아남을 수 있으므로 당국은 이를 금하고 흡수 통합 의미인 '병합'만 사용하게 했다. 제3대 통감으로 '한국 병합'을 주관한 육군대신 데라우치 마사다케는 대한제국 총리대신 이완용에게 한국의 황제는 '공작'급으로 대우하겠다고 통고했다. 이에 놀란 이완용은 왕, 왕가의 호칭을 사용하게 해 줄 것을 간청해 데라우치가 선심 쓰듯 이태왕·이왕·이왕가 등의 호칭을 허용했다. 지위 고하를 가리지 아니하고 엄정한 차별이 현실이었다. 조선인은 어디까지나 '조센징'이었다.

식민지 근대화론은 본래 경제사 전공자를 중심으로 시작되었다. 그래서 일반 역사에 대해 소홀히 하는 약점이 없지 않았다. 1920년 대 일본–조선–만주를 연결하는 관광 광고가 나돌 때는 조선의 경기도 좋았다. 천황제 아래서 그나마 정당 정치를 추구한 '다이쇼[大正] 데모크라시' 덕분이었다. 1912년 다이쇼 천황이 즉위하면서 메이지 왕정복고를 주도한 조슈·사쓰마 세력의 천황제 국가주의에 대한 비판으로 '호헌운동'이 일어나고, 국제연맹이 요구하는 국제 협력 외교 수용으로 군사비가 축소되어 생긴 호황이었다. 그러나 1925년 12월 쇼와[昭和] 천황이 즉위하면서 메이지 시대의 천황제 국가주의가 '황도皇道'라는 이름으로 부활했다. '조센징'에 대한 핍박은 이 시대에 점점 심해졌다. 메이지 시대에 청일, 러일전쟁과 같은 대규모 전쟁이 일어날 기세가 커져갔다.

1940년대 초반 서울에서 근무한 소련 외교관 부인은 기자 신분으로 서울 사람들의 궁핍을 새로 태어나는 영아 10중 중 2명만 살아남는 현실로 전하고 있다. 산모의 심한 영양실조로 사산死産이 태반이었다. 1937년 중일전쟁 준비부터 일본은 국가 예산의 대부분을 전쟁 비용으로 돌리고 공출을 일상화했다. 그 속에서 빚어진 것이 바로 조선인 가정의 '노예적' 참상이었다.

앞에서 언급했듯이 일본 제국은 1894~1902년 사이 그들의 역사 교과서를 새로 바꾸었다. 책 이름이 제각각이던 것을 일본사·동양사·서양사 3과목 체제로 통일하고 문부성이 '집필 요목'을 준비해 이를 기준으로 서술하게 했다. 동양사는 지나사(중국사)에 주변 민족사를 합쳤다. 한국사는 당연히 동양사에 포함되어야 했다. 그러나 한국사는 일본사에 들어갔다. 4세기 진구[神功] 황후의 신라정벌

후 조선은 일본에 복속되었다는 것이 이유였다. 이런 새로운 역사 교육 제도가 확립되면서 황실의 역사 교육도 강화되었다.

쇼와 천황은 1912년부터 세자 교육을 받았다. 도쿄제국대학 시라토리 구라키치[白鳥庫吉] 교수가 선생이 되어 역사를 가르쳤다. 비슷한 나이의 아동 5명과 함께 《국사國史》를 교재로 삼아 배웠다. 《일본서기》의 '팔굉위우八紘爲宇' 곧 팔방을 한 집으로 만들었다는 말은 고대에 유력 부족 국가를 하나로 통합하는 과정을 표현한 용어다. 이를 신국神國 일본의 세계적 우수성을 강조하여 "동양을 천황의 집"으로, "세계를 천황의 품으로"의 뜻으로 확대해석했다. 쇼와 천황은 대동아大東亞를 부르짖으며 중일전쟁, 태평양전쟁을 직접 지휘하는 인물이 되었다. 그는 백마를 타고 고코[皇居, 천황의 거처] 앞 광장으로 나와 운집한 신민에게 손을 흔들거나 지방을 순행하여 전국 신민臣民에 '용안'을 보이면서 절대 충성을 다졌다.

식민지 근대화론이나 일본 국적 주장은 쇼와시대 침략주의를 용인하는 역사관이다. 1919년 고종황제 국장을 계기로 일어난 전 국민 만세운동의 힘으로 상하이에서 출범한 대한민국 임시정부는 쇼와시대 황도 파시즘에 맞서 싸우면서 민족혼을 키운 정부였다. 1948년 8월 15일 이승만 대통령의 대한민국 '정식' 정부 출범은 36년간의 항일투쟁 공로에 전 국민이 보내는 지지였다. 이승만 박사는 항일투쟁의 경력으로 '임시'와 '정식' 정부의 초대 대통령이 되었다. 그런데 최근 '뉴라이트' 쪽에서 이승만 대통령의 '정식' 정부 수립을 '건국절'로 삼기를 주장한다. 식민지 근대화론은 대한민국 임시정부를 인정하지 못하는 주장이다. '건국절' 주장은 왜곡의 골짜기가 깊어지는 형국이다.

필자는 이번 연재에서 고종에 대한 동학·천도교의 신뢰가 연출한 역사에 근거해 1894년 이후의 조선·대한제국을 근왕勤王 국민 의식 위에 선 근대국가로 새롭게 조명했다. 이는 곧 1948년 이후 국가원수 선출 시대의 국민국가와 구별하는 새로운 기준 제시이다. 전통적인 왕조 국가가 입헌군주제로 발전하여 선진성을 과시하고 있는 예는 영국을 비롯해 한둘이 아니다. 근왕 의식 위에 선 대한제국은 이 유형에 속하는 우리의 초기 근대 국민국가 모습이다. 그 근대 국가의 국민이 광복 후 근왕사상에서 떠나 국가 원수를 선출하는 순수 국민국가의 주인이 되었다. 이렇게 새롭게 승계된 국민 의식이 광복 후 오늘까지 70년의 역사를 이끌어왔다. 1895년에서 1919년까지 24년 간의 근왕국민국가 의식은 1907년 국채보상운동에서 보듯이 강한 주인의식을 발휘하면서 외세 침략에 맞서는 주체로 발전하였다. 그 주인의식이 3·1독립만세운동을 이끌어 민국정부를 세운 뒤 26년간의 항일투쟁 끝에 국민이 국가원수를 직접 선출하는 새 시대의 주인이 되었다.

광복 후 국가원수 선출제 아래서 이뤄진 역사 가운데 이승만 대통령의 자유민주 국가수호, 박정희 대통령의 경제 개발 공로는 그 과정에 과過가 있어도 역사에 남긴 공功은 깎을 수 없다. 1987년 민주화의 공로도 살려가야 할 역사다. 그런데 그 후 특히 최근 벌어지고 있는 우리 사회의 모습은 '통합'을 깨부숴야 할 과제처럼 여기고 있다. 1987년 민주화 이후 등장한 '진보적 민주주의' 추구 세력은 이승만, 박정희 두 대통령의 공적을 극렬히 비판하면서 민중이 주인되는 세상을 외치는 사회주의 성향을 드러내고 있다. 이로써 나뉘어진 좌우파의 대립은 절충과 타협을 모르는 정쟁을 일삼으면서 대통령이 탄핵되거나 임기 후 감옥으로 가는 예를 연속시키고 있다. 이는 우리의 근대사를 부정하고 해방 정국의 좌·우 대립에서 각기의 연원을 찾는 잘못된 역사 인식에서 비롯한 것을 살필 필요가 있다.

1751년 이중환은 《택리지》에서 "탄환만 한 작은 나라"에 당론이 여럿으로 갈라져 싸우는 현실을 규탄했다. 우리는 조선시대 당쟁을 망국의 원인처럼 알고 싶어했다. 지금 우리 스스로 그 '당쟁'의 주역이 된 것은 아닐까? 조선의 정쟁도 타협할 때 좋은 역사를 남겼다. 나라를 더 어렵게 하는 형국이 오기 전에 '합리적 화합' 지향의 정치 문화를 일궈 우리 시대의 지상 과제인 자유민주주의를 속히 완성해야 하지 않겠는가?

(2024년 9월 21일 중앙선데이)

제8부·근대가 있는 현대사를 향하여

30

식민 지배 책임 얽힌
배상 문제,
일본이 '양보'하는 것이 순리

2023년 윤석열 대통령이 7년 동안 막힌 한·일 관계 정상화를 위해 '통 큰' 외교를 벌였다. 지난 정권이 일방적인 일본 규탄으로 양국 관계가 경색된 것도 잘못이지만 이번 결단이 과연 소기의 성과를 거둘지에 대한 우려도 적지 않다. 여야의 냉정한 성찰을 위해 광복 후 1965년 한일협정까지의 양국 교섭 역사를 짚어본다.

한·일 양국 사이의 문제에는 처음부터 태평양전쟁 전승국인 미국의 역할과 영향이 컸다. 1945년 11월 트루먼 미국 대통령은 절친한 친구 에드윈 폴리(Edwin W. Pauley, 1903~1981)를 대일배상사절단 단장으로 도쿄에 파견했다. 그는 일본뿐만 아니라 중국, 만주 등지를 둘러보고 귀국한 뒤 일본 군국주의가 부활하지 못하도록 일본의 과도한 공업 설비를 제거하여 침략받은 나라들에 옮겨야 한다고 대통령에게 보고했다. 한국에 대해서도 배상청구 일부로서 "조선의 자원과 인민을 착취하기 위해 사용된" 일본의 산업 설비를 남조선으로 이전해야 한다고 했다. 카이로 선언의 정신을 준수한 것이다.

1946년 미 군정청은 대일배상정책에 따라 '특별경제위원회'를 두고 한·일 양측의 배상요구 리스트를 작성하였다. 남조선의 요구액은 492억 5428만 엔, 일본의 요구액은 88억 939만 엔, 이에 따라 일본은 차액 403억 6488만 엔을 남조선에 줄 의무가 있다는 결론을 내렸다. 미국의 이런 자세는 1947년 8월까지 지속되었다. 1946년 8월 13일 미 군정은 배상 이론 개발을 위해 남조선 과도정부에 '대일배상문제대책위원회'를 설치하고 조선은행(현 한국은행)의 조사 자료를 비롯한 금융자산 주요 자료를 확보하였다. 1948년 1월 위원회는 대일배상요구 총액을 1조 4267억 8601만 9675엔으로 계산했으나 최종 요구액은 총액 410억 9250만 엔으로 정리했다. 일제 36년 동안의 피해에 대한 광복 후 우리의 의식을 보여주는 숫자들이다.

한편 미국은 일본의 신헌법 공포 2개월 뒤인 1946년 11월 3일 새로운 상황 판단을 내린다. 일본 경제가 어려운 가운데 '엄격한' 대일배상 정책을 그대로 실시하면 미국의 일본 점령 비용 증대로 미국의 납세자 부담이 늘어나는 결과가 될 것이란 판단이었다. 당시 미국은 유럽에도 전후 복구비로 막대한 돈을 투입하고 있었다. 1947년 1월 기업인으로 독일에서 민간 주택 복구에 공을 세운 클리퍼드 스트라이크(Clifford Stewart Strike (1902~1979))를 단장으로 하는 '대일배상특별조사단'이 일본으로 왔다. 조사단은 현지 실상을 살피고 2월 18일 맥아더 사령관에게 '납세자 논리'를 담은 1차 보고서를 제출하고, 1948년 3월 2차 보고서에는 '냉전 논리'를 보탰다. 냉전체제가 굳어가는 가운데 일본의 배상 부담을 줄이는 것이 극동 전체의 이익이라고 하였다. 같은 해 8월 '극동위원회'(1946년 연합국 최고사령부 대신 발족)가 남조선은 극동위원회의 구성원이 아니므로 배상 배분의 대상이 되지 않는다는 결정을 내렸다. 남조선은 일본인이 남기고 간 재산의 취득으로 만족해야 한다고 했다.

1948년 가을 중국 인민해방군이 예상과는 달리 만주에서 장제스의 국민혁명군을 격파하고 이듬해 1월 말 베이징에 입성하였다. 그리고 10월 중화인민공화국이 선포되었다. 소련의 베를린 봉쇄 6개월 뒤였다. 돌이킬 수 없는 냉전체제의 상황에서도 이승만 정부는 1949년 연초에 '대일배상요구조서'를 마련하여 도쿄의 연합국 사령부에 보냈다. 같은 해 10월 미국 국가안전보장회의는 일본을 반공의 보루로 삼기 위해 대일평화조약은 될수록 '간략하게(brief), 일반적으로(general), 비 징벌적으로(non-punitive)' 할 것을 명시했다. 12월 29일 일본의 배상 책무를 없애는 쪽으로 대일평화조약 초안을 작성하였다. 1949년 9월, 이승만 정부는 미국의 방침을 받아들여 '대일배상요구조서'에서 식민 지배 아래 피해에 해당하는 부분은 제외하고 나머지를 전시戰時 피해 배상 요구액수로 잡았다. 즉 24억 달러에서 4억 달러(금, 은, 서적 등 현물) 정도를 감하는 선에서 수정하여 고액(20억 달러)을 고수하고 증빙자료를 갖추었다. 미국 정책에 협조하면서 우리 주장을 최대한 지키려는 고심의 대응이었다.

1950년 6월 25일 한국전쟁이 발발했다. 9월 22일 미국 국무장관 고문 덜레스는 한국 정부에 일본과의 회담을 종용하였다. 1951년 9월 8일, 샌프란시스코에서 48개국 대표들이 '대일평화조약'에 서명하였다. 조약은 중일전쟁과 태평양전쟁 중에 입은 재산상의 피해에 대한 청구만 허용하고 식민지 지배에 대한 배상은 논외로 한다는 원칙을 재확인했다. 엄혹한 냉전체제의 현실 앞에 이승만 정부는 고액 피해액 방안으로 버텼다.

한일 양국 대표는 1951년 10월 예비회담을 거쳐 이듬해 2월 15

일 제1차 회담을 열었다. 한국은 전시 상황이라 대표단은 도쿄에서 만났다. 일본 거물 정치인들이 '망언'을 쏟아냈다. 1953년 10월 15일 제2차 회담에서 일본 대표 구보다 간이치로는 "카이로 선언은 연합국의 전시 히스테리이다. 36년간 통치는 은혜를 베푼 것이다"고 하였다. 1995년 11월 15일 자로 우리 외무부가 작성한 '일본 정부·정치가 등의 과거 역사 발언 기록'은 26건의 망언 사례를 수집해 놓고 있다. 관계 정상화의 방해자는 반성하지 않는 일본 정치인 바로 그들이었다.

1958년 4월에 시작한 제4차 회담은 1960년까지 계속되었다. 이때 일본은 대한민국 제2공화국 출범을 기회로 '경제 협력' 논리로 타결을 노렸다. 그간 미국의 배려로 크게 성장한 경제력을 우위 확보에 활용해보려는 변화였다. 1960년 4·19 후 등장한 장면 정부는 이승만 정부의 방침을 견지하여 23억의 배상금을 요구하였고 회담은 결렬됐다. 1961년 11월 미국을 다녀오던 박정희 국가재건최고회의 의장이 도쿄에서 이케다 하야토 수상을 만났다. 박 의장은 "한·일 양국의 명예롭지 못한 역사를 들춰내기보다 공동의 이념과 목표를 위해 과거사를 접겠다"고 발언하였다. 한국이 능동적으로 표명한 '통 큰' 양보였다.

1962년 11월 12일 '김종필·오히라 메모'가 작성되었다. 무상 3억 달러를 10년간 지불하고 연리 3.5% 7년 거치 20년 상환 조건의 유상 2억 달러와 1억 달러 이상의 민간 차관을 제공한다는 청구권 해결의 원칙이 합의되었다. 야당과 학생들의 반대 시위로 2년 남짓을 끌다가 1965년 2월 시이나 에쓰사부로 외상이 방한하여 '기본조약' 초안 작성이 이루어지고 6월에 국교 정상화의 '한일협정'이 조인되었다. 한국 측의 청구액은 현저히 줄었다. 합계 5억 달러란 액수조차 현금이 아니라 "일본국의 생산물 및 일본인의 용역"으로 제공되었다.

일본은 미국의 극동 정책에 따라 전후 경제 번영을 이루었다. 수교 협상 과정에서 한국은 청구액을 크게 낮추는 양보를 했다. 한국이 일본에서 받은 청구권 자금을 경제 개발의 종잣돈으로 삼았다는 통념이 퍼져 있지만, 일본 역시 한국에 줘야 할 돈으로 자국 경제 부흥에 요긴하게 썼던 것 아닌가.

1965년 한일협정은 다행히 청구권과는 별개로 '기본조약'을 체결하여 "대한제국과 대일본 제국 사이에 체결된 모든 조약 및 협정이 이미 무효임을 확인한다(It is confirmed that all treaties or agreements concluded between the Empire of Korea and the Empire of Japan on or before August 22, 1910 are **already** null and void)"라는 문장에 민족의 한을 담았다. '이미(already)'의 시점이 양국 사이에 다툼의 대상으로 남았지만, 이는 청구권과는 별개로 식민 지배 문제를 재론할 수 있는 근거가 되었다.

1990년대 이래 '한국 병합' 불법성에 관한 자료 발굴이 이루어지고 그 연구 성과에 근거하여 2010년 '한국 병합 100년 한일 지식인 공동성명'이 나왔다. 일본 정부가 병합의 불법성을 인정하고 양국 문제를 새롭게 풀어야 한다는 내용이 들어간 성명문에 일본 지식인 540명이 서명하였다. 식민 지배 관련 자료의 발굴과 공개는 탈냉전 시기와 맞물린 새로운 상황이었다. 역대 한일회담은 식민 지배의 책임 문제를 다룬 적이 없다. 그렇다면 그것은 청구권 문제와는 별개로 양국이 풀어야 할 과제가 아닌가. 망언과 사죄 요구가 연속하는 가운데 두 나라는 청구권과 식민 지배 책임 문제를 구분하지 못할 정도로 변별력을 상실하고 있었던 것 아닌가. 따지고 보면 현재의 징용자 배상 문제도 두 요소가 얽혀 겪는 난항이다. 전후 냉전체제 속에서 많은 혜택을 누린 일본이 당연히 '양보'의 큰 결단을 내려야 하는 것 아닌가. 냉전체제 아래 어느 누구보다 많은 고통을 받은 대한민국의 대통령이 도리어 '통큰' 선심외교를 펴다니 왠 역리의 조화인가.

(2023년 3월 25일 중앙선데이)

제 8 부 · 근대가 있는 현대사를 향하여

부록

〈교육조칙〉
원문과 현대문

\<교육조칙\> 전문

고종실록33권, 고종 32년 2월 2일 조. 1895년 대한 개국(開國) 504년, 조칙을 내리기를, "짐(朕)이 생각해 보니 우리 조종(祖宗)이 나라를 세우고 정통(正統)을 물려준 것이 504년이 지났다. 이는 실로 우리 열성조의 교화와 은덕이 사람들의 마음속에 깊이 스며들고 또 우리 신민(臣民)이 충성과 사랑을 다한 까닭이었다. 그래서 짐은 한없는 큰 대운(大運)를 물려받고 밤낮으로 공경하고 두려워하면서 오직 조종의 가르침을 이어 나가고 있다. 너희 신민(臣民)은 짐의 충정을 체득할지어다. 오직 너희 신민의 선조는 나의 조종이 보육(保育돌) 훌륭한 신민이었고, 너희 신민도 또한 너희 선조의 충애(忠愛)를 물려받아 짐이 보육하는 훌륭한 신민이다.

初二日。詔曰: "朕惟我祖宗이 業을 創ᄒ야사 統을 垂ᄒ심이 玆에 五百四年을 歷有ᄒ시니 實我列朝의 教化와 德澤이 人心에 浹洽ᄒ심이며 亦我臣民이 厥忠愛를 克殫홈을 由홈이라。이럼으로 朕이 無疆ᄒᆫ 大歷服을 嗣ᄒ야 夙夜에 祇懼ᄒ야오작 祖宗의 遺訓을 是承ᄒ노니 爾臣民은 朕衷을 體홀지어다。오작 爾臣民의 祖先이 我祖宗의 保育ᄒ신 良臣民이니 爾臣民도 亦爾祖先의 忠愛를 克紹ᄒ야 朕의 保育ᄒᄂᆫ 良臣民이라。

짐은 너희 신민과 함께 조종의 큰 기반을 지켜 억만년의 아름다운 운수를 이어 나갈 것이다. 아! 백성을 가르치지 않으면 나라를 굳건히 하기가 매우 어렵다. 세계 형편을 두루 살피면 아주 부강하여 독립 웅시(雄視)하는 나라들은 모두 그 나라 인민의 지식이 개명(開明)하고 지식이 개명함은 교육이 잘됨이라. 이런즉 교육은 실로 나라를 보존하는 근본이라. 그러므로 짐이 임금 스승[君師]의 자리에 있으면서 교육하는 책임을 스스로 담당하니 교육도 그 길이 있는지라. 허명(虛名)과 실용(實用)의 분별을 먼저 세워야 할 것이다. 책을 읽고 글자를 익히어 고인(古人)의 찌꺼기만 주워 모으고 시세의 대국(大局)에 어두운 자는 문장(文章)이 고금(古今)에 빼어나도 쓸모가 전혀 없는 서생(書生)이다.

朕이 爾臣民으로 더부러 祖宗의 丕基를 守ᄒ야 萬億年의 休命을 迓續ᄒ노니 嗚呼라 民을 敎치 아니면 國家를 鞏固케ᄒ기 甚難ᄒ니 宇內의 形勢를 環顧ᄒ건디 克富ᄒ며 克强ᄒ야 獨立雄視ᄒᄂᆫ 諸國은 皆其人民의 知識이 開明ᄒ고 知識의 開明홈은 敎育의 善美홈으로 以홈인 則敎育이 實로 國家保存ᄒᄂᆫ 根本이라. 是以로 朕이 君師의 位에 在ᄒ야 敎育ᄒᄂᆫ 責을 自擔ᄒ노니 敎育도 ᄯᅩᄒ 其道가 有ᄒ지라. 虛名과 實用의 分別을 先立홈이 可ᄒ니 書를 讀ᄒ고 字를 쫩ᄒ야 古人의 糟粕만 撥拾ᄒ고 時勢의 大局에 矇眛ᄒ 者ᄂᆫ 文章이 古今을 凌駕ᄒ야도 一無用ᄒ 書生이라.

이제 짐은 교육하는 강령(綱領)을 제시하여 허명을 제거하고 실용을 높인다. 덕양(德養)은 오륜(五倫)의 행실을 닦아 풍속의 기강을 문란하게 하지 말며, 풍속과 교화를 세워 인간 세상의 질서를 유지하고 사회의 행복을 증진시킬 것이다. 체양(體養)은 동작에는 일정함이 있어서 부지런함을 위주로 하고 안일을 탐내지 말며 고난을 피하지 말아서 너희 근육을 튼튼히 하며 너희 뼈를 건장하게 하여 병이 없이 건장한 기쁨을 누릴 것이다. 지양(智養)은 사물의 이치를 연구하는 데서 지식을 지극히 하고 도리를 궁리하는 데서 본성을 다하여 좋아하고 싫어하며 옳고 그르며 길고 짧은 데 대하여 나와 너의 구별을 두지 말고 상세히 연구하고 널리 통달하여 한 개인의 사욕을 꾀하지 말며 대중의 이익을 도모하라.

今에 朕이 敎育ᄒᆞᄂᆞᆫ 綱領을 示ᄒᆞ야 虛名을 是祛ᄒᆞ고 實用을 是崇ᄒᆞ노니 曰'德養'은 五倫의 行實을 修ᄒᆞ야 俗綱을 紊亂치 勿ᄒᆞ며 風敎롤 扶植ᄒᆞ야ᄡᅥ 人世의 秩序롤 維持ᄒᆞ고 社會의 幸福을 增進ᄒᆞ라. 曰'體養'은 動作에 常이 有ᄒᆞ야 勤勵홈으로 主ᄒᆞ고 惰逸을 貪치 勿ᄒᆞ며 苦難을 避치 勿ᄒᆞ야 爾筋을 固케 ᄒᆞ며 爾骨을 健케 ᄒᆞ야 康壯無病ᄒᆞᆫ 樂을 享受ᄒᆞ라. 曰'智養'은 物을 格ᄒᆞ미 知롤 致하고 理롤 窮ᄒᆞ미 性을 盡ᄒᆞ야 好惡, 是非, 長短에 自他의 區域을 不立ᄒᆞ고 詳究博通ᄒᆞ야 一己의 私롤 經營치 勿ᄒᆞ며 公衆의 利益을 跋圖ᄒᆞ라.

이 세 가지가 교육하는 강령이다. 짐이 정부(政府)에 명하여 학교를 널리 세우고 인재를 양성하는 것은 너희 신민의 학식으로 나라를 중흥(中興)시키는 큰 공로를 이룩하기 위해서이다. 너희 신민은 임금에게 충성하고 나라를 사랑하는 심정으로 너희 덕성, 너희 체력, 너희 지혜를 기르라. 왕실의 안전도 너희 신민의 교육에 달려 있고 나라의 부강도 너희 신민의 교육에 달려 있다. 너희 신민에 대한 교육이 훌륭한 경지에 이르지 못하면 짐이 어찌 나의 정사가 성공했다고 하며 짐의 정부가 어찌 감히 그 책임을 다하였다고 말할 수 있겠는가? 너희 신민도 교육하는 방도에 마음을 다하고 힘을 협조하여 아버지는 이것으로 그 아들을 이끌어 주고, 형은 이것으로 그 동생을 권하며, 벗은 이것으로 도와주는 도리를 실행하여 그치지 않고 분발해야 할 것이다. 나라의 한에 대적할 사람은 오직 너희 신민이요, 나라의 모욕을 막을 사람도 너희 신민이며, 나라의 정치 제도를 닦아나갈 사람도 너희 신민이다. 이것은 다 너희 신민의 당연한 직분이지만 학식의 등급에 따라 그 효과의 크기가 결정된다. 이러한 일을 하는 데서 조그마한 결함이라도 있으면 너희 신민도 오직 우리들의 교육이 명백치 않기 때문이라고 말하면서 상하가 마음을 합치기에 힘쓰라. 너희 신민의 마음은 또한 짐의 마음인 만큼 힘써야 할 것이다. 이러해야 짐은 조종의 덕을 드러내어 천하에 빛내고 너희 신민도 너희 조상의 효성스러운 자손으로 될 것이니, 힘써야 할 것이다. 너희 신민은 짐의 이 말대로 해주기 바란다." 하였다.

曰此三者는 敎育호는 綱紀니 朕이 政府를 命호야 學校를 廣設호고 人材를 養成홈은 爾臣民의 學識으로 國家의 中興大功을 贊成호기 爲홈이라. 爾臣民은 忠君、愛國호는 心性으로 爾德、爾體、爾智를 養호라. 王室의 安全홈도 爾臣民의 敎育에 在호고 國家의 富强홈도 爾臣民의 敎育에 在호니 爾臣民의 敎育이 善美혼 境에 抵치 못호면 朕이 엇지 굴으딕'朕의 治가 成호다'호며 朕의 政府가 엇지 敢히 굴으딕'其責을 盡호다'호리오? 爾臣民도 敎育호는 道에 心을 盡호며 力을 協호야 父가 是로써 其子에게 提誘호고 兄이 是로써 其弟에게 勸勉호며 朋友가 是로써 輔翼호는 道를 行호야 奮發不已홀지어다. 國家의 愾를 敵홀 이 惟爾臣民이며 國家의 侮를 禦홀 이 惟爾臣民이며 國家의 政治制度를 修述홀 이 亦惟爾臣民이니 此皆爾臣民의 當然혼 職分이어니와 學識의 等級으로 其功效의 高下를 奏호느니 此等事爲上에 些少혼 欠端이라도 有호거든 爾臣民도 亦惟曰호딕'我等의 敎育이 不明혼 然故라'호야 上下同心호기를 務호라. 爾臣民의 心은 또혼 朕의 心이니 勖홀지어다. 若兹홀진딕 朕이 祖宗의 德을 揚호야 四表에 光홀지며 爾臣民도 亦惟爾祖先의 肯子孝孫이 되리니 勖홀지어다. 爾臣民이여 惟朕此言.

참고 문헌

〈저자〉

1. 통사 및 조선시대

이태진, 2012, 《새 한국사》, 까치.

이태진, 1985, 《조선후기의 정치와 군영제 변천》, 한국연구원.

이태진, 1986, 《한국사회사연구》, 지식산업사: (증보판) 2008.

이태진, 1986, 《조선유교사회사론》, 지식산업사: 〈일어 번역〉《朝鮮王朝社會と儒敎》六
　　　　反田豊 譯, 法政大學出版局, 2000.

이태진, 1994, 《왕조의 유산—외규장각 도서를 찾아서》 (2010, 증보판), 지식산업사.

이태진, 2002, 《의술과 인구 그리고 농업기술》, 태학사.

이태진 편, 1985, 《조선시대 정치사의 재조명》 사화·당쟁편, 범조사; 개정판, 태학사,
　　　　2003.

이태진·김백철 엮음, 《조선후기 탕평정치의 재조명》 (상·하), 태학사.

2. 근대 이후

이태진, 2000, 《고종시대의 재조명》, 태학사.

이태진, 2005, 《동경대생들에게 들려준 한국사—메이지 일본의 한국침략사—》, 태학사.
　　　　〈日譯〉鳥海豊. 譯《東大生に語った韓國史—植民地支配の合法性を問う》(明石
　　　　書店, 2006)〈中語譯〉金京子 譯《明治日本侵韓史略》(中國人民大學出版社,
　　　　2011. 11)

이태진, 2016, 《일본의 한국병합 강제 연구》, 지식산업사.

이태진, 2017, 《끝나지 않은 역사: 식민지배 청산을 위한 역사인식》, 태학사.

이태진, 2024, 《지식인 안중근: 투철한 국민 의식 치열한 평화 사상》, 태학사.

이태진 편저, 1995, 《일본의 대한제국 강점: '보호조약'에서 '병합조약'까지》, 까치.

이태진 편저, 2001, 《한국병합, 성립하지 않았다》, 태학사.

이태진 편저, 2003, 《한국병합의 불법성 연구》 (공저: 이태진, 김기석, 백충현, 이근관, 신효숙, 이용권), 서울대학교 출판부.

이태진, 2005, 《고종황제 역사 청문회》 (공저: 이태진, 김재호 외), 푸른역사.

이태진 외, 2008, 《백년 후 만나는 헤이그 특사》, 태학사.

이태진, 2010, 《영원히 타오르는 불꽃: 안중근의 하얼빈의거와 동양평화론》 (공저: 이태진+안중근 하얼빈 학회, 지식산업사): 〈日譯〉《安重根と東洋平和論》, 監譯: 勝村誠+安重根東洋平和論研究會, 2016, 日本評論社).

이태진·이상찬, 2010, 《조약으로 본 한국병합: 불법성의 증거들》, 동북아역사재단.(한일 양국어본, 일본어 번역-酒井裕美)

한국역사연구원, 2021, 《그들이 기록한 안중근 하얼빈 의거: 일본 외무성 소장 〈이토 공작 만주 시찰 1건〉 11책 총람》, 태학사.

Yi, Tae-Jin, 2007, *The Dynamics of Confucianism and Modernization in Korean History*, Cornell East Asian Series 136, Cornell University, (translation editor: Michael Shin)

Edited by Yi Tae-Jin, Eugene Y. Park, Kirk W. Larsen, 2017, *Peace In The East*, Lexington Books

〈학계〉

1. 조선 후기 (18~19세기 초반)

고동환, 《조선후기 서울상업발달사연구》, 지식산업사.

고동환, 2007, 《조선시대 서울도시사》, 태학사.

고동환, 2013, 《조선시대 시전상업연구》, 지식산업사.

김명호, 2008, 《환재 박규수 연구》, 창비.

김백철, 2023, 《정조의 군주상: 허상과 실상의 경계》, 이학사.

김백철, 2010, 《조선후기 영조의 탕평정치》

김백철, 2014, 《두 얼굴의 영조》

김백철, 2016, 《법치국가 조선의 탄생》

김백철, 2016, 《탕평시대 법치주의 유산》

김지영, 2020, 《정조의 예치-예를 바로잡아 백성의 마음을 기르다》 정조학 총서 3, 휴머니스트.

김호, 2020, 《정조의 법치-법의 저울로 세상의 바름을 살피다》 정조학 총서 4, 휴머니스트.

백승호, 《정조의 문치-글쓰기로 인의의 정치를 펴다》 정조학 총서 1, 휴머니스트.

손형부, 1997, 《박규수의 개화사상 연구》, 일조각.

유봉학, 1995, 《연암 일파 북학사상 연구》, 일지사.

유봉학, 2009, 《개혁과 갈등의 시대-정조와 19세기》, 신구문화사.

유봉학, 2001, 《정조대왕의 꿈》

정연식, 2015, 《영조대의 양역정책과 균역법》, 장서각 조선사 강의 2, 한국학중앙연구원 출판부.

최이돈, 2021, 《중세를 넘어 근대를 품은 조선》, 역사인

한상권, 1996, 《조선 후기 사회와 소원제도》, 일조각.

허태구, 《정조의 무치-문무를 갖춘 완전한 나라를 꿈꾸다》 정조학 총서 2, 휴머니스트.

실시학사 편, 2018, 《환재 박규수 연구》, 학자원.

김문식·연갑수·김태웅·강문식·신병주, 2009, 《규장각: 그 역사와 문화의 재발견》

정재훈 엮고 주해, 2023, 《18세기 조선이 만난 문명》, 그물.

김영호·리민·미야지마 히로시·차이쩐펑 외, 2021, 《세계사 속의 다산학: 실학의 집대성에서 동서문화의 통합으로》, 지식산업사.

김병국 등 편, 1993, 《춘향전 어떻게 읽을 것인가?》, 박이정.

성현경·조융희·허용호, 1997, 《광한루기 역주연구》, 박이정.

국어국문학회 편, 1998, 《판소리 연구》, 태학사.

설성경, 1994, 《춘향전의 통시적 연구》, 박이정.

허호구·강재철 공역, 1998, 《역주 춘향신설, 현토 한문 춘향전》, 이화문화사.

송석욱 풀어 옮김, 2004, 《춘향전》, 세계문학전집 100, 민음사.

설성경 옮김, 2005, 《조경남 춘향전》, 책세상.

설성경, 2001, 《춘향전의 비밀》, 서울대학교 출판부.

설성경, 2003, 《춘향전 연구의 과제와 방향》, 국학자료원.

이창헌, 2004, 《경판방각소설 춘향전과 필사본 남원고사의 독자층에 대한 연구》, 보고사.

최동현, 유영대 편, 1999, 《심청전 연구》, 태학사.

한채화, 2002, 《개화기 이후의 '춘향전' 연구》, 푸른사상.

이윤석 저, 2012, 《도남문고본 춘향전 연구》, 경인문화사.

최동현, 유영대 편, 1999, 《심청전 연구》, 태학사.

2. 개항기~대한제국기

〈저서〉

강범석, 2010, 《왕후모살》, 솔.

강종일, 2015, 《고종의 영세중립 정책》, 해맞이미디어.

고동환, 2025, 《한국 근대상업의 형성》, 국학자료원.

국립고궁박물관 엮음, 2018, 《대한제국, 세계적인 흐름에 발맞추다》, 국립고궁박물관.

국립고궁박물관 엮음, 2019, 《대한제국, 잊혀진 100년 전의 황제국》, 국립고궁박물관.

김도형, 2014, 《근대 한국의 문명전환과 개혁론: 유교 비판과 변통》, 지식산업사.

김동진, 2019, 《헐버트의 꿈, 조선은 피어나리!; 고종의 밀사 헐버트의 한국 사랑 대서사시》, 참좋은친구.

김동진, 2010, 《파란눈의 한국혼 헐버트; 한국인보다 한국을 더 사랑한 황제의 밀사》, 참좋은친구.

김명호, 2005, 《초기 한미관계의 재조명: 셔먼호 사건에서 신미양요까지》, 역사비평사.

김백철, 2023, 《'사법품보'가 그린 왕정과 인간: 고종시대 근대사법체계 도입사》, 아카넷.

김성혜, 2013, 《재위 전기 고종의 통치 활동》, 선인.

김영수, 2014, 《명성황후 최후의 날: 서양인 사바찐이 목격한 을미사변, 그 하루의 기억》, 말글빛냄.

김용섭, 2001, 《한국근대농업사연구 Ⅲ: 농업개혁론·농업정책》, 지식산업사.

김용섭, 2005, 《(증보판) 조선후기농업사연구 Ⅰ: 농촌경제·사회변동》, 지식산업사.

김원모, 2019, 《상투쟁이 견미사절 한글 국서 제장: 조선개항과 한미수교사 상》, 단국대학교출판부.

김원모, 2022, 《한·미 외교관계 100년사》, 철학과현실사.

김종준, 2010, 《일진회의 문명화론과 친일활동》, 신구문화사.

김종학, 2017, 《개화당의 기원과 비밀외교》, 일조각.

김태웅, 2009, 《어윤중과 그의 시대》, 아카넷.

김태웅, 2012, 《한국근대 지방재정 연구: 지방재정의 개편과 지방행정의 변경》, 아카넷.

김태웅, 2024, 《그들의 대한제국 1897~1910: 5인의 기록으로 재구성한, 있는 그대로의 대한제국사》, 휴머니스트.

김흥수, 2009, 《한일관계의 근대적 개편》, 서울대학교출판원.

노대환, 2005, 《동도서기론 형성과정 연구》, 일지사.

목수현, 2021, 《태극기 오얏꽃 무궁화: 한국의 국가 상징 이미지》, 현실문화A.

박성준, 2015, 《대한제국기 공문서 연구》, 아모르문디.

배항섭, 2004, 《조선후기 민중운동과 동학농민전쟁의 발발》, 景仁文化社.

서영희, 2003, 《대한제국 정치사 연구》, 서울대학교출판부.

서영희, 《근대한국의 탄생, 대한제국》, 사회평론아카데미.

송병기, 2004, 《독도영유권자료선》, 한림대학교출판부.

송호근, 2011, 《인민의 탄생: 공론장의 구조 변동》, 민음사.

송호근, 2013, 《시민의 탄생: 조선의 근대와 공론장의 지각변동》, 민음사.

송호근, 2020, 《국민의 탄생: 식민지 공론장의 구조 변동》, 민음사.

신순철·이진영 지음, 1998, 《실록 동학농민혁명사》, 서경문화사.

안창모, 2022, 《기술과 사회로 읽는 도시건축사: 1863-1945》, 들녘.

연갑수, 2008, 《고종대 정치변동 연구》, 일지사.

연갑수, 2003, 《대원군집권기 부국강병정책 연구》, 서울대학교출판부.

연갑수, 2008, 《고종대 정치변동 연구》, 일지사.

오영섭, 2007, 《고종황제와 한말의병》, 선인.

오영섭, 2009, 《한말 순국·의열투쟁》, 독립기념관한국독립운동사연구소.

윤대원, 2011, 《데라우치 마사다케 통감의 강제 병합 공작과 '한국병합'의 불법성》, 소명출판.

윤자양, 2020, 《고종, 근대지식을 읽다: 집옥재 소장 중국 서적 12종 해제》, 산지니.

이경미, 《제복의 탄생: 대한제국 서구식 문관 대례복의 성립과 변천》, 민속원.

이민원, 2002, 《명성황후시해와 아관파천: 한국을 둘러 싼 러·일 갈등》, 국학자료원.

이민원, 2021, 《고종 평전: 문명 전환의 길목에서》, 선인.

이민원, 2022, 《고종과 대한제국: 왕국과 민국 사이》, 선인.

이승렬, 2007, 《제국과 상인: 서울·개성·인천 지역 자본가들과 한국 부르주아의 기원(1896~1945)》, 역사비평사.

이영호, 2018, 《근대 전환기 토지정책과 토지조사》, 서울대학교출판문화원.

이영호, 2001, 《한국 근대 지세제도와 농민운동》, 서울대학교출판부.

이영호, 2020, 《동학·천도교와 기독교의 갈등과 연대, 1893~1919》, 푸른역사.

이정식, 2003, 《구한말의 개혁·독립투사 서재필》, 서울대학교출판부.

이종각, 2015, 《미야모토 소위, 명성황후를 찌르다》, 메디치.

장영숙, 2010, 《고종의 정치사상과 정치개혁론》, 선인.

조재곤, 2001, 《한국 근대사회와 보부상》, 혜안.

조재곤, 2003, 《근대 격변기의 상인 보부상》, 서울대학교출판부.

조재곤, 2005, 《그래서 나는 김옥균을 쏘았다: 조선의 운명을 바꾼 김옥균 암살사건》, 푸른역사.

조재곤, 2017, 《전쟁과 인간 그리고 '평화': 러일전쟁과 한국사회》, 일조각.

조재곤, 2020, 《고종과 대한제국: 황제 중심의 근대 국가체제 형성》, 역사공간.

조재곤, 2024, 《조선인들의 청일전쟁: 전쟁과 휴머니즘》, 푸른역사.

조항래, 2007, 《국채보상운동사》, 아세아문화사.

최기영, 2010, 《서재필이 꿈꾼 나라: 서재필 국문자료집》, 푸른역사.

최덕수, 2004, 《개항과 한일관계》, 고려대학교 출판부.

최문형, 1992, 《명성황후시해사건》, 민음사.

최문형, 2001, 《한국을 둘러싼 제국주의 열강의 각축》, 지식산업사.

최문형, 2003, 《명성황후 시해의 진실을 밝힌다: 선전포고 없는 일본의 대러 개전》, 지식산업사.

최문형, 2004, 《국제관계로 본 러일전쟁과 일본의 한국병합》, 지식산업사.

최덕규, 2008, 《제정러시아의 한반도정책: 1891~1907》, 경인문화사.

최덕규, 2021, 《대한제국 국제관계사 연구: 1882~1910》, 동북아역사재단.

한영우, 2001, 《명성황후와 대한제국》, 효형출판.

한영우 등, 2006, 《대한제국은 근대국가인가》, 푸른역사.

한용진, 2012, 《근대 한국 고등교육 연구》, 고려대학교민족문화연구원.

한철호, 2009, 《한국근대 개화파와 통치기구 연구》, 선인.

허동현, 2000, 《근대한일관계사연구: 조사시찰단의 일본관과 국가 구상》, 국학자료
　　　　원.

허동현, 2000, 《일본이 진실로 강하더냐: 근대의 길목에 선 조선의 선택》, 당대.

현광호, 2011, 《고종은 외세에 어떻게 대응했는가?》, 신서원.

황태연, 2017, 《갑오왜란과 아관망명》, 청계.

황태연, 2017, 《백성의 나라 대한제국》, 청계.

황태연, 2017, 《갑진왜란과 국민전쟁: 대한제국의 패망과 대한민국으로의 부활》, 청계.

이윤상, 1996, 《1894~1910년 재정제도와 운영의 변화》, 서울대학교 국사학과 박사학
　　　　위 논문.

한보람, 2019, 《고종대 전반기 시무개혁 세력 연구》, 서울대학교 국사학과 박사학위
　　　　논문.

〈번역〉

파냐 이사악꼬브나 샤브쉬나 지음, 김명호 옮김, 1996, 《어느 러시아 지성이 쓴 역사현
　　　　장 기록, 1945년 남한에서》, 한울.

나카츠카 아키라 저, 박맹수 역, 2002, 《1894년, 경복궁을 점령하라!》, 푸른역사.

더글라스 스토리 저, 권민주 역, 2004, 《다시 밝혀지는 을사보호조약: 고종황제의 밀서
　　　　= Tomorrow in the east》, 글내음.

앙드레 슈미드 저, 정여울 역, 2007, 《제국 그 사이의 한국 1895~1919》, 휴머니스트.

박정양 저, 한철호 역, 2014, 《미행일기: 조선 사절, 미국에 가다》, 푸른역사.

김동진 옮김, 2016, 《헐버트, 조선의 혼을 깨우다》, 헐버트 내한 130주년 기념 '헐버트

글 모음' 참좋은친구.

유진 Y. 박 지음, 유현재 옮김, 2018, 《조선 무인의 역사, 1600~1894년》 검색푸른역사.

벨라 보리소브나 박 저, 최덕규·김종헌 역, 2020, 《러시아 외교관 베베르와 조선》, 동북아역사재단.

와다 하루키 저, 이웅현 번역, 2019, 《러일전쟁: 기원과 개전》 (1)(2), 한길사.

와다 하루키 저, 남상구·조윤수 역, 2020, 《한국병합 110년만의 진실: 조약에 의한 병합이라는 기만》, 지식산업사.

김문자 저, 김흥수 역, 2022, 《러일전쟁과 대한제국: 러일 개전의 정설의 뒤엎다》, 그물.

도츠카 에츠로 저, 김창록 역, 2022, 《한일 관계 위기, 어떻게 극복할 것인가: 식민지배 책임문제》, 지식산업사.

오지영 저, 김태웅 역해, 2024, 《동학사: 새 세상을 꿈꾼 민중을 기록하다》, 아카넷.

〈기획〉

이태진·사사가와 노리가쓰 공편, 2008~2009, 《국제공동연구, 한국병합과 현대-역사적 국제법적 재검토-》, 한국어판 2005, 태학사, 일본어판 2008. 12, 明石書店.

이태진·안중근 하얼빈 학회 공편, 2010, 《영원히 타오르는 불꽃: 안중근의 하얼빈의거와 동양평화론》, 지식산업사. 〈일본어 역〉 《安重根と東洋平和論》, 監譯: 勝村誠+安重根東洋平和論研究會, 2016, 日本評論社.

김영호·이태진·와다 하루키·우쓰미 아이코, 2013, 《한일 역사 문제의 핵심을 어떻게 풀 것인가?》, '한국병합조약 원천무효 한일 지식인 공동성명 기념논집, 지식산업사.

서울대학교·서울대학교 총동창회, 2016, 서울대학교 개교 기념 120년 기념 《국립서울대학교 개학 반세기사; 1895~1946》, 서장, "국립서울대학교 뿌리 찾기의 민족사적 의의" 제4절 '국민교육' 선언 속에 탄생한 법관양성소와 한성사범학교, 1) 일본이 침략주의에 맞선 조선 군주(고종)의 〈교육조칙〉 반포, 67~70쪽.

엄창옥·남권희·전재동·이정호, 2019, 《국채보상운동 사람·기억·공간》, 경북대학교 출판부.

이태진, 사사가와 노리가쓰 공편, 2019, 《3·1독립만세운동과 식민지배체제》, 3·1운동 100주년 기념 한·일공동연구, 지식산업사.

이태진 교수의 한국 현대사 특강

3. 일제강점기·해방정국

〈저서〉

고정휴, 2004, 《이승만과 한국 독립운동》, 연세대학교출판부.

김기승, 2003, 《조소앙이 꿈꾼 세계: 육성교에서 삼균주의까지》, 자영사.

김태웅, 2022, 《대한제국과 3·1운동: 주권국가건설운동을 중심으로》, 휴머니스트출판
그룹.

김희곤, 2004, 《대한민국임시정부 연구》, 지식산업사.

김희곤, 2007, 《안동 사람들의 항일투쟁》, 지식산업사.

도진순, 2017, 《강철로 된 무지개: 다시 읽는 이육사》, 창비.

박찬승, 2010, 《한국 근현대사를 읽는다》, 경인문화사.

서상문, 2006, 《모택동과 한국전쟁》, 국방부 군사편찬연구소.

신용하, 2003, 《백범 김구의 사상과 독립운동》, 서울대학교 출판부.

심철기, 2019, 《근대 전환기 지역사회와 의병운동 연구》, 선인.

안종철, 2010, 《미국 선교사와 한미관계, 1931~1948: 교육철수, 전시 협력 그리고 미군
정》, 한국기독교연구소.

윤대원, 2006, 《상해시기 대한민국임시정부 연구》, 서울대학교 출판부.

윤대원, 2022, 《제국의 암살자들: 김구 암살 공작의 전말》, 태학사.

윤병석, 2004, 《증보 3·1운동사》, 국학자료원.

이완범, 2013, 《한반도 분할의 역사: 임진왜란에서 6·25전쟁까지》, 한국학중앙연구원출
판부.

이완범, 2023, 《신탁통치 1-이론과 글로벌 사례》《신탁통치 2-미국의 한반도 신탁통
치안》《신탁통치 3-한국정치세력의 인식과 대응》, 한국학중앙연구원 출판부.

이윤갑, 2019, 《한국 근대 지역사회 변동과 민족운동》, 경상도 성주의 근대전환기 100
년사, 지식산업사.

이정은, 2009, 《3·1 독립운동의 지방시위에 관한 연구》, 국학자료원.

이정식, 1974, 《김규식의 생애》, 신구문고 13, 신구문화사.

이정식, 2006, 《대한민국의 기원》, 일조각.

이준식, 2014, 《김규식: 민족의 독립과 통합에 바친 삶》, 한국독립운동사연구소 기획,
역사공간.

이호룡, 2001, 《한국의 아나키즘: 사상편》, 지식산업사.

정병준, 2005, 《우남 이승만 연구》, 역사비평사.

정병준, 2006, 《한국전쟁: 38선 충돌과 전쟁의 형성》, 돌베개.

정병준, 2023, 《1945년 해방 직후사: 현대 한국의 원형》, 돌베개.

정병준, 2025, 《김규식과 그의 시대》 (1. 고아 소년 '존'의 근대로의 여정 1881~1918/2. 3·1운동의 빛, 한반도를 비추다/3. 열정과 냉정 사이, 중국에서 독립운동 1922~1945), 돌베개.

정연태, 2014, 《식민권력과 한국농업: 일제식민농정의 동역학》, 서울대학교 출판문화원.

조규태, 2006, 《천도교의 문화운동론과 문화운동》, 국학자료원.

조규태, 2006, 《천도교의 민족운동 연구》, 선인.

최수일, 2008, 《《개벽》 연구》, 소명출판.

허수, 2011, 《이돈화 연구: 종교와 사회의 경계》, 역사비평사.

한상도, 2011, 《한국독립운동의 시대인식 연구》, 경인문화사.

도라우미 유타카, 2019, 《일본학자가 본 식민지 근대화론》, 지식산업사.

〈기획〉

서울대학교병원의학역사문화원, 2019, 《의학도, 3.1 운동의 선두에 서다》, 허원북스.

김광재·도진순·리종주·윤은자·이혜린·김주용·이선자·심지연·은정태·이신철·부덕민, 2019, 《백범의 길: 임시정부의 중국 노정을 밟다》, 아르테.

김방룡·김재영·안후상·김철수·남창희·장학수·윤석진·김탁·박상주·이진우, 2017, 《일제 강점기 보천교의 민족운동》, 기역.

김영호, 이태진, 와다하루키, 우쯔미 아이코 공편, 2013, 《한일역사문제의 핵심을 어떻게 풀 것인가?》, 지식산업사 〈일본어본〉 《日韓歷史問題をどう解くか》, 岩波書店,岩波書店.

김영호, 이태진, 와다 하루키, 후더쿤, 알렉시스 더든, 하라 키마에 편, 《샌프란시스코 체제를 넘어서: 동아시아 냉전과 식민지·전쟁범죄의 청산》, 메디치.

〈번역〉

김광 저, 이민원·양수지 역주, 2017, 《나의 친구 윤봉길》, 선인.

김구 저, 도진순 주해, 2002, 《백범일지: 백범 김구 자서전》, 돌베개.

김구 저, 도진순 엮어 옮김, 2005, 《쉽게 읽는 백범일지》, 돌베개.

김구 저, 도진순 교감, 2016, 《정본(定本) 백범일지》, 돌베개.

윤치호 저, 김상태 역, 2001, 《윤치호 일기(1916~1943)》, 역사비평사.

나가타 아키후미 저, 박환무 역, 2008, 《일본의 조선통치와 국제관계: 조선독립운동과
미국 1910~1922》, 일조각.

〈총서〉

이태진, 2022, 《일본제국의 '동양사' 개발과 천황제 파시즘》, 일제 식민사학 총서 1, 사
회평론아카데미.

오영찬, 2022, 《조선총독부 박물관과 식민주의》, 일제 식민사학 총서 2, 사회평론 아카
데미.

정상우, 2022, 《만선사, 그 형성과 지속》, 일제 식민사학 총서 3, 사회평론 아카데미.

박준형, 2022, 《제국 일본의 동아시아 공간 재편과 만철 조사부: 권력·공간·학문의 삼
중주》, 일제 식민사학 총서 4, 사회평론 아카데미.

서영희, 2022, 《조선총독부의 조선사 자료 수집과 역사편찬》, 일제 식민사학 총서 5,
사회평론 아카데미.

정준영, 2022, 《경성제국대학 법문학부와 조선연구》, 일제 식민사학 총서 6, 사회평론
아카데미.

허영란, 2022, 《남양과 식민주의》, 일제 식민사학 총서 7, 사회평론 아카데미.

이태진, 2022, 《일본제국의 대외침략과 동방학 변천》, 일제 식민사학 총서 8, 사회평론
아카데미.

4. 외국어 저서

久間健一, 1935, 《朝鮮農業の近代的樣相》, 西ケ原刊行會.

原田史, 1996, 《直訴と王權: 朝鮮日本の'一君萬民' 思想史》, 朝日新聞社.

森山茂德, 1996, 《日韓倂合》, 吉川弘文館.

森山茂德, 1998, 《韓國現代政治》, 東京大學出版部.

檜山幸夫, 1997, 《日淸戰爭: 秘藏寫眞が明かす眞實》, 講談社.

中塚明, 1997, 《歷史の僞造をただす: 戰史から消された日本軍の<朝鮮王宮占領>》, 高
文硏.

海野福寿, 2000, 《韓国併合史の研究》, 岩波書店.

吉野誠, 2002, 《明治維新と征韓論吉田松陰から西郷隆盛へ》, 明石書店.

中塚明, 2002, 《日本と韓國 朝鮮の歴史: これだけは知っておきたい》, 高文研.

安田浩趙景達, 2005, 《戰爭の時代と社會: 日露戰爭と現代》, 靑木書店.

藤原彰, 2006, 《日本軍事史 上卷 戰前編》, 社會批評社

中塚明, 2007, 《現代日本の歴史認識: その自覺せざる欠落を問う》, 高文研.

藤原彰, 2007, 《日本軍事史 下卷 戰後編》, 社會批評社

金文子, 2009, 《朝鮮王妃殺害と日本人: 誰が仕組んで, 誰が実行したのか》, 高文研.

篠原初枝(Sinohara Hatsue), 2010, 《國際聯盟》, 中公新書, 2010

原武史, 2011, 《可視化された帝国: 近代日本の行幸啓》, みすず書房.

酒井裕美, 2016, 《開港期朝鮮の戦略的外交, 1882-1884》, 大阪大学出版会.

戶塚悦朗, 2019, 《歷史認識と日韓の<和解>への道: 徴用工問題と韓国大法院判決を
　　　理解するために》, 日本評論社サービスセンター.

戶塚悦朗, 2019, 《<徴用工問題>とは何か: 韓国大法院判決が問うもの》, 明石書店.

蔣允杰, 2023, 《帝国日本と朝鮮牛: 畜産資源の確保と植民地化》, 晃洋書房.

W. T. Stead, 1899, The United States of Europe on the Eve of the Parliament of
　　　Peace, "Review of Reviewszz' Office

William Thomas Stead, 1900, Mr. Carnegie's Conundrum: £40,000,000, What
　　　Shall I Do With It?, Review of reviews office.

Thomas F. Millard, 1906, The New Far East, Charles Scriner's Sons

Silvio A. Bedini, 1999, The Jefferson Stone, Demarcation of the First Meridian of
　　　the United States, Professional Surveyors Publishing Co.

Carole Shaw, 2007, The Foreign Destruction of Korean Independence, Seoul
National University Press